猴 面 包 树

ALOIS PRINZ

DAS LEBEN DER

SIMONE DE

BEAU波伏瓦VOIR传

[德] 阿洛伊斯·普林茨 著　毕秋晨 译

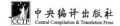

CCTP 中央编译出版社
Central Compilation & Translation Press

献给

我的姐妹

露易丝

Louise

S de Beauvoir

西蒙娜·德·波伏瓦，三岁左右。

© Tallandier/Bridgeman Images

西蒙娜·德·波伏瓦执教的巴黎莫里哀高中哲学班的合影。

Private Collection©Archives Charmet/Bridgeman Images

年轻的哲学教师西蒙娜·德·波伏瓦，于巴黎。

书虫西蒙娜·德·波伏瓦，1945年。
akg-images / Denise Bellon

西蒙娜·德·波伏瓦在巴黎的公寓中读信，1945年。
akg-images / Denise Bellon

西蒙娜·德·波伏瓦在咖啡馆写作，1967年。

akg-images / IMAGNO/Roger-Viollet

西蒙娜·德·波伏瓦参加妇女解放示威活动，1971年于巴黎。

西蒙娜·德·波伏瓦在舍尔歇街的公寓中，1974年。

西蒙娜·德·波伏瓦在妇女运动讨论会上，1984年5月15日于巴黎。

蒙帕纳斯公墓，让-保罗·萨特和西蒙娜·德·波伏瓦之墓，2015年。
Joan Rabascall / akg-images

猴 面 包 树

目录

前言

1944年3月7日，时任德军上尉的恩斯特·荣格尔 (Ernst Jünger)[01] 在巴黎克勒贝尔大道 (Avenue Kléber) 不慎踩到橙皮滑倒，扭伤了胳膊。荣格尔是第一次世界大战中战功赫赫的英雄，这次摔跤实在尴尬。他不仅是一名军人，也是一位诗人，热爱艺术。他对这次意外进行了反思——从巴黎拉斐尔豪华酒店门外走下台阶时，他突然想起来自己忘记拿钥匙了，于是折返。如果他没有忘记拿钥匙，就会早一分钟走上街，肯定就不会踩到橙皮滑倒，这种偶然让荣格尔感到不安。但他并非将万事归于偶然的虚无主义者，他相信命运论，看似偶然，实则命运。他甚至赞同人受命运驱使的宗教观。[1]

1940年6月，巴黎被德军占领。无论是香榭丽舍大街、凯旋门、蒙马特高地、荣军院，抑或咖啡馆、餐馆，处处都能看到身着灰绿色军装的德国人。德军驻巴黎指挥部向士兵们分发了城市地图，上面标有各个景点和妓院的地址，有为普通士兵准备的，也有为军官所准备的。恩斯特·荣格尔很少去热门景点，他热衷于探寻精神层面的巴黎。他参观了诗人保罗·魏尔伦 (Paul Verlaine) 之墓，并拜访了让·谷克多 (Jean Cocteau) 和巴勃罗·毕加索 (Pablo Picasso) 等艺术家。

01　恩斯特·荣格尔，德国作家和思想家，曾参加两次世界大战。——译者注

　　但是荣格尔并未与新兴作家西蒙娜·德·波伏瓦谋面，对她一无所知，也未曾听过存在主义这一新哲学方向。如果二人在机缘巧合之下相遇，或许会引发一场激烈的讨论，因为西蒙娜·德·波伏瓦痛恨入侵的德军，对偶然、命运、天意不以为然。在她看来，这都是为了逃避自身责任而人为杜撰的。她可能会把荣格尔看作一位美学家，而她厌恶美学家。她眼中的美学家只是一群借艺术或诗歌之名超越时代的享乐之徒，现实只是他们审视的对象。西蒙娜·德·波伏瓦认为，真正的艺术家应投身于生活，成为普罗大众的一员，分享他们的幸福和痛苦[2]，摆脱依赖，不再听命于外在指令、历史目标、传统义务、家族荣誉或其他所谓的既定价值观。他们珍视自由，勇于承担人生的各种挑战，自主决定将成为何种人以及沿用何种处事方式。

　　西蒙娜·德·波伏瓦的这种想法与其饱受苦难的经历密不可分。她长期生活在听命于人的环境中，被家族的条条框框和道德所约束，几近窒息。她家境优渥，每天都要去教堂祷告，学习屈膝礼和茶话会礼仪，而如今，她已经成长为一个截然不同的女人——不再屈从于他人意志，也不再被旁人的评议所左右。她承认，有些事情是我们无法控制的，但对她来说，自由高于一切。德国的入侵剥夺了自由，或者至少限制了她的自由。她感到自己如同权力和战争棋盘上的一枚棋子，未来看似无望，寻求未来之路成为一种生活方式——这就是现在所说的"存在主义"。

随着德国节节败退，未来又变得指日可待。在巴黎，有人在墙上画了一只有着英国、美国国旗颜色的蜗牛，爬行在意大利海岸线上。此时，英美部队正向罗马挺进，越来越多的消息称美军在法国西海岸登陆。盟军已取得制空权，柏林、汉堡、科隆等德国城市遭到轰炸，满目疮痍，死伤无数，巴黎也遭到轰炸。1944年4月底，住在拉斐尔酒店的德国军官首次进入酒店地下掩体避难。只有恩斯特·荣格尔没有躲避，反而躺在床上。在一次更为猛烈的轰炸中，他甚至端着一杯勃艮第葡萄酒来到酒店屋顶，审视着起火的塔楼和穹顶。他在日记中这样写道："诸事如戏，一切归于权力，权力在苦难中得到肯定和升华。"[3]

盟军的进攻得到了法国抵抗运动（Résistance）的支持。随着逐渐陷入绝境，德军的报复手段愈发惨无人道：每受到一次袭击，德军都会采取击毙人质的手段作为回应；为了震慑当地民众，墙体和地铁通道都挂上了被冠以"恐怖分子"之名处以绞刑的反抗者照片，对波伏瓦而言，照片上都是英雄的面孔，德国人为了报复已经完全丧失了理智。一封在巴黎广为流传的信中描述了发生在格拉纳河畔奥拉

杜尔镇 (Oradour-sur-Glane) 的事情：男性居民被德军集体枪杀，女人和儿童被押到教堂，随后德军火烧教堂，任何试图逃跑的人都被立即射杀。据从南部逃到巴黎的难民讲述，儿童还会被德军挂在肉钩上。

时年36岁的西蒙娜·德·波伏瓦与抵抗运动组织有联系，但并非积极的实战者。她坚信，文字和书本同样是反抗的武器。尽管未来无望，但她并没有虚度这段被德军攻占的战争岁月，此间她完成了人生的第一部长篇小说《女宾》(L'Invitée)（德文译名为 Sie kam und blieb），并开始了第二部作品的创作。此外，她还写了一个剧本，只是不甚满意。此时的西蒙娜尚未成名，但是许多人对她已有耳闻，这与她是让-保罗·萨特 (Jean-Paul Sartre) 的恋人不无关联。萨特是当时文学界、哲学界崛起的新星，除了小说和戏剧，他还著有一本厚重的哲学作品《存在与虚无》(L'Être et le Néant)（德文译名为 Das Sein und das Nichts）。波伏瓦和萨特相识于学生时代，多年前两人约定，同居但不履行法律上的结婚手续，各自享有自由，他们将其称之为"必要之爱"，以此区别于偶然之爱。

对于巴黎的保守派而言，这对不同寻常的伴侣是一桩丑闻。此外，西蒙娜在任教期间，涉嫌与一名女学生存在不正当关系而被学校开除。事件一经曝光，同样引起舆论哗然。西蒙娜未有丝毫不快，相反，终于摆脱不喜爱的教师工作令她欣喜不已。她转而为电台写稿，但是这份工作也不尽如人意。她的人生梦想是成为一名自由作家，另外，她也期待一种非传统的生活模式。她一直漂泊旅居在各个酒店，那时，塞纳河畔的露易丝安娜酒店 (Hotel Louisiane) 的房间狭小阴冷，住着很不舒服，潮湿的墙壁被刷成了粉红色，房顶污渍斑斑。她并没有改造房间的心思，也不喜欢做饭，一有机会就在便宜的餐馆吃饭。但是战时供给没有保障，于是她储存了一些面条、土豆。没有煤气的时候，她不得不靠烧报纸生火做饭。

她大部分时间待在咖啡馆里，因为那里很温暖。她最喜欢的咖啡馆是花神咖啡馆 (Café de Flore)，常会友于此，这群朋友也被称为"花神帮"。西蒙娜出书后，她的朋友圈有所变化，不少作家、艺术家慕名而来，比如雕塑家阿尔贝托·贾科梅蒂 (Alberto Giacometti)，他的手、衣服上总是沾满石膏灰。西蒙娜很欣赏他，因为他的眼中只有艺术创作，对功名利禄毫不在意。他住在一个没有家具和窗帘的棚子里，屋顶漏水，地上摆着瓶瓶罐罐以防雨水倒灌。后来，西蒙娜认识了年轻的阿尔贝·加缪 (Albert Camus)，他充满魅力，对人对事客观冷静，深得西蒙娜青睐。加缪和他的朋友们为抵抗运动组织秘密印制报纸，为防止遭遇德军偷袭，总是枪不离身。加缪有一篇颇为著名的短文，文中将人类的境况比作古希腊神话人物西西弗斯 (Sisyphos)，每天把一块巨石推上山，然后巨石又滚落下来，不断重复。西西弗斯所做的事毫无意义，尽管如此，加缪却指出，西西弗斯是幸福的。加缪认为，人生是没有意义的，但是人们却在追求人生的意义，在荒谬的存在中，不乏存在有意义的时刻和幸福的时刻。[4]

这是那个时代人们内心的写照。有人认为，随着历史的车轮滚滚向前，人类会更加聪慧和文明。眼前的战争驳斥了这种观点。人类的野蛮行为不断，所有希望改进的努力似乎都是徒劳，暴力、不公、疾病、死亡最终占领上风。在巴黎，生与死、存在与毁灭只在转瞬之间，人们长期生活在不安的恐惧之中。一颗流弹、一句失言皆可能意味着死亡，宵禁之后的午夜，可以听到盖世太保的脚步声。某个邻居、朋友、熟人随时可能被带走，再无音讯。第二天一早，人们低声窃语，"他们逮捕了他"，他们是谁不言自明。[5]大家也不知道下一个会是谁，死亡无处不在。

然而，在这种荒谬的环境下，仍然有人在坚守生活，甚至庆祝生活，这群人被称为"存在主义者"。与绝望、厌世、无神论、仇视享乐的人截然不同，西蒙娜和她的朋友们身体力行，在住所组织大型聚会，每个人带来各自搜集而来的食物饮品，整夜狂欢，大吃大喝，跳舞高歌，朗诵诗歌，即兴表演戏剧、哑剧，没有人会为出丑而尴尬。两个人模仿斗牛士和公牛相对而立，还有人手持酒瓶模仿击剑，萨特在柜子里指挥着一个看不见的乐队，加缪用锅敲击演奏出军队进行曲。对于西蒙娜来说，这种聚会可以让人暂时忘却日常生活，对生活的热爱在此刻压制了对死亡的恐惧。她在回忆这段时光时写道："生活让我幸福，我又找到了之前的信仰，即生活可以是幸福的，且势必是幸福的。"[6]

这样的生活很快就结束了。西蒙娜和萨特得知，一名抵抗运动组织成员被捕，向德国人供出组织内的其他成员名单，其中或许包括他们二人。他们决定潜伏一段时间，乘坐火车后骑车前往巴黎北部。当他们得知美军已抵达沙特尔（Chartres）时，两人立即骑车返程，巴黎解放是绝对不能错过的。二人于尚蒂利（Chantilly）换乘火车，火车在发车不久后便遭遇空袭，西蒙娜被甩出车外，所幸她毫发无伤。有人员身亡，一名妇女的腿也被炸断。

恩斯特·荣格尔登上蒙马特高地，最后一次俯瞰整座巴黎。他在日记中写道："城市是女人，只青睐胜利者。"[7]但他或许不知道的是，当胜利者入城时，巴黎可能不会留下什么了。希特勒（Hitler）下令，竭尽全力守住巴黎，即使撤退，也要将其炸毁。塞纳河上的桥梁和许多文化遗址，如埃菲尔铁塔、圣心堂、歌剧院等都安放了炸药。荣格尔的上级迪特里希·冯·肖尔蒂茨 (Dietrich von Choltitz) 并没有执行希特勒的命令，巴黎得以保全，但是纳粹旗帜仍然飘扬在议会大厦。夏日炎炎，城市里一片混乱。撤退中的德国士兵疯狂射击他们的敌军，狙击手从屋顶向手无寸铁的路人开火，人们弓着腰跑过广场，抑或匍匐爬到屋门口。一个老人躲避着子弹，拼命地敲门，但是门没有打开，老人最终倒地身亡。

巴黎民众不再坐等盟军，他们自发地解放城市。抵抗运动组织号召民众从死去的德国士兵身上收缴武器弹药来武装自己，并设置路障。一辆德军卡车试图全速驶过以冲破路障，但被击中，失控的卡车冲向佩林书店的铁栅栏，燃起了熊熊大火。从燃烧的卡车中爬出来的德国士兵被一名年轻的抵抗运动组织战士击毙。[8]

终于，1944年8月24日晚，自由法国（法国抵抗运动）部队进入巴黎；次日，德国投降，巴黎解放。巴黎圣母院的钟声响起，随后其他教堂的钟声响起，人们高唱《马赛曲》，齐声高呼"解放！"。西蒙娜·德·波伏瓦和让–保罗·萨特漫步在满是盛装人群的街道上，家家户户都挂上了法国国旗，甚至埃菲尔铁塔也挂上了三色旗。一条街道上点燃了篝火，人们手拉手围着篝火歌舞，西蒙娜和萨特也加入其中。西蒙娜觉得时间仿佛已经静止了十年，如今指针再次转动。战争改变了她的一切，如今的她与这座城市、这里的人民产生了奇妙的联系。她也变了，事后的她回忆道，巴黎解放是"我一生中最美好的时刻"。[9]于是，她下定决心要突破个体的狭隘，为人类的福祉而奋斗。艺术与政治不应对立，未来将再次启程，一切皆有可能。她在回忆录中写道："世界和未来再次呈现，我们投身其中。"[10]

第一章　被抛

　　"夫人，您是存在主义者吗？"1943年，作家让·格勒尼埃 (Jean Grenier) 在花神咖啡馆向西蒙娜·德·波伏瓦提出的这个问题，让她陷入了窘境。[1]因为她并不了解"存在主义"一词的含义，只知道某些哲学家的学说被称为"存在主义"，如马丁·海德格尔 (Martin Heidegger) 或者索伦·克尔凯郭尔 (Søren Kierkegaard)，而且让-保罗·萨特深受这两位哲学家影响。此时，萨特的名作尚未问世，在他的作品创作之路上，西蒙娜时而表示肯许，时而建言献策，两人有时还会为了某些问题争论不休。她反复阅读萨特手稿，十分认同其中的世界观，甚至为此特意写了一篇文章。就这点而言，她完全可以称作存在主义者。

　　"存在主义"只是一个词汇，更重要的是，这一新的哲学方向表达了她一直以来的人生态度，仿佛她的整个人生历程都在为存在主义做准备。通过这种哲学阐释，她明白了自己的内驱力从何而来，她何以变成如今的自己。孩提时代的她不就听从了内心的召唤从而变得固执倔强吗？12岁的她不就决意不信上帝了吗？少年时的她不就认定，人生的意义有且只有自己能做决定吗？[2]她难道不是一直期望走出自己的人生之路吗？

　　虽不自知，但西蒙娜其实一直都是存在主义者，现在的她可以理解并诠释自己的行为。不仅如此，她还从个人经验中提炼出哲学观，并相信其普遍适用于人类现实。在存在主义中，甚至连她的出生也有特殊的意义，出生意味着存在的发端。[3]存在基于出生，或者用存在主义的术语来说，存在基于被抛，每个孩子出生时即被抛入自身无法投射且充满期待和预设的世界；与此同时，人的天性渴望探索世界，形成自我需求和欲望，被抛入的世界与天性产生冲突，这种冲突在出生的前几年就可以感受到，之后的人生可能就是一场个人身份认同的斗争。

西蒙娜·露茜·厄尔奈斯丁·玛丽·波特朗·德·波伏瓦（Simone Lucie Ernestine Marie Bertrand de Beauvoir），1908年1月9日生于巴黎。在成年的西蒙娜看来，这句介绍出生的话实在过于简单和理所应当。[4]静心反思，一个人的出生要基于多少桩偶然事件，这个数字足以让人晕眩。如果要厘清与自身存在相关联的桩桩件件，就不得不追溯到世界的开端了，这当然是不可能的，我们只要了解祖先的起源就够了。在家族史上，需要多少事件的交错，需要何种政治、社会影响，我们的父母才得以出生？需要何种偶然，两人才能相知相许、结婚生子？

跳出自身而言，个人的出生概率极低。让人不安的是，即便某个个体没有出生，也不会对世界产生任何影响。没有人会想念你，世界也会照常运行，个体存在并无必要性，也没有合理性。正如让–保罗·萨特所言，人就像火车上逃票的旅客。⁵ 尽管如此，存在已是事实，人们将这种存在视作稀松平常、理所当然。

西蒙娜的出生在一定程度上已经决定了她的人生走向。她会法语，在巴黎长大，她不是工匠或农民的女儿，而是出身于中产家庭，享有社会特权。她极有可能在小康家庭中成长，在城市中享受安稳的童年时光，接受良好的学校教育，之后结婚生子，过上体面的生活。

她的名字即是被抛入世界的一部分，体现了世界对她的期许。她的父亲坚持取名西蒙娜 (Simone)，因为他不想因循守旧，希望女儿的名字更富有现代感一点。露茜 (Lucie) 取自虔诚的外祖母之名，厄尔奈斯丁 (Ernestine) 是祖父之名厄尔奈斯 (Ernest) 的女性形式，是波特朗·德·波伏瓦 (Bertrand de Beauvoir) 的家族标志。玛丽 (Marie) 出自圣母玛利亚之名，表明了母亲虔诚的天主教信仰。

母亲弗朗西丝·布拉瑟尔 (Françoise Brasseur)（婚前本名）在家乡凡尔登 (Verdun) 的修道院学校长大，在她看来，她的第一个孩子理应在天主教教义下成长。为此，她买了指导年轻天主教母亲的育儿手册。弗朗西丝·德·波伏瓦 (Françoise de Beauvoir)（婚后改随夫姓）的观点有悖于当时的法国社会。三年前，法国已颁布法律实行严格的政教分离，此举主要是为了对抗天主教会的影响，公立学校不再设立宗教课程，废除教会税，解散修会[01]。

年幼的西蒙娜对此当然一无所知，她也不知道出生的这个国家在近40年前的普法战争中战败，战争赔款导致经济衰退。1900年，规模盛大的世界博览会在巴黎召开，德国申办失败，这提升了法国的国家自信。这场博览会展示了一幅19世纪的画卷，也展望了奇妙的未来：只需轻轻一按，电流就将改变整个世界。参观者可乘坐电动扶梯，有部分人会感到眩晕恶心。巴黎的夜晚被"电太阳"照亮，甚至埃菲尔铁塔也挂上了数千盏白炽灯。这场震撼人心的展览对法国首都面貌的改变产生了深远的影响：新的建筑拔地而起，交通网络扩展延伸，借由世界博览会的契机，新的地下铁路系统——地铁开通，地铁通往温森(Vincennes)，线路长达10公里。

西蒙娜·德·波伏瓦并没有居住在巴黎的概念，幼年西蒙娜的世界是父母在巴黎蒙帕纳斯大道(Boulevard du Montparnasse)的公寓，就在拉隆顿咖啡馆(Café La Rontonde)正上方，对面是多摩咖啡馆(Café Dôme)。西蒙娜只对家中的颜色存有

01　为不同目的和精神而设立的修道团体，称为修会。天主教中著名的修会有本笃会、方济各会（面向贫穷人）、多明我会（面向城市居民）、奥斯定会、耶稣会（从事学术）和慈幼会（面向青少年）等。——译者注

印象，红色的地毯，红色的毛绒窗帘，深色厚重的家具，客厅的黑色钢琴。红色代表温暖，而黑色则与之相对，会带来恐惧。当西蒙娜试图拥抱母亲时，母亲那件黑色、鼓胀、僵硬的衣服就像一道屏障。而她的儿童床洁白柔软，放在女仆露易丝（Louise）的房间。与在所有中产阶级家庭一样，露易丝不仅要做家务，也要照料孩子。西蒙娜睡在露易丝狭小的房间里，露易丝负责给她喂奶，用婴儿车推她去公园散步，母亲则从这些杂务中解脱出来，她负责孩子的教养，代表家庭出席社交活动，尤其是沙龙聚会。

与许多孩子一样，对于这个年纪的西蒙娜，父母就是神灵，是衡量万物的尺度，孩子对父母唯命是从，父母决定孩子成为什么样的人。[6] 透过父母的一个眼神，孩子就能判断自己的行为正确与否，通过父母的肯定或否定得知善恶是非。从这个角度来说，母亲弗朗西丝·德·波伏瓦是西蒙娜杰出的榜样，她有虔诚的宗教信仰，并按照教义规范孩子的日常生活。自打西蒙娜会走路之后，母亲就带她去田园圣母院，教她认识褓襁中的耶稣像、圣母玛利亚像。一个长相酷似女仆露易丝的天使，母亲将其认作西蒙娜的守护天使。在家中，每天祷告两次，母亲也会告诉她贵族出身的女孩应该有什么样的言行举止，这些行为规则同样合乎宗教戒律。

西蒙娜眼中的父亲则是一个模糊的形象。每天，父亲夹着文件袋早出晚归，在女儿被露易丝哄睡前陪她玩耍，有时给她唱歌，有时从鼻尖上变出一枚硬币。虽然父亲白天不在家，晚上时常不回来，但在家中有自己独立的房间，他将其称为"办公室"，里面放着装满书的书柜，还有一张巨大的书桌。西蒙娜常常钻到书桌下面，仿佛置身于昏暗的洞穴之中。

父亲名叫乔治·贝尔唐·德·波伏瓦（Georges Bertrand de Beauvoir），每天早上都会去法院或者他受雇的律师事务所。他是一名律师，但他本人并不喜欢这份工作。只有在法庭上为当事人辩护时，他才会有一种如鱼得水的感觉。他仿佛置身舞台之上，戏剧天赋得以施展。乔治本想成为一名演员，但考虑到家族声誉，遂放弃。波伏瓦家族虽然只是低等贵族，但是家族成员都希望尽可能地过上贵族生活，无须为养家糊口奔波劳作。乔治的父亲名叫那喀索斯·贝尔唐·德·波伏瓦（Narcisse Bertrand de Beauvoir），他完全可以靠继承的财产生活，但是他在巴黎市政厅任职直至退休，这更多的是基于自身的责任感和对游手好闲的厌恶。他大部分时间都在梅西尼亚克庄园（Meyrignac）度过，常常在他心爱的花园里待上好几个小时。乔治在波伏瓦家族位于巴黎的豪华公寓长大，是三个孩子中最小的一个。他的哥哥加斯顿

(Gaston) 继承了父亲的地产；为了嫁给乡村贵族，他的姐姐需要一笔可观的嫁妆；留给乔治的只有一小笔遗产。他不得不学习法律成为一名律师，公务员中规中矩的乏味生活让他厌倦，闲暇时间，他经常去城里参加沙龙、观看歌舞剧。在别人眼中，他是个有魅力、有教养的健谈者，颇得女人欢心，热衷于业余戏剧表演。西蒙娜·德·波伏瓦后来说："他只有在沙龙和舞台上才会感到自在。"[7]

乔治快30岁时，他的父亲敦促他结婚。他们委托一家中介公司为他找到了个非常合适的对象：来自凡尔登的弗朗西丝·布拉瑟尔。这个20岁的年轻女人不仅漂亮，而且出身于富有的家庭。父亲古斯塔夫·布拉瑟尔 (Gustave Brasseur) 是一位颇有声望的银行家。乔治只是苦于未来妻子的虔诚信仰和毫不变通的道德准则，但考虑到她的美貌和预期的嫁妆，他可以忽略这一点。他们在除夕夜举行了婚礼。两年后，这对年轻夫妇有了他们的第一个孩子：西蒙娜。

乔治·德·波伏瓦成为丈夫和父亲。这虽然不是他梦寐以求的生活，但也有可取之处：他有一个年轻漂亮的妻子和一个可爱的小女儿。每天早上离开家时，他满心希望尽快摆脱工作，享受生活的美好和愉快。想着弗朗西丝已经带着丰厚的陪嫁、家具和日用品来到巴黎，乔治每天都在计算着约定的嫁妆，必然数目不菲。

　　夏天的确有消息从凡尔登传来，但并不是期盼的好消息，而是绝望的求救。弗朗西丝的母亲露茜（Lucie）和兄弟休伯特（Hubert）、姐妹玛丽·特蕾莎（Marie-Thérèse）不得不离开凡尔登，计划前往巴黎。惊魂未定的弗朗西丝慢慢得知了事情的原委：她父亲的银行无奈宣告破产，家里的房子和钱财也被悉数没收。父亲古斯塔夫·布拉瑟尔被拘留审查，他的妻儿不得不离开凡尔登。这是布拉瑟尔家族的大丑闻，也是一场灾难。弗朗西丝每每谈及此事，都会伤心落泪。不幸中的万幸是，她的父亲免予长期监禁，一年后被释放。古斯塔夫·布拉瑟尔和妻子、女儿一起搬到了巴黎，住在离波伏瓦家不远的公寓里。起初，门前总有一些因为古斯塔夫损失财产的人前来闹事，渐渐地，这件事平息了下来，古斯塔夫开始了新生活。尽管他破产了，但是他自认为是个金融奇才，并坚信通过一场大型政变可以再次发家致富。

　　然而，乔治·德·波伏瓦对他岳父出挑的想法却不以为然。他必须说服自己，之前期盼的嫁妆泡汤了，他不得不继续工作。这种失落也影响了他的婚姻。他爱他的妻子，但他的确也是因为经济情况与妻子结婚，现在他有一种受骗的感觉。弗朗西丝则不得不忍受父亲被认定为骗子带来的耻辱，以及对丈夫的希望破灭负有责任的愧疚感。更糟糕的是，她又怀孕了。六月，她生下第二个孩子，是个女孩，取名亨丽埃特-伊莲娜 (Henriette-Hélène)。"上帝的旨意"，外祖父古斯塔夫评论道，他本希望这一胎是个男孩。[8]乔治知道，自己给两个女儿留不下多少钱，除非奇迹出现。两个女儿日后要靠自己养活自己，或者期盼找到一个不要求嫁妆的男人。他打算等女儿们长大后再把这个悲惨的事实告诉她们。

西蒙娜则不会受此困扰。她的父母和露易丝仍是她眼中的"超自然存在"[9]，他们的行为和价值观是不容置疑的。西蒙娜现在也有了更广阔的世界：她有了一个妹妹，外祖父母、姨妈也住在附近。每周四西蒙娜都会被带到外祖父母家，与他们共进午餐。外祖父母家塞满了家具、图画、地毯和各类毛绒制品，就像一个古董店。西蒙娜可以骑在外祖父的鞋面上，外祖母给她准备煎丸子、布丁，两位老人十分宠爱这个充满好奇心又活泼开朗的外孙女。西蒙娜在家中也毫不掩饰自己的情绪，想哭就哭，想笑就笑。她并不嫉妒妹妹，相反，她很高兴自己有了一个新玩伴。从一开始就可以看出，洋娃娃一般的妹妹一直活在姐姐的阴影下。

西蒙娜是个充满活力的小姑娘，由于身体尚未发育完全，大人们还没有把她看作独立完整的人，她一直受此困扰。她不知道该如何表达这种想法，但是想让大人们知道，孩童也是独立的个体。成年后的西蒙娜回忆这段经历时认为，每一个孩子都处于矛盾对立中：一方面，他们无保留地接受父母、教育者的价值观；另一方面，孩子产生自我认知，形成个人喜好及个性。两者相抵触，矛盾总有一天会以某种形式呈现，成人常常觉得难以理解，因而恼火愤怒。

西蒙娜平时是个"快乐的小家伙"[10]，但有时会莫名其妙地发脾气，让她的父母、露易丝和亲戚迷惑不已。她有时会尖叫着躺在地上，像中了邪一样扭动身体，双腿乱蹬；或是屏住呼吸，直到脸色发紫。有一次在公园里，她完全沉浸在烤沙子蛋糕中，这时露易丝把小沙铲从她身边拿走，想带她回家。西蒙娜的游戏被打断，她完全不明白为什么现在就要回家。她一瞬间从"充实的玩乐坠入虚无"，于是大发雷霆、高声尖叫，所有人都担心地看着她。一位老太太以为她挨打了，试图安慰，递给她糖果并抚摸她的头发，却被她踢了一脚。[11]当西蒙娜发脾气时，抑制或安抚都无济于事。

责骂或把她锁在杂物间里也没有用，她在里面大吵大闹，高声尖叫，用脚踹门。"西蒙娜像头倔驴。"她的父亲无奈地说。[12]西蒙娜无法接受旁人居高临下的态度，比如她的外祖母玩牌时故意让着她，或者外祖父在晚餐时以主人姿态与她碰杯。这类"居高临下的行为"[13]在她看来是虚伪的。她感到，大人试图利用她的天真来影响她。

抛开发脾气不谈，西蒙娜是个乖巧的小女孩。她坚信父母处事正确，在家庭的保护下[14]她会免受一切邪恶的影响。很自然地，5岁的她也同意去一所特殊学校求学，即私立的德西尔学校 (Cours Désir)。该校以其创始人阿德琳·德西尔 (Adeline Désir) 命名。西蒙娜不知道的是，选择这所学校与她的家境变化有关。虽然她的父亲收入微薄，但他坚守上层中产家庭的要求，公立学校绝不考虑，教会学校费用太高，乔治能够负担得起德西尔学校的费用，而且他看重了一点——这所学校只接受上层社会的女孩，她们不应该与下层社会的孩子接触。对于母亲来说，学校属于天主教，西蒙娜可以接受宗教教育。此外，学校允许母亲们在课堂旁听。

自从她的家庭出现丑闻后，弗朗西丝更加急切地想做好一切，向外界展示一个完美的家庭形象。她最担心的是，她的某个孩子，尤其是西蒙娜，会打破完美家庭形象，她恨不得西蒙娜一刻都不离开她的视线。但她不必过虑，西蒙娜是一个听话的女儿，而且极为可能成为一个虔诚的小教徒。但有时候，父母竭力维持的自身形象和家庭形象也会出现裂痕。西蒙娜·德·波伏瓦有一本著作名叫《美丽的形象》(Les belles images)，她是否在小时候就注意到，她的家庭经营的形象与真实不符？她成年后回忆，对父母总是有一种奇怪的感觉："没有什么是完全真实的……我如此热切地希望看到自由的世界……"[15]

第二章　空缺与裂痕

1957年1月1日，年近49岁的西蒙娜·德·波伏瓦提笔致信芝加哥的情人纳尔逊·艾格林 (Nelson Algren)："我决意另辟蹊径，不仅仅停留在叙述年少时光，而是反思当时的我，结合我曾经生活和当下所处的世界，剖析我何以成为现在的我。即便无法完成，这也是一次有趣的尝试。"[1]

西蒙娜的尝试成功了，并且不单是一本，而是一套包含四卷，共计近3000页的鸿篇巨制，这在当时被称为20世纪最为全面的个人生平传记之一。[2]面对这部自传巨作，人们不禁要问：后世何必还要为其作传？与西蒙娜自传的篇幅规模相较，何人能出其右？会不会有赘述之嫌？对西蒙娜的人生观又如何取舍？

西蒙娜曾幻想用巨型磁带录下自己的一生，涵盖各种细枝末节。[3]后来她摒弃了这个念头：即便将生活分毫不差地录下来，也不过就是一团乱麻，大事小事、无心有意交叉错落，并非人生写照。人生需要整理，分出轻重主次。西蒙娜所做的就是厘清自身的生命脉络，在撰写自传的过程中探寻因果关联，赋予人生清晰的现实。[4]她对自传也进行了艺术加工，唯有如此，她才能够看清并理解人生。旁人所作的西蒙娜传记也无不基于现有资料进行创意加工，比如通过新的问题、新的角度、新的侧重点、新的认知来创作，这也是不断接近真理的过程。

　　西蒙娜坐在德西尔学校狭小昏暗的教室里，注视着法耶老师（Fayet）。法耶身着拖地长裙、立领衬衫、黑色领带。法耶认为自己并非传授知识的人，而是坚守天主教教义的教养者，良好的言行举止和勤奋远胜于求知。教室后排坐着女学生的母亲们，她们正在刺绣编织。西蒙娜的母亲弗朗西丝·德·波伏瓦自然也在其中，女儿很快就成为班上最优秀的学生，这让她深感自豪。西蒙娜轻轻松松就能在学业上取得好成绩，对信仰的虔诚也令其他同学望尘莫及。上课前西蒙娜和母亲去参加清晨弥撒，下午母亲陪伴她完成作业，晚上母亲举行晚祷仪式。法耶老师每周召集所有的女学生两次，她们围坐在长桌边，由母亲们为各自女儿的日常行为打分，分数由法耶老师记录。弗朗西丝总是给女儿10分满分，无论对弗朗西丝还是对女儿西蒙娜而言，扣分都是不可能出现的事情。母女二人在共同的虔诚中心意相通[5]，只是可怜了西蒙娜的妹妹伊莲娜，在母亲与西蒙娜的亲密中，她仿佛局外人。

　　西蒙娜从未注意到妹妹的困境，她一直是焦点，而伊莲娜则屈居第二。玩耍时，西蒙娜总是充当老师，教导妹妹书写阅读。家庭带给西蒙娜绝对的安全感。在她眼中，世间万物井然有序，善恶分明。她深知，人要向善，对某些人须敬而远之。

和谐的家庭生活也是她的母亲最为看重的。孩子的教育完全由弗朗西丝负责，乔治极少参与。弗朗西丝对孩子的教育倾注全力，而西蒙娜勤奋学习，欣然听从她的教导，不再情绪不定、大发脾气，这无疑是对弗朗西丝好母亲角色的认可。同时，关于母亲对自己满意与否，西蒙娜有极为敏锐的感知力。比如"这太可笑了！"[6]这样的一句话或者包含失望情绪的小动作都能让西蒙娜陷入不安，激发她取悦母亲的渴望。可是，当母亲无缘由地沉默、恼怒或者喊叫时，西蒙娜就会束手无策，母亲身上的陌生感让西蒙娜感到恐惧。之后，各种历史事件的发生扰乱了波伏瓦一家，母亲的陌生感出现得愈发频繁。

1914年8月3日，德国对法国宣战，德国军队攻入比利时，世界大战的序幕拉开，后命名为第一次世界大战。西蒙娜和妹妹当时正在祖父的梅西尼亚克庄园，开战的消息引起了极大骚动。西蒙娜理解的战争只是人与人的厮杀、外国军队入侵法国的风险，但是她很快明白，战争点燃了人们的爱国情绪。她认为，战争提供了使她获得认可和钦佩的契机。

回到巴黎后，西蒙娜变身积极的爱国者。在她看来，敌军不过是一群"德国佬"（boches），这个单词没有对应的德文翻译，大概是榆木脑袋（Holzköpfe）的意思。她让母亲缝制了一件军大衣，身着军大衣上街，召集比利时难民。她用彩笔在墙上写下"法兰西万岁！"，在她妹妹的布偶娃娃身上踩来踩去，只因布偶上有"德国制造"标识。[7]她对于父亲当兵的事情也感到非常骄傲。乔治·德·波伏瓦心系祖国，但他不愿参军保卫祖国。他患有先天心脏病，本以为肯定可以免除兵役。刚刚在业余文艺团体的舞台上大放光芒，转眼却要换上军装上阵杀敌，他非常排斥这种角色转换。10月，他甚至要被派上前线，恰巧此时他突发轻微心梗。在战地医院痊愈后，他被送回巴黎，分配到国防部任职。虽然脱离战事风险，得以与家人团聚，但是他作为一等兵，工资微薄，维持家庭原有的生活水准并非易事。所幸房东在乔治为国效力期间不收取房租，他尚能勉强应付，但是积蓄渐少，唯一的安慰是，他先前投资的股票赚了一些钱。

在回忆录中，成年西蒙娜·德·波伏瓦并不认同幼年的自己。回过头看，幼年的自己就像"一只小猴"[8]，一个乖巧听话、唯唯诺诺的孩子，唯成人马首是瞻。当然，她也意识到，自己是站在成年女性的角度看当年的自己的，幼年的自然行为完全可以理解。西蒙娜，如同每个孩子一样，寻找自己在世界的位置，她需要被看到、被认可，但是由于她还没有形成独立的自我意识，只能接受成年人为其设定的形象。她通过父母、露易丝、法耶老师的眼睛认识自己，他们告诉西蒙娜应该怎样做，她的自我认知就是外界给她设定的形象。可以说，她的自由就在于接受外界给她的形象。西蒙娜·德·波伏瓦在回忆录中写道："他们把我教育成设定的形象，却误以为这就是我本人。"⁹

年幼的西蒙娜认为，父母、露易丝或者老师不可能有另一副样子。他们的行为、价值观是绝对正确的，他们体现了无可辩驳的真理。他们教导西蒙娜，她属于一个优秀的精英阶层，教育和德行比金钱更有价值；上帝的目光始终注视着她，每一个小小的过失都逃不过上帝的眼睛，但通过忏悔可以抹去所有的罪过。母亲告诉她，化妆或染发的女人粗俗不堪，裸体会带来罪孽和危险。家庭和学校教育告诉她，作为一个女孩必须矜持，她未来的幸福就是嫁给一个爱她的男人，她必须顺从丈夫。西蒙娜习得了这一切。一个坚实、清晰的世界展现在她面前，在这个世界里，她有自己的位置，收获爱和赞美。对于成年的西蒙娜·德·波伏瓦来说，幼年西蒙娜是一个活生生的矛盾体，是一个"异化的存在"¹⁰，同时也是一个幸福的孩子。

然而，这种幸福有时也会出现裂痕，或者说，有些事情并不符合童年西蒙娜心中的完美世界。比如，她不能理解为什么父亲不去教堂，却喜欢在周日去看赛马。他也不参加祷告，还取笑那些为了治病而去卢尔德 (Lourdes)[01]朝圣的人。他认为，只有女人和儿童才会相信宗教，他推崇怀疑论者和无神论者的著作。西蒙娜很崇拜博览群书的父亲。一个像他这样聪明、从不出错的人，怎么会怀疑上帝呢？而对她和她的母亲来说，丧失信仰就是最大的不幸。她只能硬生生忍受着这种矛盾，承认生命中存在两个截然不同的领域：一个是信仰，另一个是文学、艺术和戏剧。父母在一件事情上的看法竟然大相径庭，这让西蒙娜困惑不已。

另外，让西蒙娜不安的是，现在她躺在床上时，父母的争吵声愈发频繁地传入耳中，她捂住耳朵或把被子蒙到头上，但偶尔还是会听到一些她不愿意听的词语。有一次，露易丝在楼梯间跟其他仆人说她母亲的坏话，而她就站在一旁。母亲是她的榜样，是完美的化身，可是露易丝、管家的女儿这样的普通人竟然对母亲指指点点，她实在无法理解。除了默默忽略这段令人不安的过去，西蒙娜别无他法。西蒙娜·德·波伏瓦回忆说，小时候的她觉得每个成年人都"各自被包围在四面墙里"，有时她会无意

01　卢尔德，法国南部城市，天主教最大的朝圣地之一。——译者注

地穿过墙，然后再迅速堵上墙上的洞。"我的防护墙，"她写道，"不能出现裂痕。"[11]

战争期间的物资供应愈发紧张。波伏瓦家的公寓很冷，三餐经常只有稀汤果腹。夜晚警报时常响起，窗户必须挂上遮光帘。德国人开发出一种奇迹武器 (Wunderwaffe)[02]——一门炮管极长的超级大炮，射程可达遥远的法国首都，所以德国将其称为"巴黎炮" (Paris-Ges-chütz)。虽然炮击并没有造成太大伤害，但是引发了民众的恐慌。外祖母心慌不已，于是母亲收留了她。外祖母住在西蒙娜的房间，西蒙娜和露易丝一起睡在客厅里。外祖父和莉莉姨妈会过来一起吃饭，家中经常会出现争执和激烈交谈。古斯塔夫·布拉瑟尔早已将破产经历抛之脑后，他现在经营着一家鞋厂，痴迷于再次成为百万富翁。他带着一根金条，并声称亲眼看着一位炼金术士从一块铅中炼出了这块黄金。他想拉乔治投资，但乔治只是一笑，他由此勃然大怒，家里变得一片混乱，吵吵嚷嚷。

曾经祈祷的家庭和谐不复存在，西蒙娜对此早已习惯。她只能跟妹妹玩耍或者沉浸在阅读中，家中已经没有钱支持她的文化爱好，比如戏剧、电影。阅读是最廉价的

---

02 "奇迹武器"（Wunderwaffe）是一个德语词汇，指纳粹德国的宣传部在"二战"中致力吹捧的一系列超级武器。——译者注

娱乐方式，也很适合西蒙娜。她阅读了所有能接触到的书籍，更准确地说，是得到母亲许可的书籍。她不断增长的好奇心和求知欲使她与父亲的关系愈加密切。乔治把自己图书馆的书拿给她，与她谈论文学，以成年人的方式跟她交流，这让西蒙娜兴奋不已。但在母亲眼中，西蒙娜还是个孩子，她密切关注西蒙娜，确保她不会读到有害书籍。其实有些书籍并没有什么害处，但是母亲认为其中包含一些不雅内容，所以她会将那些书页用针缝起来，而西蒙娜自然是不敢拆开。

但是，弗朗西丝无法阻止西蒙娜在阅读时心生疑问。圣母祷词中的表述"母胎"让她疑惑，于是她向母亲询问，母亲觉得有损体面并不想回答，只是皱起眉头或撇撇嘴。之后，西蒙娜都会自己消化这类问题：长时间照镜子或者暴露太多皮肤也被认为不得体，换内衣时绝对不能脱光。

德西尔学校的一些教室被征用为野战医院，救治伤残士兵。由于空袭，大多数女学生都随父母逃离巴黎。西蒙娜所在的班级只剩两个学生，正规的课程学习已经无从谈起。经过母亲的允许，西蒙娜去看望姨婆爱丽丝 (Alice)。爱丽丝身形肥胖，有"小胡子"，给儿童杂志写短篇故事。她的孙子雅克 (Jacques) 和孙女泰雷兹 (Thérèse) 住在隔壁的房子里，他们的父亲查尔斯·尚皮涅勒 (Charles Champigneulle) 死于车祸，母亲和第二任丈夫搬离了巴黎。

西蒙娜很羡慕雅克，他年龄比西蒙娜大一点，却自由得多，就读于有名的高级中学，知识远胜于她。他有一个书柜，西蒙娜可以取阅，她经常是来不及等到回家，就直接在楼梯上读了起来。后来她才知道，雅克的父亲曾与她的母亲相爱，雅克父亲的婚讯让她的母亲伤透了心。雅克留着金棕色的卷发，是一个英俊的男孩，他通常不屑于和女孩打交道，因为他觉得那些女孩都太愚蠢了，但西蒙娜是一个例外。同样，雅克也带给西蒙娜新的体验。雅克对她真诚以待，两人可以坦诚地探讨一切。很快，两个人之间的交流就不仅限于书籍了。

除了雅克之外，西蒙娜没有朋友。她不可以跟公园里的孩子说话，甚至不能一起玩耍。她几乎每时每刻都在母亲的监护之下。1918年11月11日星期一，弗朗西丝·德·波伏瓦正在监督女儿练习钢琴，城里所有教堂的钟声响了起来——战争结束了。凌晨时分，德国代表团和法国代表团在法国贡比涅 (Compiègne) 郊区森林里签署了停战协议。当时还在谈判中的《凡尔赛和约》认定德国为战争的罪魁祸首，须割让领土并支付赔款。

法国是战胜国之一。然而，乔治·德·波伏瓦对此却没什么感觉。他不再是一名士兵，未来的职业道路仍是未知数。在家里，他经常咆哮着说"布尔什维克"毁了他。这个词让西蒙娜想起了"德国佬"（boches），因为这两个词听起来非常相似。然而，乔治指的是"激进的共产主义者"，他们在其领导人弗拉基米尔·伊里奇·列宁（Wladimir Iljitsch Lenin）的指挥下，在俄国发动内战，沙皇全家被杀。乔治持有的俄国铁路及矿业股票由于革命变得一文不值。继他妻子的嫁妆成为泡影之后，这是对他的第二次沉重打击。他现在几乎身无分文，也没有资金支持他重拾律师工作。别无选择，他只能接受岳父的提议，加入岳父的鞋厂担任"副总经理"，名头虽响，收入却很微薄。

乔治·德·波伏瓦将不得不接受自己变成新穷人的现实。他已承担不起这套大型公寓的费用，女儿们没有嫁妆就找不到丈夫，至少找不到符合家族要求的丈夫，但乔治和弗朗西丝夫妇依然坚称自己属于上层贵族。然而，在西蒙娜是否应该继续留在德西尔学校的问题上夫妻俩意见不一。弗朗西丝坚决支持女儿留在德西尔学校，但是乔治反对。他一直认为这所学校满足不了聪慧的女儿，她需要接受良好的教育，这样以后才能找到一份能够养活自己的工作。西蒙娜曾表示希望有一天能进入修道院，这一点也让他有些担忧。

乔治没有坚持自己的看法，因为西蒙娜决意留在德西尔学校。西蒙娜的决定与学校的宗教色彩关系不大，主要是因为假期过后有一个新生来到了她们班，她的名字叫伊丽莎白·勒·可因 (Elisabeth Le Coin)。与其他同学截然不同，她自信、叛逆，还敢拿老师打趣。西蒙娜·德·波伏瓦在回忆录中称她为"扎扎"(Zaza)，两人形影不离。

第三章 榜样

爱丽丝·米勒 (Alice Miller) [01] 在其关于童年早期重要性的著作中，谈到了悬在每个孩子头上的"达摩克利斯之剑"，孩子不敢说不，因为他们担心任何拒绝都会让母亲排斥自己，失去安全感和爱。为了规避不愉快的体验、适应环境，天才儿童会抑制自己敏锐的观察力。但是，当孩子脱离父母的思想世界时，他并不愿独自一人，于是开始寻找志同道合的人以及榜样。童年中对于谎言的憎恨以及真实的缺失让他在榜样身上探寻真诚与坦率。米勒认为，这种真实可以说是"无法实现的最高理想"。[1]

在德西尔学校的年度钢琴演奏会上发生了一件让人大跌眼镜的事情。在装饰一新的大厅里，盛装打扮的女孩们坐在前排，后面是老师和家长。轮到扎扎的时候，她弹了一首先前并未完全掌握的曲子，她的母亲曾建议她另选一首表演。但是她今天的演奏堪称完美。表演结束后，她转向她的母亲并吐了吐舌头。其他女孩都呆住了，老师也一脸惊愕。相比于扎扎的出格行为，更让人震惊的是，勒·可因夫人不仅没有训斥女儿，还欢快地亲吻了她。[2]

西蒙娜小时候，在家庭合照中也会吐舌头或者扭身背对摄影师。现在她不敢再这样做，也更加钦羡扎扎的随性

---

01 爱丽丝·米勒，瑞士儿童心理学家，以研究儿童早期心理创伤成因及对其成年后的影响而著称。——译者注

自由和扎扎母亲的宽容。弗朗西丝·德·波伏瓦同样震惊于扎扎的行为，但是仍旧允许女儿与这个言行放肆的女孩交往。勒·可因家族颇有声望，家底殷厚，最重要的是，他们是极虔诚的天主教徒，家境败落的波伏瓦家族也不愿意与勒·可因这样的富足之家疏远。在此期间，乔治在巴黎雷恩路 (Rue de Rennes) 找到了一处更便宜的新住所，1919年10月他们搬进新家。这间公寓位于五楼，没有电梯，心脏不好的乔治只能吃力地爬楼。露易丝把新家称作"棚屋"[3]，这当然有些夸张，但是以往的舒适生活已一去不复返。这里没有暖气，也没有浴室，只有一个没有自来水的洗手池。西蒙娜和伊莲娜不得不共用一个房间，房间小到两人几乎床挨着床，便再也放不下其他任何家具。[4]

西蒙娜失去了独处的空间。她逐渐长大，不再是一个孩子了。有一天，她的内裤上出现了血迹，她以为自己生病。向母亲求助时，母亲却回避了她的问题，只告诉她，她现在是"大姑娘"了。父亲也没有提供任何帮助，在旁人面前对西蒙娜说了一些风凉话，西蒙娜莫名地羞愧难当。她与父亲的关系彻底发生变化。此前，父亲觉得她是个聪明的谈话伙伴，总说她有男人的头脑。现在，她的身体正在发生变化，有了青春痘，身材也越来越丰满，父亲对她失去了兴趣。

　　西蒙娜的眼神不仅让他感到不舒服，也在提醒他自己的失败，他不能像同阶层其他的父亲那样给女儿的未来提供保障。工作一直在走下坡路，岳父的鞋厂在战后损失惨重，他不得不被解雇。一个富有的表亲帮他在一家报社找到了一份工作，他负责报纸广告招商。这项工作报酬不高又不体面，如果潜在客户拒绝合作，乔治就不得不用负面报道相威胁。

　　当西蒙娜去扎扎家时，进入了另一番天地。勒·卡因一家住在梵伦纳小路 (Rue de Varenne) 边的豪宅里，家中有9个孩子。扎扎的小弟弟、小妹妹可以肆意地跑来跑去，不用担心妈妈的干涉责骂。更让西蒙娜吃惊的是，勒·卡因夫人非常重视对孩子们的宗教教育。她的丈夫是一名铁路工程师，两人都是虔诚的天主教徒，一心想通过行动证明自己的信仰。他们向慈善机构大笔捐款，每年全家人都要去卢尔德朝圣，儿子们帮助运送病人，女儿们在医院厨房帮工。

　　扎扎是她母亲最喜欢的孩子，她也尽可能满足母亲的期望。但是，在跟西蒙娜的私密谈话中，她取笑父母对宗教的热衷，猜测只是伪善和虚荣在背后作祟。起初，西蒙娜并未在意，让她印象最为深刻的是扎扎的玩世不恭：无论是对她那过于虔诚的姐姐，还是德西尔学校头脑简单的老师，抑或是学校里那些假正经的神职人员。扎扎很受同学欢迎，而西蒙娜在同学们眼中毫无幽默感、一本正经、固执己见。"扎扎的确很有魅力，甚至可以说光芒四射，"一位同学回忆说，"她比西蒙娜有趣得多。"[5]

西蒙娜和扎扎两人的学习成绩在班级都名列前茅。但是，扎扎天赋异禀，做事处之泰然，而西蒙娜却总是一副严肃正经、刻苦勤勉、雄心勃勃的样子。两个人竟成为最好的朋友，这让一些人迷惑不已。两人之间的纽带是对知识的渴望和对书籍的热爱，以及受家族传统所困的相同处境。她们聊得很多，互致长信。但她们互用尊称，不谈自己的内心感受和欲望，甚至不谈自己对幸福和独立的渴望。西蒙娜也不掩饰扎扎对她的意义远胜于她对扎扎。

西蒙娜羡慕扎扎的自由，扎扎的母亲从不反对她独自外出，而西蒙娜和伊莲娜的母亲甚至不允许她们独自走到离家仅400米的学校。露易丝辞职后，情况变得更加糟糕。露易丝认识了一个年轻的工匠，后来两人订婚。继任女仆凯瑟琳（Catherine）没多久就被母亲解雇了，因为她认为凯瑟琳"游手好闲"。[6]因此，母亲决定自己承担家务，无论做家务还是做母亲，她都希望成为模范。对她来说，最重要的是尽可能地节省开支。首先遭罪的是她的两个女儿，她们不得不穿着破旧的衣服出门。丈夫乔治与家人在一起的时间越来越少。下班后，他通常会去一家名叫凡尔赛的酒吧，打桥牌或扑克。有时他半夜甚至凌晨才略带醉意地回家。

弗朗西丝并没有与丈夫针锋相对，她已经学会刻意忽视难堪的现实。她仍然认为自己对丈夫的不幸负有责任。他处境越糟，越是放任自流，她就越觉得自己必须维持一个完整的家庭形象。弗朗西丝本是一个非常有活力的女人，只是从童年时代起，尤其是在教会学校，她就被灌输放弃和自我否定才是最高的美德。但是，她并不能完全压制自己的欲望和梦想。矛盾之下，她变得易怒和情绪化。弗朗西丝从小苦于母亲的冷漠，现在的她想成为丈夫忠实的好妻子、关心理解孩子的母亲，但她的控制欲和各种条条框框只会让她与本意背道而驰。西蒙娜·德·波伏瓦曾这样评价母亲："她一直在跟自己作对。"[7]

西蒙娜每年最开心的日子是8月、9月全家在祖父的梅西尼亚克庄园的度假时光。庄园里有马厩和一个开阔的公园。在那里，西蒙娜感受到不被人监控的自由。清晨，她偷偷溜出家门，在树林里、池塘和小溪边度过一天。她躺在草地上，拿上一本关于亚西西的圣方济各的书，听着夏天的声音，待上好几个小时。与在德西尔学校相比，在这里她更真切地感受到上天的存在，上天借助她的眼睛来感知大自然的美丽。她觉得，如果没有她的目光所及，眼前的树木、花朵和云彩就会重新陷入无声的冷漠中。如果她忘记了时间没有及时赶上晚餐，就会惹上麻烦，母亲会禁止她第二天再去公园。一想到她将错失这个夏日的美好，她就会对母亲独断专行的禁令无比愤怒，但她又无力反抗。

离梅西尼亚克庄园仅20公里的格里耶尔庄园（Grillère）住着乔治的姐姐伊莲娜姑妈（Hélène）和她的丈夫莫里斯（Maurice）。这原是一座位于山顶的小城堡，现在已经被改建成一座大花园。伊莲娜姑妈有一个女儿，名叫玛德琳（Madeleine），比西蒙娜年长。玛德琳在乡村长大，与动物为伴。在西蒙娜眼中，玛德琳生活经验丰富。多年前，她们一起玩耍时，西蒙娜直截了当地问她：大人们对什么事情缄口不言？玛德琳给她展示自家狗的睾丸："看，狗的两腿中间有蛋蛋，男人也有。"[8]这对西蒙娜来说不算太石破天惊，但至少玛德琳证实了她一直以来的猜测，即孩子是从母亲的子宫出来的，而不是像她一直以为的那样从肚脐出来。除此之外，她没有也不想再打听了，因为在德西尔学校里，这都是些粗鄙下流之语，不允许讨论。学校的神职人员曾告诉她们，有个女孩看了禁书，结果自杀了，只有信仰能保护她远离这些危险。

西蒙娜不再严格遵守禁令，她会偷偷阅读描述情爱的杂志和书籍。之后，她睡得很不安稳，做的梦也不敢告诉别人，甚至连扎扎也不曾知晓。她在学校受到的教育和母亲的反复教导告诉她，爱等同于婚姻。那么，只有当她找到一个愿意娶她而且不要求嫁妆的男人，她才会知道什么是爱吗？扎扎家已经在为每个女儿的未来婚姻做准备了，母亲带着她们参加社交活动，结识可能的结婚对象。扎扎觉得自己像个妓女，却心甘情愿地被带去一个又一个社交场合活动。西蒙娜没有这样的选择，她唯一接触过的年轻男人是雅克。雅克经常造访西蒙娜家，与她交谈。他举止自信，在西蒙娜的父亲面前热切地捍卫自己的文学爱好和政治观点，但乔治对此存疑。

雅克在一定程度上代替了西蒙娜父亲的角色，他欣赏西蒙娜的智慧和博学，并不在意她不够迷人的外形。弗朗西丝觉得雅克很有魅力，甚至允许西蒙娜去他家中。看到雅克明知自家的艰难处境还是喜欢西蒙娜，弗朗西丝一心希望两人有一天能结婚。雅克是个不错的结婚对象，他的父亲留下了一家经营状况良好的玻璃工艺品厂，他希望有朝一日能接管生意。他为西蒙娜做了一块花窗玻璃，并题词"献给西蒙娜"。西蒙娜非常喜欢这个浪漫的礼物，并认为这是订婚的标志。两人假玩"结婚"游戏，在卢森堡公园（Jardin du Luxembourg）的旋转木马上度了"蜜月"。[9]

15 岁的西蒙娜对于未来的伴侣有很多设想，其中之一就是可以互相坦诚地表达一切。强于她的男人才能获得她的尊重，从这个意义上来说，这个男人应该符合她对自己的设想，某种程度上，是自我的"理想形态"。[10]雅克正是如此，他的见识远胜于她。扎扎也是她想成为的样子，因为扎扎不像学校里的其他女孩那样低眉顺眼，可以毫无顾忌地谈天说地。西蒙娜醉心于路易莎·梅·奥尔科特（Louisa May Alcott）的小说《小妇人》（*Little Women*），其中的女主人公乔（Jo）也是她的榜样。她在乔身上看到了自己。乔没有她的姐妹们那么漂亮，但她头脑敏锐，梦想成为一名作家。起初，西蒙娜对乔的好友劳里（Laurie）要和乔愚蠢的妹妹艾米（Amy）结婚感到震惊。但让她印象深刻的是，尽管如此，乔仍然保持着自己的骄傲，坚持自己的梦想。通过这个文学人物，西蒙娜第一次觉得，年轻女性不一定要结婚，还有其他方式可以去体验爱情，享受自主的生活。[11]

扎扎、雅克、乔都是西蒙娜的榜样，或者更准确地说，通过他们西蒙娜知道自己可以成为怎样的人、希望成为怎样的人。同时，他们也让她意识到，摆脱成长环境的影响实现自由是多么困难。让西蒙娜感到惊讶甚至愤怒的是，一贯叛逆的扎扎曾表示，像她母亲一样将9个孩子带到这个世界不亚于写书创造的价值。[12]而雅克已经认定自己将继承父业从商，西蒙娜经常怀疑他是否真的怀有艺术抱负。她也坚信，自己属于远离下层社会的阶层。她会把梅西尼亚克庄园的农民称为未开化的自然人，也会嫌弃农民离她太近，因为他们不讲卫生，又不读书。而且，她赞同父亲的观点，即工人们的不满来源于对上层社会的羡慕。

后来，当西蒙娜和母亲一起去看望露易丝时，她才意识到之前的想法是多么傲慢狂妄又脱离现实。露易丝已经结婚并有一个孩子，她和丈夫住在一个狭小的阁楼里。西蒙娜想不到人可以生活在这样低矮破败的地方，她第一次感受到苦难的真正含义。后来，得知露易丝的孩子死去，她哭了好几个小时。她开始质疑德西尔学校的老师和神职人员的虔诚，他们总把爱和同情挂在嘴边，却向一个不食人间烟火的上天祈祷；她也开始怀疑她所处的中产阶级的道德观，尽管他们为慈善事业捐钱，但绝不会放弃他们的特权和安全，也不会站出来为劳动者的利益辩护。

在学年结束的颁发证书仪式上，西蒙娜获得了不错的成绩，但没有再次获得为奖励勤奋、优良举止而颁发的"荣誉证书"。学校告知她的母亲，扎扎影响了她，因此不应该再让她们坐在一起。西蒙娜哭了，但与大家所想的不同，她不是因为没有得到"荣誉证书"而失望伤心，而是因为被迫与扎扎分开而感到愤怒。那一刻，她感到自己的童年结束了。[13] 一股莫名的力量势必将她与这所学校、与父母分开。她后来称其为"自由"，但目前来说，更多的还是一种自由的气息。这种日后让她感到骄傲和幸福的感受，当时却让她感到悲伤和孤独。

有时，西蒙娜会陷入极度悲观的情绪中。有一次，她正在帮母亲洗碗，透过窗户看到邻居家厨房也有妇女在洗碗。一想到有一天她将日复一日地忙于家务，无望和惆怅的感觉在她心中升腾。或许那一刻，她想到了小说主人公乔。乔拒绝做家务，因为她要把时间用来看书和听音乐。还有一次晚上，她如同往常一样下楼倒垃圾，抬头看到院子上方的四角天空，街道上夜生活的嘈杂声涌入耳中，现实重重地砸向她，让她无法忍受：她和情绪低落的父母住在一个寒酸的公寓里，如同身处没有铁栅栏的监狱，她不知道自己何时以及如何才能摆脱这种"牢笼生活"。[14]

我们不知道西蒙娜·德·波伏瓦在她的回忆录中称为

"顿悟"的经历究竟发生在何时，她并没有准确说明。但可以肯定的是，她的顿悟发生于梅西尼亚克庄园的度假时期：一天晚上，西蒙娜临窗而坐，向花园望去。她本想祷告，但发觉祷告词只是无力的话语，她不过在愚弄自己。她对宗教愈发怀疑，渐渐无惧于违反老师、父母的规定。一瞬间，她意识到上天不再有任何意义，她也不想再自欺欺人。现在的她可以轻松地说出不再相信上天，这让她自己都惊讶不已。西蒙娜·德·波伏瓦在她的回忆录中写道："我否定上天并不是为了把自己从上天或其他人强加在我身上的禁忌中解放出来。相反，我发现上天已不再介入我的生活，对我来说，上天已不复存在。"[15]

爱丽丝·米勒认为，"天才儿童的悲剧"在于，他必须制定策略以摆脱困境，同时还要兼顾父母的情绪和自身真实感受的表达。米勒认为，在严格的宗教教育中长大的青少年会将愤怒首先发泄在父母信仰的上天身上。[16]

但是总有一天，这种愤怒会针对父母本身。

第四章　叛逆者

　　法国作家安妮·埃诺（Annie Ernaux）63岁时计划用写作来回溯青春岁月，安妮采取了一种激进的做法——退回到自己少年时期的心境。她力求摆脱撰写自传时极易落入的"圈套"，即基于后来的体验来描述和评价曾经的自己。她的写作目标就是：摒弃多年来积累的所有感悟，其中也包括从西蒙娜·德·波伏瓦的书中获得的启发。安妮当然知道，这几乎是不可能的，毕竟她已不再是当年的那个女孩了。但是，她确信这个女孩一直隐藏在她体内，真真切切地存在着。[1]

　　当西蒙娜·德·波伏瓦创作她的回忆录第一卷《端方淑女》（*Mémoires d'une jeune fille rangée*）时，当年的女孩西蒙娜出现在面前，有时她觉得"小西蒙娜就在我体内"。与安妮·埃诺一样，她也怀疑是否有可能重回当年的心境，但是年少的西蒙娜并不会消失于过去。在她看来，"复活"需要的不仅仅是良好的记忆力或对事实的准确复述，更是一项富有创造性的任务。西蒙娜认为，这是一种"创造行为，因为除了记忆力外，它对想象力、思考力也提出了很高的要求"。[2]

　　安妮·埃诺叙述了这样一段经历：1958年8月，17岁的安妮有生以来第一次离开父母和熟悉的环境，担任夏令营的辅导员。她成长于严格的天主教家庭，从小备受呵护，母亲这次自然要同乘火车送她过去。到达鲁昂（Rouen）车站之后，她便迫不及待与母亲告别。她将度过一个没有父母的夏天，此刻，她脑中只有一个念头：结识年轻男人、做爱。

1925年9月底，西蒙娜·德·波伏瓦第一次独自旅行。德西尔学校的同学特蕾莎（Térèse）邀请她去位于茹瓦尼（Joigny，巴黎以南城市）的自家庄园。母亲送她到火车站与特蕾莎会合，这次旅行得到了母亲的许可，因为特蕾莎来自虔诚的天主教家庭，所以她可以放心地让西蒙娜前往。虽然这趟旅行并非激动人心的冒险之旅，但是西蒙娜还是可以享受到自由的气息，她将德西尔学校的教条抛之脑后，期待开启一段新生活。在过去几个月里，包括上一年度，她完成了一门又一门考试，堪比跑了一场马拉松：先是德西尔学校的常规结业考试，然后是决定大学入学资格的高中毕业会考。为准备考试，她额外修了一个学年，考试在法国索邦（Sorbonne）大学举行。

现在的问题是西蒙娜应当选择哪所大学、读什么专业。母亲建议她做一名图书管理员，父亲则希望她学习法律，但西蒙娜都拒绝了。她决心成为一名教师，尤其是哲学教师；不是在德西尔这样的学校任教，而是在一所公立高级中学。所以，她的第一志愿是巴黎高等师范

069

学院（École Normale Supérieure），这是一所精英学院，以备考法国高中教师招聘会考著称，通过会考是成为高中最高职称教师的前提条件。西蒙娜首先要通过在索邦大学的资格认定考试，并通过国家高等师范专业考试，然后才有资格参加法国高中教师招聘会考。如果她能通过这最后一道关卡，她将成为极少数拥有专业教育资质的女性。最终，她的父母极不情愿地做出让步。他们一直让西蒙娜在宗教背景学校接受教育，但她现在竟想成为一所世俗学校的老师。德西尔学校的老师也无比失望，她们认定西蒙娜在索邦大学这些地方很快就会触犯道德底线，在罪恶深重的蛾摩拉城[01]彻底堕落。

忧心忡忡的弗朗西丝·德·波伏瓦四下寻求各种解决办法，同时也是为了能够继续掌控女儿。她希望尽可能缩短女儿在索邦大学的时间，尽量在那些具有资质的、教会所属的教育机构里准备考试。为此，她选择了位于巴黎郊区纳伊（Neuilly）的天主教学院（Institut Saint-Marie），况且离家也不远。西蒙娜同意了，因为扎扎也将在天主教学院就读，她终于成为一名大学生！

西蒙娜不得不承认，自记事以来，她从不感情用事。

---

01 据《圣经·创世记》，该城因居民道德堕落，罪恶深重被神毁灭。——译者注

她广泛学习，博览群书，实践经历却少得可怜。她只能通过小说解读爱情和激情。她本质上还是一个天真无邪的小女孩[3]，对性心存恐惧。她唯一的放纵就是舞蹈课以及假期时与朋友们的通宵欢聚。有一次，在昏暗的电影院里，一个男人把手伸进她的外套抓住了她。她不知所措，只好紧紧抓住手提包，因为她认为这个男人是个小偷。[4]西蒙娜从那个胖乎乎、不修边幅的孩子蜕变成一个楚楚动人的姑娘，她甚至能感觉到图书馆里男人投向她的目光。

这样的光景随着深秋时节外祖父的去世而消散。母亲让西蒙娜穿上黑色的丧服，虽然西蒙娜并不喜欢外祖父，但仍要在人前表示悲痛之情，她觉得自己就像个任其摆布的稻草人。当她和扎扎沿着圣米歇尔大道(Boulevard St.Michel)散步时，她很羡慕那些坐在咖啡馆或站在电影院门口兴致勃勃地聊天的年轻男女。她整天不是坐在图书馆里就是在家学习，唯一获准的就是带着书去卢森堡公园。母亲不让她与其他人说话，或许她本身也无意与别人搭话。但雅克例外，因为雅克是西蒙娜父母眼中唯一可能的结婚对象。

那时，雅克已进入大学学习法律专业，并得到了一辆红色跑车作为礼物，他开着这辆车疾驶在巴黎的大街小巷，有时他会带上西蒙（Sim，雅克对西蒙娜的爱称）。当他紧急刹车时，西蒙娜便高声尖叫，一副小女孩的样子。当雅克邀请她去酒吧喝鸡尾酒时，她感觉自己已经长大了。雅克从来没有亲吻过西蒙娜，甚至没有温柔地抚摸过她。他们之间是纯粹的柏拉图式关系。当她来看雅克时，就坐在红色的天鹅绒沙发上，雅克来回踱步，一边抽烟一边思考。他的话时常只说一半，因为他认为有些事不可言说。雅克借给西蒙娜的书多出自现代作家，例如保罗·克洛代尔（Paul Claudel）、保罗·瓦莱雷里（Paul Valéry）、让·考克托（Jean Cocteau）、安德烈·纪德（André Gide）。但在父母眼中，这些作家的思想很"病态"。⁵西蒙娜很想知道雅克为何钟爱这些作家的书，但雅克回避了这个问题，只是意味深长地告诉西蒙娜，你必须自己亲自去感知一番。西蒙娜在读这些书的时候，内心波澜起伏。她觉得这些作者说出了她的内心所想，无论是关于爱情、绝望还是对中产阶级道德标准的反抗。西蒙娜的心中有一个广阔的世界，但周围的环境却让她窒息难耐。

她原本希望进入大学能够开启一段全新的、自由的生活，但如今愿望落空。如果她在家里能得到更多的支持和理解，或许愿望才有那么一丝实现的可能。她向母亲坦白，她不再相信上天了。从那以后，弗朗西丝每天都为救赎西蒙娜的灵魂而祈祷，对她管教更严，一心替女儿规避不良影响，引导她回归信仰。弗朗西丝还继续审阅西蒙娜和伊莲娜收到的信件，她甚至试图让伊莲娜远离西蒙娜，以免她沾染上姐姐的异教徒思想。[6]但是姐妹俩背着母亲已结成一心，甚至成立了"反母联盟"，防止母亲再私拆她们的信件。伊莲娜也从德西尔学校毕业，她喜欢画画，希望能在这个领域继续深造。父母没有同意伊莲娜进入大学深造，但允许她上绘画课。伊莲娜非常漂亮，大有可能觅得如意郎君。在许多男人眼中，外形靓丽、会弹奏几首钢琴曲、会作画的年轻女子是理想的婚姻伴侣。

西蒙娜则完全不符合这种女性形象，她从父亲眼中也感受到了这一点。虽然父亲重视教育，但是知识女性和女学究令他心生反感。在西蒙娜面前，他对哥哥加斯顿的女儿珍妮（Jeanne）赞赏有加。珍妮总是面带微笑，礼数周到。而西蒙娜则恰恰相反，她性格孤僻，脾气暴躁。在家庭聚会上，她总是郁郁寡言，大家自然而然地也就对她敬而远之了。曾经充满倾诉欲、滔滔不绝的西蒙娜如今陷入了沉默。她觉得，自己所说的每一句话都会被父母扭曲，再用来攻击她。她的自我认知和外界定位之间的差异愈发明显，她给母亲带来了挫败感和失望，父亲则觉得她异于常人。[7]

此时的西蒙娜并不知道，维也纳附近有一个40岁的男人刚刚死去，他们的经历十分相似，后来西蒙娜非常推崇他的作品。这个男人名叫弗兰兹·卡夫卡（Franz Kafka），一生中的大部分时间都与父母生活在一起，所以他只想逃脱家庭的"魔爪"。他曾创作出一则短篇故事，主人公变成了一个令人生厌的甲虫。弗兰兹的母亲希望古怪的儿子在婚后能回归正常，而父亲则认为这个儿子糟透了。弗兰兹遭受的指责跟西蒙娜类似：没有家族观念、无情无义、不知感恩。[8]面对这样的指责，弗兰兹·卡夫卡在1914年11月12日的日记中写道："期望子女感恩的父母（也有要求子女感恩的父母）就像高利贷主，只要有利可图，就会欣然放贷。"[9]

西蒙娜的日记其实是一种自我独白。她在封面上写下："我不会原谅翻阅这本日记的任何人。"她在日记中倾诉一切，包括那些难以与扎扎、雅克谈及的内容：她的孤独、不安、恐惧、希望。她希望成为一个具有"自身价值"的"独立个体"，并将其称为尚未实现的"我的人生哲学"，它给变动不安的人生际遇赋予意义，比如"行动机会、幸福、痛苦以及他人的看法、爱慕"。[10]

对西蒙娜来说，"幸福"还包括拥有一个可以与之谈论一切、分享一切的伴侣。她第一个就想到了雅克，但是她无法界定她和雅克之间的关系。她一度以为自己爱上了雅克，但是疑虑又随之袭来，雅克发出的信号让她惴惴不安：他究竟属意于她，还是只是玩玩？有一次，她看到他的车停在一家酒吧门口，她意识到自己对雅克的另一面其实一无所知。她只是他的众多朋友之一吗？但是他想写一本小说献给西蒙娜却驳斥了这一点。

雅克没有通过司法考试，这让西蒙娜意识到，他注定要从事别的行业。他有时会随口说希望有一天能结婚，但从来不提西蒙娜。西蒙娜快把自己给逼疯了，为了找到正确的答案，她试图去解读雅克的语言和手势。在与雅克的家人共进晚餐后，她在日记中写道："我害怕他，也害怕自己，我感觉到自己的弱点和无可救药的愚蠢，一个玩笑也会当真，几句话也会胡思乱想……我到底算他的什么人呢？"[11]

西蒙娜可以肯定的是，她是雅克的灵魂伴侣。让她感到愤怒的是，她的母亲只想着把这种美好的默契引向中产阶级联姻的方向。事实上，弗朗西丝·德·波伏瓦认为他们已经算是订婚了，现在就只等雅克求婚。但是雅克却迟迟没有行动，她便禁止西蒙娜假期后再去找他，试图以此给雅克施加压力。假期里，西蒙娜已经有几个星期没有见到雅克了，他也没有回复她的信。雅克的阴晴不定和捉摸不透让她再次陷入绝望，但她不想失去他。因为在她眼里，雅克与她班上的同学不同，他属于"不安分的人"，"忍着痛探寻前路"[12]。这也是西蒙娜欣赏雅克的一点。

天主教学院的一位老师也是这类"不安分的人"，他名叫罗伯特·加里克（Robert Garric），教授文学课程，是雅克的朋友。多少也是出于这层关系，西蒙娜试图吸引加里克的注意。她笔耕不辍，积极创作，同时参加了加里克举办的社会活动。加里克曾参与第一次世界大战。在战壕里，他决心打破阶级障碍。为此，他创立了"社会小组"（Equipe social），类似成人教育学校，使工人阶级，无论男女，都有机会接受教育。他发动自己的学生来做老师，西蒙娜也报名参加，负责教授女工文学。然而，让西蒙娜深受触动的并不是加里克的社会良知，而是他并没有沿袭传统的职业道路，而是为自己设定了一个目标，赋予生命独特意义。聆听了加里克的某次演讲后，她对其理念心驰神往，在家中立下誓言：她也要自主决定人生！她也要追求自己的目标！"这绝对是必要的，"她对自己说，"我的生命要有价值！"[13]

但是，西蒙娜的人生目标是什么呢？她的父亲时常强调，人必须要有理想。虽然他是一个极端的民族主义者，贬低其他国家，但他羡慕意大利人，因为意大利有一个理想主义代表——墨索里尼（Mussolini）。在天主教会的扶持下，贝尼托·墨索里尼正在意大利建立法西斯独裁政权。西蒙娜对政治知之甚少，因此无法辨析父亲的观点，但让她感到痛苦的是，父亲不认可她的理想，短暂的从军经历让他在语言上极具攻击性。他认为，所有知识分子都是"共产主义者"，应该被"枪毙"，毕加索（Picasso）这类现代艺术家也应受到这样的处置。[14]男人的自由也是他的理想。几乎每天晚上他都要去打桥牌，但没有人过问他到底在哪里过夜。

西蒙娜之前一直对父母心怀不满，而现在她已开始鄙视他们。一想到还要多年和他们一起生活在这个"牢笼"中，她就觉得难以忍受。她不再相信这个圈子里鼓吹的道德，也不相信社会底层人民可以通过她提供的教育获得幸福。她完全可以理解，"社会小组"的女工们在忙碌了一天之后，只想去跳舞放松，根本不想了解维克多·雨果（Victor Hugo）或托马斯·曼（Thomas Mann）的作品。以授课为借口，她和从绘画课逃课的妹妹一起在城市里闲逛。凭借优异的成绩，西蒙娜在天主教学院找到了一份助教的工作，从此便有了经济来源。她和伊莲娜跑到"不良场所"寻欢作乐，坐在咖啡馆里消磨时光；有时西蒙娜感到非常孤独，就去酒吧喝杯杜松子汽酒或冰雪利酒。她不习惯喝酒，两杯酒下肚就开始头晕目眩。有一次她在地铁里直接呕吐了出来，到了工作单位更是双腿打晃。如果母亲在家闻到她身上的酒气或发现这个不信上天的女儿涂了些许脂粉，就会扇她耳光。

雅克第二次又没有通过司法考试，他的处境随之完全改变。现在看来，他势必要接手他父亲的企业。在西蒙娜眼中，他的人生其实一直在朝这个方向行进。原来计划写的书也没有写成，他给出的理由是，他不想像妓女一样出卖自己。雅克又谈到了婚姻，似乎婚姻对他来说只是一个终极目标，是一切问题的解决方案，但西蒙娜认为婚姻是共同冒险的开端。作为公司老板的妻子，注定要操持家务，这不是她梦想的未来。她总感觉和雅克之间有些不对劲。对于雅克的不安分，她有了一种新的看法：这难道不是一种"扮装的不安分"，一种在资产阶级秩序框架内的生活方式吗？雅克的计划和梦想不也半途而废了吗？西蒙娜·德·波伏瓦在回忆录中写道："他从来都与他极力想示人的形象相去甚远。"[15]

西蒙娜与雅克的关系有了喘息的空档，雅克将服兵役，在阿尔及利亚驻扎18个月。作为告别，他带着西蒙娜穿梭于各个酒吧。后来，雅克开车送她回家，她的母亲已含泪等在门口。后来西蒙娜得知，由于担心西蒙娜的声誉，母亲跑到雅克母亲那里，在门前大声呼喊女儿。真尴尬！她把这件事告诉了扎扎，扎扎却笑不出来，换作扎扎的母亲肯定也会这么做。扎扎也是西蒙娜心中不安分的人之一，她相信扎扎绝不会半途而废。但扎扎对未来心存恐惧，她的姐姐们都结婚了，现在轮到她了。她在信中告诉西蒙娜，15岁时，她不可救药地爱上了亲戚家的一个同龄男孩，但在母亲的要求下，她不得不与他分手。她当时非常绝望，甚至想到了自杀。

这次坦白让西蒙娜和扎扎的关系变得更加亲密。扎扎劝说母亲在暑假期间邀请西蒙娜去自家庄园，勒·可因夫人同意了，但她尽可能不让女儿与西蒙娜长时间待在一起，因为西蒙娜被视为波伏瓦家族的异教徒。西蒙娜不能和扎扎睡在同一个房间，而是被安排和一位假期担任临时家庭教师的女大学生住在一起。起初，西蒙娜很失望，但后来越来越喜欢这位来自乌克兰的年轻女子。她名叫埃斯特帕·阿维科维奇（Estepha Awdycowicz），但每个人都叫她斯特帕 (Stépha)。斯特帕充满活力、无拘无束。与她相比，西蒙娜觉得其他所有女人，包括她自己，都被困在宗教的牢笼之下。一天晚上，斯特帕尽情地唱乌克兰情歌，给大家占卜，在这个极度看重行为准则的圈子里引起了不小轰动。她还与一个做牧师学徒的表亲调情，预测他很快就会找到自己的心上人。

西蒙娜告诉了斯特帕关于雅克的事情，斯特帕忍俊不禁，她不明白西蒙娜为何这么扭捏，把爱情搞得如此复杂。到了假期尾声，斯特帕的工作也结束了，她回到巴黎，继续在索邦大学学习文学。后来，她在法国国家图书馆再次遇到了西蒙娜，两人几乎每天都见面。西蒙娜以前从未遇到过斯特帕这样的人，斯特帕总是和她勾肩搭背，一有机会就拥抱、亲吻她，毫不避讳地讲一些让她想捂上耳朵的事情。这是她们一生友谊的开始。

也许是受到斯特帕等人的启发，1928年初，西蒙娜做出了一个决定。按照原计划，三年后她才能参加高中教师招聘考试，如果考试通过，她就能顺利地走上精英教师之路。在这之前，她还要拿到哲学专业的毕业证书。三年——这意味着她还要和父母一起度过三年一成不变的生活，还要三年才能获得自由。西蒙娜不想等那么久，她决定双管齐下，提前一年达成目标，但这也意味着巨大的学习量，她相信自己可以做到。

西蒙娜已经改变，她需要一个全新的环境。在索邦大学，她结识了新朋友，不局限于女性。这段时间，她最好的朋友是莫里斯·梅洛－庞蒂（Maurice Merleau-Ponty）[16]，一个高挑瘦削的男生。他们常常散步到很晚，探讨一些深刻的话题。梅洛－庞蒂也来自天主教家庭，但他已经从中解脱出来，至少他自己是这样认为的。另一个学生勒内·马休（René Maheu）看起来像个优雅的冒牌绅士，厌恶教会、军队、民族主义相关的一切。马休已经结婚，却爱上了西蒙娜。他给西蒙娜起了爱称海狸（Castor），因为她总是如此勤奋。

马休属于大学里特立独行的一群年轻人的一分子，为人并不合群。

这个精英圈子里还有一个年轻人，名叫保罗·尼赞 (Paul Nizan)。据传，他是一名共产主义者，虽然已经结婚，但宣扬性自由。这伙叛逆者的首领身高不到一点五米，眼睛斜视，外形平庸，自称对女人充满诱惑力，秉持哲学的自由精神。他第一次参加高中教师招聘会考就失败了，但他的朋友们认为这只能进一步证明他是个天才。虽然这个首领让–保罗·萨特让西蒙娜难以忍受，但她还是想成为这个团体的一员。西蒙娜在她的日记中写道："萨特不喜欢我。"[17]

第五章　自由

1929年6月17日，星期一，今天是会考第一轮笔试的日子，西蒙娜一早就得起床。她有些紧张，但心情很好。在这个凉爽的6月的清晨，她穿过微亮的巴黎来到索邦大学。校园里，学生们男男女女聚在一起，兴高采烈地交谈，他们带着笔记本、保温杯和三明治。来自法国各地的76名考生将参加为时6小时的考试，其中西蒙娜·德·波伏瓦年龄最小。只有笔试通过才有资格参加口试。现在所有考生即将进入大图书馆的考场内就座，西蒙娜在旁边放了一个保温杯和一包饼干。"祝你好运，海狸！"勒内·马休大声喊道。随后，考试题目公布：自由与偶然。经过短暂的思考后，西蒙娜开始提笔写作。[1]

从某种意义上说，考试题目正是西蒙娜·德·波伏瓦的人生主题。多年后，她再次拾起这个主题，基于丰富的人生经验，提出了自己的哲学世界观。在这篇著作中，她驳斥了一切否定自由的企图，自由即事实，每个人都是自由的存在。对孩子而言，由于还处于父母和教育者的监护之下，尚没有责任感这一意识，其个体自由还未显现。最迟到成年，人总要面对自由。自由意味着认识到没有绝对价值，甚至没有上天；自由意味着生命没有意义，但每个人必须赋予个体生命以意义。西蒙娜·德·波伏瓦写道：

"人生在世旨在追求生活意义，独自体味成败。"[2]

每个人要独立为自己的行为和决定负责，而承担责任令人恐惧。你无法摆脱这种自由，但可以逃避，例如离开父母之后寻找新的权威，顺从他们，随波逐流，在消费中迷失自我，或者声称世间一切毫无意义，不值得为之努力，以此来为自己开脱。在这些情况下，原本对自由的渴望、投身于生活的热情、不断设定新目标的冲动被集体扼杀。在西蒙娜看来，这样的人实际上并不算活着，只是存活而已。

敢于为自由一搏的人无惧阻力，他们接受阻力的存在，但不会屈服于它，而是把它当作继续实现自由的新契机，即使面临失败的风险。自由和解放总是相伴相成，或如西蒙娜所写："事物的阻力承载着人的行动，就像空气承载着飞翔的鸽子一样……"[3]

考试结束后，扎扎和莫里斯·梅洛–庞蒂已经在等西蒙娜了，他们一起去花神咖啡馆喝柠檬水，西蒙娜知道他们两人互有好感。他们与西蒙娜的妹妹伊莲娜和她的朋友葛格（Gégé）一起组成了"布洛涅森林帮"（Bois-de-Bologne-Bande）。在温暖的夏夜，他们来到布洛涅森林的湖中划船，扎扎和莫里斯总是默契十足。这正合西蒙娜心意，在得知莫里斯回归宗教信仰之后，她就与莫里斯疏远了。此外，莫里斯与她的父母相处融洽，这也令她颇为不悦。对扎扎来说，莫里斯似乎是个合适人选，但是问题来了，勒·可因夫人已经为扎扎物色了另一个结婚人选，扎扎自然心有抵触。

西蒙娜着魔似的备战考试，她每天在国家图书馆待上近十个小时。晚上，她会和扎扎、伊莲娜或斯特帕去看电影，或者去她最喜欢的"冥河"(Styx) 酒吧。斯特帕正在跟一位名叫费尔南多·杰拉西 (Fernando Gerassi) 的画家交往，这个画家暗示，斯特帕曾做过他的裸体模特。这让西蒙娜震惊不已。斯特帕提醒西蒙娜在外表上多花些心思，不要那么拘谨，但是西蒙娜仍然有不可触犯的底线。一方面，她坚持"纯洁"的理想，认定即使在肉欲中，也必须保持纯洁[4]；另一方面，她又乐于尝试新鲜，去各色酒吧，冒充妓女，吸引男人的注意。有一次，她甚至跟一个陌生男人上了一辆车，但当这个男人试图亲吻她时，她却落荒而逃。

勒内·马休被她称为"喇嘛"(Lama)，西蒙娜丝毫不担心会被他纠缠。毕竟，他已婚且看重礼仪。他很有魅力，非常感性，是第一个把西蒙娜当作女人并称赞她外貌的男人。西蒙娜一直无法脱下丧服，她父亲的哥哥，也就是她的伯父加斯顿意外去世，她的祖父也在梅西尼亚克庄园离世。马休并不介意西蒙娜身着丧服，他甚至认为她身着丧服时看起来特别迷人。她在日记中这样形容他们之间的关系："无与伦比的纯真温柔，毫无保留、充满信赖、轻柔温和。"[5]在图书馆里，西蒙娜总是把旁边的位置留给马休，学习结束后他们再共处片刻，直到马休登上火车，驶向住在郊区的妻子那里。

这时，雅克已从阿尔及利亚归来。西蒙娜偶然得知他在服兵役之前与一个黑发美女交往了很久。尽管如此，西蒙娜仍然对他怀有炙热的感情。毕竟，与马休不同，他还没有结婚。西蒙娜不知道为什么雅克躲着她，避免与她独处。他再度含糊其词，表达了结婚的愿望。在与雅克分开的日子里，西蒙娜意识到自己一直把他过于理想化了。然而，她在日记中表达了对雅克的依恋，以及对他们终成眷属的极大期待。

勒内·马休跟朋友说了有关"海狸"西蒙娜的事情，大家都想认识她，萨特甚至想和她单独见面。西蒙娜同意了萨特的邀请，但马休不相信他的朋友，他心生嫉妒。西蒙娜为了照顾马休的情绪，让妹妹伊莲娜代她赴约。伊莲娜回来告诉她，萨特很让人失望，毫无魅力，无聊透顶。[6]显然，萨特对西蒙娜感兴趣，而不是对她的妹妹。

在笔试结果公布之前，这个精英圈就开始准备口试。在朋友的劝说之下，马休也邀请了西蒙娜。这是一次令西蒙娜梦寐以求的机会，她第一次去萨特的学生宿舍参加聚会时，按捺不住激动的心情。房间里一片狼藉，书本、文件、烟头散落一地。保罗·尼赞总是叼着一根烟，用怀疑的目光上下打量着这个勤奋好学、沉默寡言的女学生。萨特拿着烟斗，故作轻松的样子，试图打消她的局促不安。但西蒙娜还是战战兢兢，噤口不言。但是后来一次次的见面让她放下羞涩，能够自信地参与讨论。男人们不仅欣赏她的聪明才智，而且接纳了她。他们会定期爬上房顶以宣示无政府主义，这时也会带上西蒙娜。郊游自然也少不了"海狸"，大家现在都这么叫她。有一次他们去参加传统节日庆典时，西蒙娜用气枪射击塑料花。马休非常在意自己对西蒙娜的与众不同，只有他才有权利和西蒙娜单独外出。西蒙娜在日记中写道："'喇嘛'心满意足，因为他在我朋友圈子中的优先地位受到了萨特的认可。"[7]

1929年7月17日，笔试成绩公布，有26名考生通过了考试，包括西蒙娜、萨特、尼赞、梅洛-庞蒂，而马休没有通过考试。当天，他履行了考试失败的承诺：离开巴黎。他匆忙启程，甚至没有向西蒙娜道别，而是托萨特转告了一声，并祝福了她。[8]显然，他断然做出决定的原因之一是，他的妻子因为西蒙娜的事与他争执不休。马休打算先在乡村工作一段时间，第二年再来参加考试。他不会甘心就此待在偏远乡村，而是想追求一番事业，有朝一日成为联合国教科文组织的总干事。

14天后，共有13人通过公开口试，这几个年轻人都名列其中。名次在毕业庆典上公布，让－保罗·萨特位列第一，西蒙娜·德·波伏瓦获得第二名。西蒙娜实现了目标，在最短时间内通过了难度极高的考试，并且名列前茅。她已跻身法国教育体系中的精英教师阶层，有稳定的职业保障。期待已久的自由到来了吗？西蒙娜决意搬出父母家。外祖父布拉瑟尔去世后，外祖母把房子转租出去，不久后会空出一个房间，西蒙娜的父亲甚至愿意付搬家费。在秋天搬家前，西蒙娜还会跟家人一起去梅西尼亚克庄园，那是她童年的天堂。

祖父在初夏去世了，由于伯父加斯顿已不在人世，庄园现在属于他的妻子玛格丽特 (Marguerite) 伯母。西蒙娜把这个假期当作一个里程碑，这标志着她迈向了新的生活。漫步在庄园里，她时常回想过去：童年时光、在德西尔学校的日子、大学生活，她也会想到雅克和"喇嘛"。她非常想念"喇嘛"，一直给他写信。然而，她并没有告诉他，他从巴黎消失后，她每天都和萨特在一起。他们沿着塞纳河散步，萨特从河边的旧书摊淘来自己钟爱的连环画册，送给西蒙娜。他们去电影院看牛仔电影，在咖啡馆喝鸡尾酒，她没有一分钟觉得无聊。萨特总能让她开怀大笑，他的脑子里充满了天马行空的想法。但西蒙娜最喜欢他的地方，是他能完全融入她的生活，他想了解关于她的一切。他不会用西蒙娜感到陌生的价值观和标准来评判她，而是尊重她的行为方式和世界观。他积极地支持西蒙娜对自由、幸福的追求和成为作家的梦想。

在梅西尼亚克，西蒙娜写信给萨特，但是没有收到回信，她很失望，也很疑惑，但很快答案就揭晓了：一天早上，她坐在早餐桌边，表妹玛德琳走了进来，兴奋地低声对她说，鸽棚边有个男人在等她。那是让-保罗·萨特，没有西蒙娜的巴黎，他一刻也待不住，马上追到了这里。他在一间乡村旅舍投宿，随后就来找她。之后，西蒙娜每天早上都带着装满面包、奶酪、水果的篮子出门，和萨特在户外度过一天。她告诉父母，来了一位大学同事，他们要一起写一本驳斥马克思主义的书，但是父母心生疑虑。虽然父亲也不赞同马克思主义，但是西蒙娜的说辞仍然无法打消父亲出于道德的担忧。一天下午，他和妻子去找女儿，随后，西蒙娜在日记中描述的一幕发生了，她将其称为她和萨特"最有趣的回忆"[9]：她和让－保罗·萨特躺在草地上，她的父母突然出现在眼前，双方发生了激烈的争执。西蒙娜极为恼怒，母亲哽咽哭泣，父亲以公共道德之名要求萨特离开，萨特坚定地表示，他绝无离开之意。最后，西蒙娜不得不和父母一同回家，但是不久之后，她就在猪圈边等萨特，两人继续在外见面，没有人敢阻拦。

西蒙娜的父母不得不承认，他们无法再左右女儿。从梅西尼亚克回来后搬出家门，是她向自由迈出的又一步。西蒙娜终于实现了从小的愿望：有了一个属于自己的房间。外祖母并不干涉她的生活，西蒙娜可以关起门，享受无人打扰的空间。她可以随心所欲地进出，随时邀请她想邀请的人，这让西蒙娜心花怒放。

她邀请了一些朋友参加乔迁聚会。西蒙娜通过和朋友们的聊天得知，雅克从阿尔及利亚回来后不久就订婚了，而且即将与一个非常年轻的女孩结婚，嫁妆非常丰厚。现在她终于理解了雅克的古怪行为。她的日记中没有透露雅克对她造成的伤害有多大，只提到她觉得自己竟然愚蠢地抱有希望。而现在希望破灭了，雅克的所作所为证明他是一个"精于算计的中产阶级"。[10]然而，正如她在日记中写到的，她无法停止对雅克和"我的喇嘛"，即马休的思念，她与马休也曾秘密会面。雅克是她浪漫爱情的化身，马休承载了她的感性激情，而萨特是她"思想上无可比拟的挚友"。[11]

西蒙娜本来也想邀请扎扎参加她的乔迁聚会，但扎扎被家事羁绊。就像每年夏天一样，她不得不跟着家人拜访各家亲戚，还要在卢尔德做几天义工，但是她满脑子只有她心爱的莫里斯·梅洛-庞蒂。西蒙娜收到她的长信后很是不安。扎扎有时满怀信心地认为她和梅洛-庞蒂会结为夫妻，没有任何事、任何人能将他们分开；有时又觉得幸福与自己无缘，害怕会与母亲产生分歧。当西蒙娜在巴黎再次见到她时，她的脸上满是憔悴。扎扎的母亲不同意她和莫里斯的事情，计划12月送她去柏林待一年。梅洛-庞蒂的消极和退缩让西蒙娜不解，他的辩解也让人难以信服。但当西蒙娜见到扎扎时，见她热情洋溢、满怀希望，这才安心。几天后，西蒙娜收到勒·可因夫人的消息，扎扎发高烧住院。梅洛-庞蒂告诉西蒙娜，扎扎神情恍惚地出现他的母亲面前，问她为什么要阻止他们结婚。考虑到扎扎的精神状况，扎扎的母亲妥协了，同意他们结婚。但这已经太晚了，扎扎病情严重，回天乏术。西蒙娜在日记中写道："1929年11月25日——扎扎去世。"[12]

医生推测扎扎死于急性脑膜炎，而西蒙娜则坚信扎扎是郁结而死，梅洛-庞蒂得负首要责任。多年后，她才知道梅洛-庞蒂没有做错什么，是其他原因导致了扎扎的死亡。扎扎的父母雇了一个私人侦探，发现梅洛-庞蒂的母亲新婚不久就与一个已婚男人有染，而这个男人就是莫里斯和他妹妹的生父。得知这件事后，忠实的天主教徒勒·可因家族断然排除了与之联姻的可能性。

即使西蒙娜·德·波伏瓦知道了导致扎扎死亡的诱因，且她仍然坚持认为，扎扎是迫于家族道德和僵化的传统而发疯死去。她的自我解放与扎扎的不幸遭遇几乎是同时发生的。这让西蒙娜一直无法释怀，一种想法在她的脑海中挥之不去：扎扎的死是她获得自由的代价。[13]

扎扎的命运让西蒙娜产生了一种使命感——她不允许自己奋斗而来的自由被夺走，她要彻底地活出自由。在这一点上，让-保罗·萨特是理想伙伴。他相信，每个人都必须做出"基本选择"，包括是否愿意摆脱一直以来旁人的左右，活出自我。只有下定决心，才会意识到自己的自由。在萨特看来，做出这个决定"绝不轻松"[14]，需要极大的勇气和决心，为自己的行为承担全部责任。如他所说，这就是为什么一个人注定是自由的。

西蒙娜很早就做出了选择。多年来，她一直试图将自己从旁人塑造的或试图塑造的形象中解放出来，她也没想过抱怨父母。她无法忍受那些认为自己注定幸福的人，一旦被剥夺幸福，就觉得颜面尽失。她在给萨特的信中写道："在我看来，幸福是在一定条件下产生的，其中有些是不利条件，有些是有利条件。"[15]现在的西蒙娜追求幸福，而萨特就是这种幸福的一部分。但是和他在一起后，未来会如何呢？萨特还在为与西蒙娜的父母在草地上的相遇而感到不安。西蒙娜父亲在道德层面上的指责对他造成了何种影响目前还不得而知，即便他现在准备和西蒙娜结婚，也不会扭转这种局面。[16]

西蒙娜对这些不感兴趣，她无意结婚。但是，她同意萨特提出的"契约"——他们将在巴黎同居两年，然后各自出国，回国后重聚，并保持一种开放性关系：没有强迫，接受偶然，允许各自有其他情人；他们之间的深度关系绝不会因此受到影响，对彼此保持坦诚，

绝不隐瞒。¹⁷

契约缔结之后马上遭受了考验。萨特要到巴黎西边的圣西尔（Saint-Cyr）服兵役，西蒙娜周末会去看他。¹⁸西蒙娜决定不申请固定教师的职位，因为担心会被调到远离巴黎的学校。她暂时以教授私人课程和高中拉丁文课程为生。兵役结束后，萨特计划前往日本。他已经申请了一个讲师职位，如果成功，他将在1931年秋入职。西蒙娜也在考虑出国，或许会去匈牙利或者马德里。两人都坚信，他们的爱情将跨越时间和距离。

他们也坚信，他们的自由是无限的。是的，他们完全沉醉于他们的自由。西蒙娜·德·波伏瓦后来承认，那时的他们非常幼稚。她说，他们对弗洛伊德、马克思一无所知[19]，这也表明他们无论是对内在还是外在的矛盾都没有概念。他们在政治上也是盲目的，毫不关注引发世界贫困、失业和饥荒的经济危机以及德国国内的局势。在德国，一个名叫阿道夫·希特勒（Adolf Hitler）的人即将夺取政权，将世界拖入混乱。在这些使个体沦为无助的受害者的灾难面前，自由还剩下什么？要求一个在柏林贫民窟工作的工人活出自由并有所作为，这难道不讽刺吗？西蒙娜·德·波伏瓦将不得不面对一个又一个的问题。然而，她秉持一个信念：阻力承载自由，就像空气承载飞鸟。

第六章　他人

通过大量研究，美国科学家发现了人们是如何构建个人历程的。据研究，每个人都有一个契合道德的自我形象，这是一种"基本心理需求"。人们的自传式记忆更倾向于捕捉那些符合自我理想形象的时刻，而道德上的失误或失败的经历往往会被淡化或重新解读，从而避免损害这种自我的良好感觉。[1]

科学界的新发现常常早就暴露在文学领域，文学的根本宗旨之一就是反抗自我道德吹捧，揭露人生谎言。乔治·奥威尔 (George Orwell) 曾警告要小心那些只说自己优点、人生似乎毫无矛盾可言的人。他认为："自传是不可信的，除非它包含阴暗面。"[2] 西蒙娜·德·波伏瓦也意识到了"为了美化人生而伪造人生"[3] 的诱惑，她凭借"真诚"来抵抗这种诱惑。她撰写回忆录的目的是解读自我，而不是奉承自我。她曾保证："我对真理之爱远超过对自我形象的经营。"这种真理之爱表现在不做自我评判，而是把自我和人生尽可能坦诚地暴露在光明之下。与此同时，她希望得到读者的配合，即耐心地阅读而非急于下结论，因为个别事件、行为的意义只有在整体中才能得到体现。[4]

西蒙娜站在从火车站通往马赛 (Marseille) 市中心的高耸的楼梯上，眺望纵横交错的屋顶和街道以及远处的蓝色大海，她人生中第一次独自一人身处远离巴黎的陌生城市。

她离开了家人、朋友、她熟悉的世界，包括萨特。不久前，在1931年夏天，她和萨特曾一起去西班牙旅行，随后便天各一方。萨特去日本的计划落空了，他只能去勒阿弗尔 (Le Havre) 一所学校任教，西蒙娜则被派往马赛，两人相隔近千公里。她在马赛举目无亲，即将在这里的某所学校任教。西蒙娜走在陌生的街道上，一家餐厅挂出一则广告，这里有一个房间出租，她看过房间，并不十分合意，但她还是租了下来。先前，她的生活或多或少遵循一定的规范框架或习惯，但现在她可以完全自由地支配生活。

西蒙娜刚刚度过了艰苦备考的两年。在备考期间，她有一个明确的目标：通过考试，迈向自由。如今她已通过高中教师招聘会考并获得自由。拥有了来之不易的自由后，她打算做些什么呢？争取自由的目的或原因是什么呢？她有新的目标吗？她本想留在巴黎，这样可以离萨特近一些。还在巴黎时，周末她会去看望服兵役的萨特，有时萨特也能过来看她。在与萨特分离的日子里，她就与朋友穿梭于咖啡馆、酒吧，通常凌晨才回家。有一次，她和萨特的朋友皮埃尔·吉尔 (Pierre Guille) 驱车十天穿越法国。她的父亲无法理解这种生活方式，对所有打听他女儿情况的人，他都会回答说她"堕落了"[5]。他实在想不通有文凭的西蒙娜为什么不找一份稳定且待遇优渥的教师工作。

　　西蒙娜收取的代课费很微薄。为了多赚点钱，她曾违心地试着做一名记者，但很快就放弃了。她一度身无分文，有一次，他们在咖啡馆付不起账，萨特让她留在那里，他动身去找朋友们筹钱。他们不在乎贫穷，在意的是失去精神动力、想法和计划。在萨特身上从来没有出现过这样的危险，他的想法层出不穷，笔耕不辍；而西蒙娜觉得很难找到新的生活目标。她的梦想是写一本书，讲述扎扎人生的想法已经酝酿许久，她试图像她喜欢的作家那样进行文学创作，但很快就放弃了。在她看来，她只是在用矫揉造作的语句"堆砌"一个故事。

　　西蒙娜很感激萨特在写作上对她的鼓励，她一直期望有一个能激励、带动她的伴侣。然而现在，这种激励对她而言变成了一种压力。他好意的评论只会打击而不是帮助她。她在日记中写道："他把我当作一个小女孩，只想看到我幸福快乐的样子，但是当我感到满足时，他就不满意了。"[6]

　　除了艺术抱负落空，西蒙娜作为一个人，特别是作为一个女人的期望也落空了。根据契约，萨特坦白了与其他女人的事情，特别是一个似乎真的让他有所心动的女人。她的名字也叫西蒙娜，西蒙娜·约利维 (Simone Jollivet)。她是图卢兹 (Toulouse) 一个药师的女儿，在遇到"海狸"西蒙娜之前，萨特曾与她陷入热恋。萨特口中的另一个西蒙娜，让西蒙娜深感不安。她来自图卢兹，西蒙娜便称她为"图卢兹"。她不仅美丽迷人，而且头脑聪明，个性不羁，不屈不挠。她常出入妓院，阅读尼采，写小说，把自己打扮得像歌剧中的女主角一样，而且无惧出格。西蒙娜·德·波伏瓦无奈地感受到：有些人的存在本身就是一种威胁，你对他们毫无抵抗力，你所有的自信都被他们的特立独行击垮。面对这样一位魅力四射的女士，西蒙娜觉得自己就是一个古板乏味的、假正经的利己主义者。这个女人的形象压得西蒙娜喘不过气来，她决心要结识这个女人，以便将自己从她的"神话形象"[7]中解脱出来。那时，西蒙娜·约利维与著名的戏剧导演查尔斯·杜林 (Charles Dullin) 关系暧昧，并作为演员登台表演。西蒙娜观看了她的演出，并结识了约利维。当她发现"神话形象"背后是一个有血有肉的人时，她如释重负。一个热爱生活的女人，有虚荣心和缺点，但她还是个很可爱的正常人。两人成为朋友，并保持着终身的友谊。

　　与西蒙娜·约利维的相遇使得西蒙娜意识到她是多么容易受到别人的影响，失去自我有多么危险。她不允许自己不断地与他人比较，也不再将自己的命运置于他人之手，面对萨特时也要如此，且更要如此。西蒙娜之前过于相信她和萨特是一体，但这并不是事实。他们的确不同，而且每个人都要为自己负责。只有当她保持个体独立性时，萨特的支持才有了意义。在巴黎五光十色的生活中，她有时想要放弃自己的宏伟计划，这时，近乎宗教的强烈意念拉住了她。她已经不再信任上帝，但仍相信自我"救赎"，每个人都要独立完成救赎；她也仍然相信罪孽，如果一个人丧失了救赎的信念，或者指望依靠别人来得到救赎，那么他就是有罪之人。在回忆这段时期与萨特的交往时，她写道："指望别人的救赎势必走向毁灭。"[8]她在巴黎有众多朋友，她害怕孤独。如今她想再次体会孤独，调职到马赛便是最好的机会。在马赛，她怀着矛盾的心情站在楼梯上，既渴望回到巴黎和萨特身边，又下定决心，"每天在孤立无援中重建自我幸福"。[9]

西蒙娜在马赛有大把的闲暇时光，她基本不用备课，课程内容她在大学期间已经学过，熟记于心，她会让学生读一些她认为重要的书籍。工作之余，她会寄情自然，她成为狂热的徒步爱好者。身着旧衣，背上装满食物的袋子，脚蹬帆布鞋，爬遍了郊区的每一座山。她穿越峡谷，漫步其中。有时因太过偏僻而没有道路，她不得不忍着腿部擦伤在荒野中前行。到了休息日，她会在天还没亮的时候出发，在户外度过一整天。

同事们邀请西蒙娜一起徒步旅行，她拒绝了。同事们提醒她，一个女人不要独自旅行，不要像她那样搭便车。她全然不顾，依旧我行我素。她不想纯粹因为谨慎而错过这些最美妙的经历，在这方面她有着丰富的经验。年幼时在梅西尼亚克庄园的经历让她相信，没有亲眼看到的风景就等同于错失。为了一饱眼福，她甘愿承担风险。就算置身于紧急情况下，她也能够保护自己，比如遇到卡车司机的纠缠骚扰，她会在他"最敏感的地方"给上一脚。[10]

不去徒步旅行的时候，她就坐在某个咖啡馆里写作，此时没有来自外界的压力。扎扎的死仍然令她难以释怀，但新的经历占据了她更多心扉。刚刚从萨特那里得知西蒙娜·约利维的情况时，她对自己满怀自信。但当她通过约利维的眼睛反观自己时，她感知到了另一个自己。每个人都认为自己是独一无二的，但在其他人眼中只是另一个人、一个存在、芸芸众生之一、一种偶然。现在，这种自我感知和他人感知的现象也是西蒙娜的文学写作对象。她在作品中创作了几个女性角色，从她们的角度来解读书中化名为安妮（Anne）的扎扎：安妮的自我感知，以及他人感知。[11]

在马赛，西蒙娜得以最大限度地避开了来自陌生人的目光。当她的父母、伊莲娜、萨特相继来看她时，她就要重新适应社交生活。当然，他们眼中的她又各不相同：女儿、姐姐、爱人。这种感知可能会引发冲突，比如她在1932年暑期与萨特和他们共同的朋友去西班牙旅行，每个人的个性、脾气和怪癖都天差地别，他们互相看不惯对方，在中途差点就一拍两散。

这个暑期之前，西蒙娜就已经得知她将被调到鲁昂，从法国的最南部调到了最北部。鲁昂距离萨特仍在任教的勒阿弗尔仅有80公里，坐火车一个半小时就可以到达巴黎。10月，西蒙娜搬到火车站附近的一家宾馆。这里经常下雨，西蒙娜很想念马赛的南方气候。她发现诺曼底大区（Normandie）的景色平平无奇，于是西蒙娜不再独自徒步旅行。西蒙娜喜欢独处，又渴望融入人群。但对她来说，社交并非易事。她洞悉人心，这意味着她十分肯定自己在短时间内能与哪些人结交，而与哪些人无缘。

她无意结交学校里的同事，但保罗·尼赞告诉她，其中有一人值得深交。西蒙娜并未彬彬有礼地打听这位名叫科莱特·奥德里（Colette Audry）的女同事，而是在教师办公室大声无礼地问她的情况。据奥德里后来描述，她对这位新同事的初印象就是"粗俗无礼"，完全不想与她有过多交集。[12]但西蒙娜没有放弃，后来她们在学校外见面，奥德里发现这个24岁的年轻女人越来越讨人喜欢。西蒙娜知道，她在别人眼里是傲慢粗暴的。她不能告诉任何人，这种形象只是一个挡箭牌，其下隐藏着她对他人的恐惧。"他人的存在对我来说始终是一种危险，"她在回忆录中写道，"我无法下定决心面对。"[13]

即便与科莱特默契十足，但是当科莱特向她提出疑问时，科莱特的存在对她来说仍旧是一种危险。科莱特是坚定的托洛茨基主义者，在政治上很活跃，她无法理解西蒙娜对当前政局的不闻不问，也无法理解希特勒竟成为德意志帝国总理，纳粹主义正在一步步摧毁民主。科莱特告诉西蒙娜，她非常钦佩西梅恩·韦尔（Simone Weil）。韦尔前不久还在勒庞（Le Puy）任教，后来被降职调到欧塞尔（Auxerre）。在勒庞任教时，因为她不想让学生备考她认为毫无意义的考试而惹恼了家长。韦尔因其社会主义思想被称为"红色少女"，她把自己的工资分给失业工人，参加他们的示威游行，甚至被短期监禁，这都被看作丑闻。西蒙娜·德·波伏瓦在索邦大学时就认识了韦尔，她们曾有过一次简短的谈话，那次谈话并不愉快。那时她就感觉到了自己在韦尔眼中的单纯幼稚。西蒙娜认为，如果她们现在再次见面，韦尔对她的评价只会更甚。[14]

当她和萨特在一起时，所有担忧、顾虑都会烟消云散。他们有时在鲁昂或勒阿弗尔见面，有时一起在巴黎度过周末。萨特对教师工作心生厌倦，更愿意全情投入他的哲学、文学创作中。他痴迷于发展新的哲学方向，这种哲学不会迷失在抽象的观念中，而是描述人们对日常生活的体验。为此，他亲身尝试并向西蒙娜讲述，为了了解"什么是树"，他在勒阿弗尔公园的一棵树前坐了半小时。[15]西蒙娜告诉他，其实他对这棵所谓的栗子树并不感兴趣。西蒙娜对萨特的想法产生了浓厚的兴趣，他们热衷于研究所有聚焦人类现实的科学和艺术。他们研究弗洛伊德的精神分析理论，沉迷海明威（Hemingways）和福克纳（Faulkner）的小说，并发现一位他们从未听说过的作家弗兰兹·卡夫卡。当科莱特·奥德里与他们见面时，她很羡慕两人在谈论任何事情时的激情澎湃。

在鲁昂，西蒙娜·德·波伏瓦颇为引人注目。一个年轻女教师，住在兼作钟点房的旅馆里，化妆打扮，是咖啡馆的常客，一有机会就去巴黎，有一个男人总来看她还留下过夜，霎时流言蜚语四起。一些家长向学校领导投诉，因为她在课堂上宣称，女性不仅仅为了生育孩子而存在。围绕西蒙娜的负面消息使她更受学生追捧，而且她也不像其他老师那样高高在上。她给一个聪明但学习上有困难的学生单独补课，并邀请她去自己喜欢的咖啡馆。这位老师和学生甚至还成为朋友。这个17岁的学生名叫奥尔加·科

萨凯维奇 (Olga Kosakiewicz)，比西蒙娜小9岁，父亲是移民到法国的俄罗斯贵族，母亲是法国人。跟西蒙娜·约利维一样，其实她对西蒙娜来说也是一种危险，但此时，陌生感引发了巨大的吸引力。

伊莲娜·德·波伏瓦经常到鲁昂看望她的姐姐，无比惊讶于西蒙娜对这位个性截然相反的女孩的依恋。[16]西蒙娜规划性强，不愿虚度一分一秒；而奥尔加宁愿无所事事，拒绝考虑未来，逃避任何努力，鄙视那些有志之士。萨特甚至比西蒙娜更倾心于这个叛逆的年轻女人。萨特厌恶"人生的艰辛"，拒绝中产阶层对男人在责任和事业方面施加的各种期望，而奥尔加则是青年无政府主义的自由化身，只活在当下。

这种直接性也是萨特在哲学中寻求的。他想到这样一种思维方式，不问事物的本质，也不问事物是否存在，只是紧跟生活，直观每时每刻，对所有事物都采取一种非常具体的方法。所以，当他学生时代的朋友雷蒙德·亚伦 (Raymond Aaron) 在巴黎的煤气灯咖啡馆 (Café Bec de Gaz) 陈述一种新的哲学方向时，他有醍醐灌顶之感，这种哲学方向甚至可以让人对桌上的杏子鸡尾酒进行哲学思考。亚伦曾在德国学习，萨特通过他了解到，这个新的哲学方向被称为"现象学"，其最重要的代表人物名叫埃德蒙德·胡塞尔 (Edmund

Husserl），在柏林任教。

胡塞尔提出"回到事情本身！"的口号，把哲学从狭隘中抽离，不再探寻认知的方式，而是直接思考认知的对象。胡塞尔使思考再次回归世界本身。世界通过事物的现象展现在我们面前。胡塞尔提出了观察日常生活事物的独特方式，摒弃偏见的影响。世间万物皆可观察，比如一棵树、一张桌子或者一个鸡尾酒杯。这种思想让萨特兴奋不已，他立即决定申请柏林法兰西学院奖学金，跟随胡塞尔学习。申请通过，他于1933年奔赴柏林。

1934年2月底，西蒙娜·德·波伏瓦去看望萨特。在西伯利亚吹来的寒潮中，他们参观城市的咖啡馆、啤酒馆，观看卡巴莱[01]，了解什么是德式"情绪"，但是他们没有了解到的是，共产主义者和希特勒政权的其他反对者消失在了党卫军（SS）的刑讯室里，纳粹把他们厌恶的人关进集中营。在他们的社交圈子中，人们认为希特勒的统治将很快终结，纳粹对犹太人的仇恨则是一种愚蠢的偏见。奥尔加曾问西蒙娜，犹太人身份意味着什么，她回答说："毫无含义，没有犹太人，存在的只有人。"[17]

在西蒙娜·德·波伏瓦的柏林之行前夕，一名比她仅

---

01 卡巴莱是一种具有喜剧、歌曲、舞蹈及话剧等元素的娱乐表演，盛行于欧洲。——译者注

年长2岁的年轻犹太女人逃出柏林，此人名叫汉娜·阿伦特（Hannah Arendt）。她搜集证据，在国外揭露纳粹罪行，曾经一度被捕，幸运的是，她很快便获释了。与西蒙娜一样，阿伦特学的也是哲学专业，与她的老师、胡塞尔的学生、哲学家马丁·海德格尔（Martin Heidegger）有过一段恋情。阿伦特在一个被同化的犹太家庭中长大。在很长一段时间里，她几乎感受不到自己的犹太人身份。直到身处柏林，她才开始进行政治思考和行动，接受自己作为犹太人的角色。她取笑她的同胞，他们想成为优秀的德国人，无法理解为何会遭到希特勒的排斥。对阿伦特来说，对犹太人的仇恨不是人性或个人问题，而是政治问题，她呼吁："谁因为犹太身份受到迫害，就必须以犹太身份奋起反抗。"[18] 她一路躲避纳粹，途经布拉格（Prag）和日内瓦（Genf），来到巴黎，而纳粹党旗已飘扬在德国驻法国大使馆。

西蒙娜·德·波伏瓦和让-保罗·萨特不是犹太人，可以自由活动。1934年夏天，两人同行，穿越中欧。他们参观了布拉格的老犹太公墓、慕尼黑（München）的博物馆、奥伯阿默尔高（Oberammergau）[02] 的耶稣受难剧、萨尔茨堡（Salzburg）

---

02 奥伯阿默尔高，位于巴伐利亚阿尔卑斯山前丘陵地带的一个乡镇，此地民房正面绘画装饰有名。奥伯阿默尔高的闻名，更主要的是因其耶稣受难剧：1633年此地鼠疫大流行后，当地居民次年宣誓每十年举行一次耶稣受难剧演出。——译者注

的戏剧表演。他们在纽伦堡 (Nürnberg) 短暂停留，因为纳粹党每年一度在此举行集会，这座城市已被纳粹党旗淹没，让他们不堪其扰。但是他们相信，和平将延续下去，即使当他们在布拉格得知奥地利总理陶尔斐斯 (Dollfuss) 被纳粹党枪杀时仍然深信不疑。

在回忆录中，西蒙娜·德·波伏瓦惊讶于自己当时在政治上的短视，她把这种政治短视归因于她的"自由理念"，她被这种理念误导了。[19]"自由理念"对西蒙娜至关重要，引领她脱离家庭和青少年时期的资产阶级天主教环境，实现自我解放。这是一场争取自由的个人战斗。尝到胜利果实后，西蒙娜坚定地热爱自由，同时也导致她目光短浅。她把其他人视作威胁，却忽视了政治事件对人们构成的威胁。26岁的西蒙娜·德·波伏瓦依然沉浸在个人的自由理念中，却没有看到自由理念的阴暗面。但是，不断升级的政治事件使她很快就不得不面对一些难以逃避的问题：这种"自由理念"会不会不仅仅是一种解放的动力？从各种限制、障碍中得到解放的人是否必须以自由之名找到新的价值观并命名？这些人能抵抗蔓延至欧洲的邪恶精神吗？对自由的呼唤能够或势必导致政治行动吗？

第七章　疯狂的爱

西蒙娜·德·波伏瓦和让－保罗·萨特决定坦诚相待，互不隐瞒。他们都受够了各自原生家庭中的谎言、压抑和隐瞒，不愿再这样过活。在他们看来，由于"每个人都试图隐藏掩饰、保守秘密"[1]，人与人之间的关系因此受到毒害。他们期望，有一天人与人之间无须隐瞒，可以做到坦诚相见。这种坦诚不仅局限于恋人之间，也扩展到所有人。这种理想状态有可能实现吗？或者，保有秘密的权利、对他人有所保留的权利，难道不是自由的一部分吗？

对于这些问题，萨特势必会给出否定的答案。他追求极致的"透明"，他会公开谈论、描写自己的长处、理想、功绩，不会隐藏自己的弱点、迷惘、性幻想、性冒险，他毫不掩饰自己，尤其是自身的一些缺陷。他认为，粉饰童年和青少年时期未免太过愚蠢。在《词语》(*Die Wörter*) 一书中，他对自己这一时期的描述言辞恳切，毫无保留。

自记事以来，他的父亲就没有出现过。萨特的父亲名叫让－巴蒂斯特·萨特 (Jean-Baptiste Sartre)，是一名海军军官，在他刚过1岁时就去世了。父亲去世后，母亲安妮－玛丽 (Anne-Marie) 搬回巴黎的父母家，又恢复了婚前的少女生活。萨特的祖父查尔斯·史怀哲 (Charles Schweitzer)，即著名的"丛林医生"阿尔伯特·史怀哲 (Albert Schweitzer) 的叔叔，是他生命中最重要的人物。他是一名德语教师，留着白胡子，看起来就像圣父，他非常宠爱小萨特。那时，大家都叫萨特小保罗 (Poulou)。他为了取悦大人，把自己扮成神童，而这个所谓的神童基本上就是一个"牵线木偶"、一个"小丑"、一个"怪物"[2]，永远活在面具之下。当小保罗的金色装扮卸下，露出丑陋的真面目时，家庭谎言随即破裂。从此，这个早熟天才的神话破灭。

让–保罗·萨特11岁时，他的母亲再婚，嫁给了海军工程师约瑟夫·曼西 (Joseph Mancy)。全家搬到了大西洋海岸城市拉罗谢尔 (La Rochelle)。让–保罗·萨特瞧不上继父，五年后，他回到了巴黎，再次进入以前的高中——著名的亨利四世中学 (Lycée Henri IV)。少年时，萨特因丑陋的长相受到排挤，遭受了难以言说的痛苦。他决心不再被这个弱点所困扰，他萌生了改变的冲动——摒弃旧我，迎接新生。他曾在一封信中写道，这是一种力量，"甚至可以让人徒手掰弯路灯"。[3]他从文字、写作中汲取这种力量，在笔下找到自我存在的价值。不仅如此，他还立下雄心壮志：保持创造力，功成名就，出人头地。22岁的他在日记中写下某位作家的名言："若是28岁还寂寂无名，那注定平庸一生。"[4]

1935年初，年近三十的萨特还只是个默默无闻的乡村教师，距离成名遥遥无期。以前，他觉得未来一片坦途，但是现在人生道路越走越窄。每向前一步，可能性就减少一分，正如他日渐稀少的头发一样。萨特恐惧年龄，或者更准确地说，他害怕成为一个严肃的成年人，因为他的出身已经大致决定了他的未来之路——成为一名老板、丈夫或是荣誉公民。萨特的这种态度已经初现"存在主义者"的端倪。汉娜·阿伦特认为，这种反叛性哲学的核心特征是对"严肃精神"(esprit sérieux)的严正否定，她将其定义为"自由的否定"，"在这种严肃的人生态度之下，为了融入社会，人们不得不屈从于现实并进行自我调整"。5

那么，萨特在文学界的名气又如何呢？他笔耕不辍，但是没有一篇得以付梓。萨特正处于危机之中，他憎恶充斥资产阶级的社会，却困于其中。在他看来，他与"海狸"西蒙娜之间是一种"共建"关系。他们都渴望一种"无序的生活"6，渴望一种"资产阶级的无政府主义"。7萨特在柏林的大学生活过得轻松自在，如今重回有序的教师生活自然是困难重重。

尽管如此，他还是将新哲学思想从柏林带回了勒阿弗尔。其中，现象学对人们意识的意向性思考对他产生了很大触动，这种意向性表现为，人们在思考时总会有具体的思考对象。与之相对立的观点就是，我们的思想是被动的，就像胃一样，食物下肚，然后消化。人类的思考是极其活跃的，并且一直在进行。这一点，当我们试图让大脑放空时就能体会到。停止思考违背人类天性，只有竭力进行主观干涉才可能达成。如同饥饿的人寻找食物充饥一样，思考从来都不是空洞的，它总是寻找对象将其填满。因此，人类的意识是与世界相关的，世界迎合人类的意识，意识不会吞噬世界，也不会被世界反噬。两者相互关联，但从未相互融合。

萨特向西蒙娜介绍了现象学，她很容易理解这种哲学思想。当年那个在梅西尼亚克庄园的小姑娘就已经体验到了，她以专注的观察唤醒了周围的世界。她和萨特拒绝一切纯粹的内在论，精神问题不在他们的讨论范围之内，他们厌烦那些一直纠结于内心世界的人，赞赏西蒙娜口中那些"活在外部世界"[8]的人。奥尔加就是这样的人，年轻的雅克–劳伦·博斯特 (Jacques-Laurent Bost) 也是如此，他是萨特的学生，西蒙娜称他为"小冒失鬼"，他的生活立足实际。博斯特出身于新教牧师家庭，是个活在当下的人。小酌一杯时，他完全沉浸在潘诺开胃酒 (Pernod) 带来的愉悦中；讲述故事时，他便全情投入语言之中。

萨特一直在创作一篇文章，正是这篇文章让他声名鹊起。虽然文章旨在阐释对于现实的哲学态度，但并不是枯燥的论文，而是一篇小说，像犯罪小说一样扣人心弦。受当时的心境影响，他决定将书名定为《忧郁症》。故事发生在勒阿弗尔，在书中改称为布维尔 (Bouville)。主人公安托万·洛根丁 (Antoine Roquentin) 明显带有萨特的影子，他漫无目的地在城市中游荡，深陷于一种情绪之中，如同萨特当年久久凝视一棵树时的心情。那是一种恶心，对世间一切事物的恶心，它们纯粹只是存在而已，没有意义，没有必要，也包括他自身的存在。只有酒吧里放的那首爵士乐《这段时光的一瞬》(Some of these days) 才能让他短暂抽离这种恶心的状态。

1935年春天，他中断了这部小说的创作，写了一篇关于"想象"的哲学文章[9]，主要围绕与世界相关的意识，尤为着重探讨梦和幻觉是否也属于这个世界。这一次，萨特不仅继续在理论层面研究这些问题，而且亲身实践。在巴黎的圣安娜医院 (Saint-Anne)，他接受了墨斯卡灵注射。[01] 药效与预期不同，萨特没有沉浸在美好的梦境中，而是被怪诞的动物形象侵袭，墨鱼贝类动物对他扮鬼脸。医生对此无法做出解释，但认为这些现象是无害的、暂时的。萨特觉得自己要疯了。之后的几个星期、几个月里，他一直觉得自己在被虾蟹跟踪，而且这种幻觉非常真实。

对西蒙娜·德·波伏瓦来说，这种妄想是一种"内心

01　墨斯卡灵，一种仙人掌碱，具有强烈的致幻作用。——译者注

深处极度不安"[10]的表现。她认为，萨特根本无法接受他现在应该像个理智的成年人那样规矩地生活。在朋友之中，他看上去忧郁、冷漠。只有西蒙娜和少数几个朋友能融化他的冷漠，尤其是奥尔加，她就像是萨特的开心果。奥尔加已经完成了学业，但对自己的未来毫无头绪，西蒙娜·德·波伏瓦决定继续辅导她。她的父母希望她学习医学，但是她对医学根本不感兴趣，也缺乏这方面的天赋。不出所料，她没有通过夏季和秋季的预考。西蒙娜·德·波伏瓦说服奥尔加的父母将她托付给自己，西蒙娜和萨特准备单独为她讲授哲学课程。好景不长，奥尔加的热情很快消失殆尽，又变得漫不经心起来。

尽管授课失败了，但萨特还是被奥尔加迷住了。别人认为她任性、不负责任、懒惰、不成熟，萨特却认为这是一种原始生命力的体现，而他自己却失去了这种活力。他将自由诉诸哲学，奥尔加则将自由付诸行动；萨特分析自己的行为，奥尔加的行事则跟随自我感觉和情绪。萨特在日记中写道："我所感觉到的一切，在我感知之前就已经预知……我可以猜到、解释、描写一切感觉，但独独不能同感，我看上去像个感情丰富的人，但实际上却是一片沙漠。"[11]萨特非常清楚，他无法改变自己，他注定要成为一个知识分子。这也正是像奥尔加这样神秘莫测的女人对他有如此不可思议的影响的原因。他执迷于征服奥尔加，希望能获得她的垂青。他认为，通过这种方式，他能获得她的部分活力，他必须争分夺秒地利用这种活力，将这种体验转化为语言。对萨特来说，这是一种诱惑，超出了性这一层面。他不是追寻女色的风流才子卡萨诺瓦（Casanova），他认为自己是一个"十足的调情者"[12]，一个他人行为的"标记牌"[13]。这种诱惑也包括与他人"立即"[14]分享这种体验的冲动，尤其是与西蒙娜。

让西蒙娜欣慰的是，萨特在经历了几个月的妄想状态之后，终于摆脱了那些虾蟹的幻觉。然而，西蒙娜觉得萨特又陷入了新的妄想。萨特在回忆这个时期时写道，他那奇怪的忧郁情绪"变成了妄想"。[15]取悦奥尔加的欲望使他和西蒙娜之间的关系变得愈发紧张。西蒙娜的情绪五味杂陈，远不只嫉妒这么简单。萨特对奥尔加的狂热在不断提醒她，她与奥尔加二人有多迥异，自己相较之下到底缺少了点什么。局面已经无法挽回，西蒙娜觉得自己肩负起了照顾奥尔加的责任，并把她当作朋友来看待，但同时她也逐渐成为敌人。西蒙娜也自问，曾经相信自己和萨特之间的纽带不可分割，这是不是在自欺欺人。一方面，她希望维系与萨特的"契约"，不想失去他；另一方面，她必须眼看着另一个女人介入，二人组变成了三人组，三人组慢慢变成"小型定时炸弹"。[16]

1936年春天，西蒙娜·德·波伏瓦得知自己将被调到巴黎的一所高中。萨特也得到了一个新的教师职位，但并非如他所愿在巴黎，而是在巴黎东北边的拉昂 (Laon)。西蒙娜与萨特一起去意大利旅行，途中萨特给奥尔加写了长篇书信。旅行归来后，西蒙娜搬家到巴黎，在马赛的时光就这样结束了，西蒙娜再次回到了她长大的城市。在她离开的日子里，这座城市早已发生了变化。许多国家的人为了逃离希特勒的法西斯主义来到这里，他们经常聚集在咖啡馆。但许多法国人并不欢迎这些难民，极右翼联盟"法国火十字团" (Croix-de-Feu) 之类的组织挑起了民众对难民的敌对情绪，比如大肆宣传说："他们吃掉了我们的面包！"

西蒙娜并没有过多地感受到这种紧张的气氛。她与学生时代的老朋友重聚，如今他们几乎都已结婚。她的朋友圈子也扩大了，一方面，她结识了萨特在勒阿弗尔的学生——莱昂内尔·德·鲁莱特 (Lionel de Roulet)，他钟情于西蒙娜的妹妹伊莲娜；另一位是马克·佐罗 (Marc Zuorro)，他是西蒙娜在鲁昂的同事，现在也在巴黎教书。同性恋的佐罗梦想成为一名歌剧演员，矢口否认自己缺乏音韵感。佐罗爱上了年轻的雅克-劳伦·博斯特，博斯特也搬到了巴黎，在索邦大学学习哲学，大家都叫他"小博斯特"，他和他

的哥哥皮埃尔 (Pierre) 住在一起，皮埃尔是一位著名的作家和记者。萨特劝说奥尔加也到巴黎来，但西蒙娜心底并不情愿，暗暗希望奥尔加的父母能拒绝这个提议。但他们似乎对女儿之前的老师西蒙娜信心满满，同意奥尔加去巴黎。西蒙娜把奥尔加安排在她现在居住的酒店，即位于盖特路 (Rue de la Gaité) 的皇家布列塔尼酒店 (Royal Bretagne)。奥尔加在巴黎无亲无友，终日坐在房间里打发时间，只等着西蒙娜带她外出，去电影院或剧院，把她介绍给朋友认识。第二天上学时，她总是疲惫不堪。

西蒙娜每周在莫里哀高中教16个小时的课。下午，她坐在多摩咖啡馆后面的壁龛里写书，描写各种女性角色。萨特是第一个建言献策的读者，他对西蒙娜的文稿信心十足，想在作品完成后立即将手稿寄给出版商加斯东·伽利玛 (Gaston Gallimard)。西蒙娜相信萨特的判断，向朋友们描述了她的第一本书，仿佛这本书已经印刷出版。她还自豪地对她的父母提及此事。她的父亲乔治现已年过五旬，对西蒙娜所说持怀疑态度。他不相信西蒙娜有能力写书，至少写不出他认可的好书。他觉得西蒙娜应该改变现有的生活方式，不要委身于做"那条虫子的姘头"，他总是这样称呼西蒙娜和萨特。[17]至于西蒙娜为什么拒绝婚姻，为什么鄙视父亲的双重标准，为什么不想要孩子，为什么宁愿住在简陋的宾馆、咖啡馆而不是装潢精致的公寓，西蒙娜无意与父亲解释，她认为多说无益。她感到孩提时代的愤怒在体内升腾，但当父亲激动地谈论希特勒派飞机到西班牙支持佛朗哥 (Franco) 将军领导的对抗民选政府的右翼政变时，她保持了沉默。

西蒙娜的父母如果了解她和萨特的开放式关系，只会更加鄙视他们的女儿和"虫子"萨特。萨特每周从拉昂来巴黎两次，大部分时间都与奥尔加在一起。他用自己的魅力和口才吸引着奥尔加，但没有成功把她哄上床，奥尔加回绝了他。看到奥尔加与马克·佐罗或小博斯特调情时，萨特非常嫉妒，特别是奥尔加与博斯特越来越亲密，萨特最终不得不承认，在这场夺爱战中他一无所获。对萨特来说，这实在有失颜面。为了挽回面子，他试图接近奥尔加的妹妹万达 (Wanda)。漂亮的万达和她的父母住在伯兹维尔 (Beuzeville)，但她也想来巴黎，这正合萨特之意。

萨特的自信心几乎跌到了谷底。有时他觉得自己像个"可怜的精神病"，有时像个"惹眼的小丑"。[18] 在遭到奥尔加的拒绝后，以安托万·洛根丁为主人公的自传色彩小说也被出版商退稿，四年的创作付诸东流。但是，他并不想放弃成为著名作家的梦想，他不认为政治事件会影响他未来的计划。尽管希特勒的外交政策越来越具有侵略性，但萨特不认为会爆发战争。他的一些朋友则持不同看法。费尔南多·杰拉西，西蒙娜朋友斯特帕的丈夫，同时也是一位父亲，他不想再任由法西斯主义在欧洲蔓延，决定去西班牙加入国际旅，与佛朗哥斗争。西蒙娜和其他朋友送他去了车站。西蒙娜知道西蒙娜·薇依（Simone Weil）也在西班牙为反法西斯而战。然而，薇依并未长居西班牙。近视的她失手被滚烫的油烫伤，不得不返回了法国。

1936年至1937年的冬天，西蒙娜·德·波伏瓦也处于人生低谷。学校的课程、萨特的危机、照顾奥尔加、她在"三人组"中吃力不讨好的角色以及艰苦的小说创作都消耗了她大量的体力与精力。2月的一个晚上，她感到身体不舒服，就上床休息了。一开始，她以为是流感，但是身体愈发虚弱，于是被送到医院，确诊为重度肺炎。习惯于自力更生的西蒙娜只能接受自己变成了无助的病人这一事实。西蒙娜·约利维、马克·佐罗、小博斯特、奥尔加、斯特帕、保罗·尼桑等一众朋友都来看望她。萨特来巴黎时，也会来陪伴西蒙娜。4月，西蒙娜出院，住在一家宾馆休养，萨特从附近的一家小餐馆外带了一些食物；当萨特在拉昂时，他给他口中"迷人的海狸"西蒙娜写了一封封深情款款的书信——"你还好吗，你的心如同沐浴玫瑰香氛般愉悦吗？别忘了绕着扶手椅散散步。散完步再坐下休息一会儿。"[19]

　　按照医生的建议，4月，体重不到50公斤的西蒙娜来到南方地中海沿岸。她不顾医生的规劝，再次开始徒步旅行。在那里，她收到了萨特的热情来信。伽利玛出版社接受了他的稿件，并告诉他之前的退稿是误会，该书将以《恶心》(Der Ekel) 为题出版。他在信中写道，他现在"以作家的姿态"[20]走在街上。萨特认为目前正是他人生的高光时刻，因为他同时得知新学年将调任至巴黎的巴斯德高中。还有一件让萨特高兴的事情就是，他成功地勾引了西蒙娜妹妹伊莲娜的女友葛格。他向已经康复的西蒙娜详细描述了他如何引诱葛格到自己的酒店房间，脱掉她的上衣和裙子，然后与她上床。"就是这样，因为事情就这样发生了，也必然这样发生。"[21]

　　万达有时会来巴黎，萨特带她参观城市，帮她找宾馆住宿。如今巴黎正在举办世界博览会，四面八方的游客汇聚于此，宾馆房间非常紧俏。巴勃罗·毕加索的画作《格尔尼卡》(Guernica) 在西班牙馆展出，这幅画作是对1937年4月德国"秃鹰军团"轰炸机摧毁巴斯克小镇格尔尼卡罪行的指控。德国的展馆是由希特勒最喜欢的建筑师阿尔伯特·斯佩尔 (Albert Speer) 设计的，这座名为"荣誉大厅"的展馆有一座纪念性的塔楼，塔楼上有一只巨大的帝国鹰，鹰爪中握着纳粹党徽。费尔南多·杰拉西回巴黎休假时，斥责那些置西班牙共和党人困境于不顾的卑鄙法国人，而希特勒和墨索里尼则向佛朗哥这些法西斯分子提供了大炮和飞机。

法国和英国保持中立，西蒙娜和萨特也在观望，他们最不希望看到的就是战争爆发。但是他们没有寻求避免战争的方法，甚至逃避了对战争的思考。他们无法忍受失去自由的风险，转而享受旅行的自由。夏天，他们和博斯特一起去希腊旅行，但不是他们鄙夷的那种游客式观光，而是像流浪汉一般四处晃悠。他们坐在生锈的船上，周围满是臭烘烘的鸡笼，从雅典到达希腊群岛。如果找不到住处，他们就会在户外过夜，随性而为。有时天气太热，徒步旅行令人疲惫不堪，萨特不肯再前进，就坐在咖啡馆里给万达写长篇书信。西蒙娜和博斯特独自出发，在炎炎烈日中攀登高山或者下海游泳。

他们要赶在新学期开学前回到巴黎，萨特住在位于塞尔斯街 (Rue Cels) 的米斯特拉酒店 (Hotel Mistral)，西蒙娜也决定搬到这里。她需要与奥尔加保持一定距离，奥尔加正在跟随现代著名戏剧导演、西蒙娜·约利维的情人查尔斯·杜林学习表演课程。但是西蒙娜和萨特并不想同居，她在另一层租了房间。两人彼此相邻，却又互不妨碍。米斯特拉酒店离西蒙娜最喜欢的多摩咖啡馆不远。有一天，她坐在咖啡馆，萨特走过来，一言不发地把她的手稿放在桌上。伽利玛出版社拒绝了西蒙娜的稿子，萨特打算再联系其他的出版社，但是也没有得到积极的答复。

西蒙娜难掩失望，为文学而活一直是她心底最热切的愿望。这份手稿就是检验她文学造诣的试金石，评判她的梦想是否只是空想。她没有通过检验，整个人处于几近放弃的边缘。萨特绝不允许她就此放弃，鼓励她坚持下去。他建议西蒙娜不要写其他女性，而是写自己，在萨特眼中，西蒙娜才是更有趣的那个人物。西蒙娜之前从未有过这个想法，但是她很快就开始动笔创作一个新的故事。这是三人组的故事，西蒙娜试图对其进行文学加工。

当西蒙娜·德·波伏瓦开始借助文学来整理回忆时，新的纠葛出现了，像极了当年三人组混乱的情感状况，只是这一次有若干人牵扯其中。其中有一个非常年轻的女孩，她名叫比安卡·比恩菲尔德 (Bianca Bienenfeld)。这位16岁的犹太女孩是西蒙娜在莫里哀高中的学生。她倾慕这位30岁老师的美丽、智慧和光芒四射。[22]1938年3月，她鼓起勇气给仰慕的西蒙娜写信，很快收到了回复，西蒙娜约她在校外的咖啡馆见面。随后，她们会面愈发频繁：在米斯特拉酒店，在巴黎漫步，春季远足。在勃艮第地区的莫尔旺自然公园 (Morvan) 徒步时，她们在一家简陋的旅馆过夜，睡在同一张床上。在回程的路上，她们温柔地握着彼此的手，引来了其他乘客诧异的目光。

西蒙娜·德·波伏瓦习惯于"握紧拳头"[23]生活。凭着坚强的意志，她一直压制住了一切可能妨碍她实现目标的因素，包括她的身体需求。巨大强度的徒步旅行不仅是扣人心弦的自然体验，也是平息她内心痛苦不安的一种手段，她别无选择。尽管萨特是她生命中最重要的人，却不是一个好情人。西蒙娜曾经说过，萨特在这方面"没有什么天赋"。[24]对于男女关系，萨特像孩子般放任，西蒙娜自己却无法做好。她不得不承认，她无法摆脱成长过程中"道德主义和清教主义"[25]的影响，她身上仍有小西蒙娜的痕迹，她总是穿上睡衣，让人看不到一点裸露的皮肤。现在她认为这种假正经不仅是个人的缺点，也阻碍了她的作家之路，因为这使她无法"看清人的本来面目"。[26]

西蒙娜·德·波伏瓦也想看清自己，但不想剖析自己。与萨特一样，她反对任何试图用抽象概念来解读人类潜意识的方法。西蒙娜·德·波伏瓦想敞开心扉来展示自己，因为她知道"人们永远不可能相互了解，只能相互倾诉"。[27]

第八章　在寒光中

1938年7月14日，法国国庆日，让－保罗·萨特坐在多摩咖啡馆里。外面的德朗布尔大街（Rue Delambre）上满是庆祝的人群，其中有一个踩着高跷、拉手风琴的小丑。萨特现在经常被人搭话，他已经是一位著名的作家。他的小说《恶心》于4月出版，书首献词为"献给海狸"。这本书面世后受到了热烈的追捧，一家报纸称它是"具有划时代意义的作品"之一。几天前，萨特送他的"海狸"西蒙娜到车站前往安纳西（Annecy），她要与小博斯特一起在法国境内的阿尔卑斯山徒步旅行。然后，她和萨特定于7月30日在马赛见面，再从那里出发去摩洛哥（Marokko）旅行。刚刚分开不久，萨特就已经想念起他的"小荒唐"西蒙娜了。他无法理解西蒙娜对自然的迫切需求和对长途跋涉的莫名热情。[1]他并不喜欢户外，陪伴西蒙娜一起旅行也让他力不从心，在这方面，22岁的博斯特无疑做得更好。

萨特习惯城市的生活，他向西蒙娜和博斯特详细讲述了他在巴黎的日子。他与奥尔加、万达姐妹穿梭于各个酒吧，并与年轻女演员科莱特·吉贝尔（Colette Gibert）有一段风流韵事。萨特写道，科莱特亲吻他的力度堪比"电动吸尘器的力量"[2]，并饶有兴致地报告说，梅洛－庞蒂也在追求科莱特，他觉得萨特是个混蛋。科莱特的姑姑告诉她，萨特与西娜·德·波伏瓦未婚同居，没有女人能抵挡他的诱惑。但科莱特不为所动，和萨特共度了一个浪漫的晚上。在给西蒙娜的信中，萨特详细描述了科莱特没刮干净的腿毛，水滴状的臀部和胸前的疙瘩，他也没有隐瞒科莱特发现他"跛脚"的事。科莱特嫉妒西蒙娜·德·波伏瓦，正如她向萨特所说，她一直想像西蒙娜那样和一个男人同居。萨特直截了当地回答，他生命中的这个位置已有所属。他在给西蒙娜的信中写道："我迷人的海狸，你要知道，无论发生什么，我都会与你团结一心。"[3]

萨特对科莱特的描述让西蒙娜忍俊不禁。她回信说，期待续集。[4]她认识科莱特，觉得她不错。她也理解萨特的行为，因为她对比她小8岁的博斯特也满怀柔情，但她的言行并未逾矩，感情也深藏于心。两人一起奔赴冒险的旅行，有时会因为自己的野心而身陷险境。西蒙娜曾在滑下冰川时手部撕裂，而博斯特曾经因为过度疲劳而呕吐。当他们晚上找不到栖身之处时，不得不搭起帐篷，共用一个睡袋，因为博斯特把他的睡袋落在了巴黎。某个星期天，他们在一间小屋里避雨。他们相互依偎，长久无眠，互相挑逗，直到气氛变得难以言说，发生了一些意想不到的事情。西蒙娜在给萨特的信中说："我经历了极其愉悦的事情，这是我出发时做梦也想不到的。三天前，我和小博斯特睡到了一起，当时这是我个人的提议，但我们两人都对此很有兴致。"[5]

萨特并不惊讶，当然也不嫉妒。但是他提醒西蒙娜，她的生活会因此变得复杂起来。博斯特与奥尔加已经确定恋爱关系，而西蒙娜与奥尔加是朋友，西蒙娜与博斯特的爱情只能瞒着奥尔加。在马赛火车站等待萨特时，西蒙娜给博斯特写信说，她想亲吻他的脸颊，他的睫毛和他干裂的嘴唇。[6]博斯特抵达马拉喀什之后回信说，他无法忘记他们一起度过的日子，他疯狂地爱着她："我想全力拥抱你、亲吻你，直到疼痛让我停止。"[7]

西蒙娜·德·波伏瓦在其回忆录的序言中写道，她并不打算"坦白一切"。[8]她没有说出与博斯特在山中的突发之事，也没有说她与博斯特后来的关系如何。多年来，他们互致信件互诉衷肠，这些信件直到西蒙娜去世后很久才得以发表。他们保持着一种"感情丰沛的性关系"[9]，直到西蒙娜遇到美国作家纳尔逊·艾格林时才结束这种关系。

摩洛哥夏日炎炎，西蒙娜听到阿拉伯酒吧里的情歌时，总不免想起博斯特，并极力克制自己的眼泪。萨特则焦急地阅读报纸上关于捷克斯洛伐克危机的报道，希特勒想把主要居民为德国人的捷克斯洛伐克边境地区并入德意志帝国，而谈判迄今未能让他放弃这一企图。当西蒙娜和萨特9月回到巴黎时，这个城市正在为战争做准备。西蒙娜甚至仍然不相信会发生一场摧毁她全部幸福的灾难。她认为，只要不爆发战争，英国、法国放弃捷克斯洛伐克也没有什么不好。事实上，在1938年的慕尼黑会议上，法国、英国和意大利的代表同意向希特勒做出让步。为了息事宁人，苏台德地区被割让给德国。大家相信了希特勒做出的保证，即他不会再提出新的领土要求。

战争爆发的风险被驱散，西蒙娜和萨特的情感纠纷和迷思还在继续。博斯特11月要去法国北部亚眠(Amiens)服兵役。周末，西蒙娜有时会去看望他。当他休假来到巴黎时，他们背着奥尔加秘密会面。奥尔加应该也不知道，西蒙娜与比安卡·比恩菲尔德的关系非比寻常。当西蒙娜和萨特在寒假期间去萨瓦阿尔卑斯山脉脚下的梅杰夫(Megève)滑雪时，他们也会带上比安卡。西蒙娜了解萨特面对年轻女孩时的弱点，她犹豫是否该把比安卡带到萨特身前。或许这是西蒙娜有意为之？追求奥尔加无果之后，萨特发誓扼杀自己的激情[10]，但仍然情不自禁地与比安卡调情。回到巴黎后，他对比安卡展开了热烈的追求。最终，正如萨特所说，他们实现了肉体之爱。[11]

比安卡·比恩菲尔德，后来被称为比安卡·朗布兰(Bianca Lamblin)，老年时著书阐述了她的看法。她将萨特描述为"爱情语言大师"，他对她总是充满柔情，他渊博的知识也让人折服。18岁的比安卡迫切地想与萨特、西蒙娜组成新的三人组。回首这段岁月时，比安卡觉得自己就是"三人组的囚徒"[12]，是"被蒙骗的少女"，茫然地落入了这对阴谋家的陷阱。但是，萨特和西蒙娜的确在照顾比安卡，支持她的哲学学习，并在经济上提供帮助。那，事实究竟如何呢？

春天，奥尔加的妹妹万达搬到了巴黎。万达无所事事，于是萨特请西蒙娜的妹妹伊莲娜教她绘画。大家口中的小娃娃伊莲娜已经举办了首次个人作品展览，甚至得到巴勃罗·毕加索的肯定。她住在位于桑特伊大街(Rue Santeuil)的画室里，西蒙娜为她支付租金。她几乎没办法给万达授课，因为万达"懒得要命"[13]，来到画室后总要躺下休息。后来，萨特试图把她像奥尔加一样安排在查尔斯·杜林的表演学校，甚至为她量身创作角色，但终究无果。虽然两人关系时常一团糟，但是恋情却得以维系了下来。萨特在写给西蒙娜的信中说，为了感受生命活力，他需要"激烈的争论和感人的和解"。[14]

伊莲娜觉得自己和西蒙娜都是工作狂，但西蒙娜的确非常勤奋且自律。不去户外旅行时，她上课、批改作业。一有空闲时间，她就坐在咖啡馆里写信或创作新小说。她听从了萨特的建议，写自己的故事，或者更确切地说，是自己的世界。她将自己的经历用文学化的形式表达了出来：一对密不可分的未婚夫妇生活，两人关系因另一个人的出现而受到威胁。故事中的人物都非常贴近现实。书中的弗朗索瓦兹 (Françoise) 就是西蒙娜本人的化身；皮埃尔 (Pierre)，一个戏剧导演，明显指向萨特；格扎维埃尔 (Xavière) 是以奥尔加为原型的，或者说万达、比安卡这类性格类似奥尔加的人。

西蒙娜·德·波伏瓦指出，这是她继首次文学尝试之后再次关注"他人"的哲学问题。也可以说，这部小说是对萨特提出的绝对坦诚的一种争辩。萨特对于契约的一个想法就是，无所不谈，没有秘密，把一切都暴露在光天化日之下。西蒙娜同意了，因为这符合她对自由的向往。但她心存顾虑，无法身体力行地践行这一点。萨特曾在日记中写道，他把西蒙娜拉进了"冷光照射"之中，尽管他从中感到幸福，但算不上完满，因为这种

"深层的温暖缺失"让西蒙娜饱尝痛苦，而她善于"隐藏自己内心的阴暗面、羞耻面"。萨特说，这本小说就是西蒙娜的"小小抱怨"。[15]

然而在这本小说《女宾》中，弗朗索瓦兹并不只是轻微反抗了一下，年轻的格扎维埃尔从乡下来到巴黎，介入她和皮埃尔之间。皮埃尔沉迷于这个女孩的天真直率，弗朗索瓦兹心如刀割。而当她被期望放下嫉妒，宽容地接受皮埃尔对格扎维埃尔的迷恋时，怨恨，甚至仇恨，在她心中蔓延。她痛恨"他们强加给她的神一般的角色，即可以心无波澜地给他们送出祝福"。[16]格扎维埃尔充满自信，敏感不安的弗朗索瓦兹在她面前根本无能为力。弗朗索瓦兹不仅害怕失去皮埃尔，也害怕失去自我。最后，弗朗索瓦兹悄无声息地拧开了格扎维埃尔房间的煤气阀，杀死了她，这在心理学上是符合逻辑的。

1939年8月，西蒙娜和萨特住在法国蔚蓝海岸(Côte d'Azur)朱安雷宾(Juan-les-Pins)的一栋别墅里。他们称呼别墅主人露易丝·莫雷尔(Louise Morel)为"那位女士"。莫雷尔嫁给了一位年长她许多的医生，他在世界大战中遭受了心理上的创伤，此后就没有离开过位于卢瓦尔河谷拉普泽(La Pouèze)的家族祖屋。萨特在给"那位女士"的儿子阿尔伯特（Albert）做家教时结识了她。从那时起，他和西蒙娜就一直是她的朋友。莫雷尔是西蒙娜尊重的少数女性之一，因为她从未依附过男人，她欣赏露易丝·莫雷尔这样的女人，"她不为自己而活，而是靠自己而活"[17]。

露易丝·莫雷尔的别墅对所有客人开放，马克·佐罗也在那里，他教萨特爬泳。萨特觉得水中有一只巨大的螃蟹在追赶他，以刷新纪录的最短时间游回了岸边。西蒙娜不敢进入深水水域。她小时候没有学会游泳，直至现在也没有什么进步。天气太热时，他们就回到房间里写信，萨特写给万达，西蒙娜写给博斯特。她和博斯特之间出现了分歧，起因是西蒙娜在信中描述了她和比安卡在床上共度的一个午后。这让博斯特心生厌恶，对西蒙娜的性生活气愤不已，西蒙娜回信写道："我只有一种肉体生活，就是和你在一起。这对我来说无比珍贵、重要，我满怀热情地庄重对待……我希望你能认真对待并明白，我将全部灵魂投入其中。"[18]

博斯特身处亚眠的军营里。士兵们正处于警戒状态。报纸上刊登消息向民众保证，战备动员并不意味着战争将至。萨特也不相信，他认为希特勒不可能发动战争。他给比安卡写信说："这只是空穴来风。"[19]两天后，他不得不承认自己判断失误。

9月1日，西蒙娜·德·波伏瓦坐在巴黎的多摩咖啡馆里，服务员说，德国对波兰宣战了。她马上与萨特会面，他们去了米斯特拉酒店，从地下室里取出萨特的士兵背包和靴子。到了集结点，他们被告知第二天早上再来。萨特和西蒙娜一起度过了最后一个夜晚。凌晨三点半，他们乘出租车到达集结点，然后被送往巴黎东站。

在车站大厅，萨特进入隔离栏。隔着护栏，萨特安慰西蒙娜说他不会有危险，只是分别而已，然后他登上火车，西蒙娜最后只看到了他的背影。她迅速转身，因为害怕情绪崩溃，她开始奔跑，直到筋疲力尽，哭着坐在一家咖啡馆里。她为博斯特和萨特胆战心惊。几天后，她写信给萨特："对于你的事情，我已经平静了下来，因为我已打定主意，如果你发生任何不测，我也不会苟活。" [20]

9月3日，法国对德国宣战。德国难民的处境也随之改变，受到了当地人的排挤。所有17岁至50岁的男性难民都必须到集合营报到，从那里被转移到法国的各个阵营。巴黎很多地方贴有大型海报，上面标明了防空洞的位置。由于担心空袭，政府下令遮光。所有的灯泡都必须涂成蓝色，甚至汽车的大灯也变成了蓝色。多摩咖啡馆和花神咖啡馆的窗户上都挂上了厚厚的窗帘。到处都可以看到领取防毒面具的长队伍。学校也给西蒙娜配发了防毒面具，要求随身携带。警报声一次又一次地响起，但每次都是虚惊一场。像西蒙娜外祖母这样的老人不愿离开自己的家。年迈的外祖母布拉瑟尔仍然抱有虔诚的宗教信仰。她不在鸡蛋上涂抹黄油，因为她认为，如果上天有意，就会让鸡蛋天生带黄油了。但她会在鸡蛋上撒盐。

西蒙娜不想再住在米斯特拉酒店了，因为这里的一切都会让她想起萨特。她暂时住在葛格家。战争爆发时，奥尔加和父母住在莱格尔（Laigle），后来回到巴黎。西蒙娜便和奥尔加、万达搬到了丹麦酒店（Hotel du Danemark）。三人相处得不错，但关系始终很微妙。西蒙娜嫉妒奥尔加，因为博斯特给奥尔加的信比写给她的更长。万达写信给萨特，说她打算去看他。但西蒙娜觉得理应是她先看望萨特才对，尤其是这些天她和萨特正在庆祝他们的十周年纪念日。萨特曾这样描述他们的契约关系，十年前他们"贵庶通婚"。值此纪念日之际，萨特写道，他"立即将契约延长了十年"。[21]

10月中旬，学校开学了。西蒙娜要在两所高中任教——卡米尔·塞伊中学 (Camille Sée) 和亨利四世中学，萨特曾经是亨利四世中学的学生。下课后，当西蒙娜离开学校时，一位年轻女孩在门口等着她，或者更准确地说，掐点等着她。这又是一位倾慕西蒙娜老师的女学生，她不满足于只做老师青睐的天赋学生。这位名叫娜塔莉·索罗金 (Nathalie Sorokine) 的学生的父母离婚了，她想学习哲学，但没有钱，也没有工作。女孩的这种境况触及了西蒙娜的软肋——她曾将其描述为"我内心唯一脆弱的地方"，即"她需要我"。[22] 除了奥尔加、万达和比安卡之外，现在又有一位朋友得到了西蒙娜经济上的帮助，并需要她的陪伴和支持。西蒙娜给自己制定了一个严格的时间表。当她没有课的时候，她就会去咖啡馆写小说、写信，一丝不苟地记日记。晚上，她会和其中一个女朋友出去，而且要确保友情公平分配，不会在某个朋友身上投入过多或者过少的时间。

西蒙娜·德·波伏瓦生活在女人的世界里，而萨特生活在男人的世界里，一有机会他就会宣称男人是一群多么无聊的生物，他有多么喜欢和女人在一起。萨特驻扎在阿尔萨斯–洛林地区 (Elsass-Lothringen)，他的任务是与三位战友进行气象测量。他简明扼要地向西蒙娜描述，他的工作就是"放气球，然后透过望远镜去观察它们"。[23] 当他无事可做时 (这种情况经常发生)，他会带着书和笔记本躲到一个安静的地方。他打算每天写三封信、五页新小说和四页日记。

对战友们来说，这个小个子士兵个性独特，是个不错的朋友，也常常让人忍俊不禁[24]，因为他时常丢失装备，或者穿着没拉拉链的破裤子到处跑。但是在西蒙娜面前，萨特想表现得像一个真正的士兵，他给她寄了一张自己的照片，照片中的他眼神锐利，表情坚毅。[25] 然而，即使在前线，也很难感受到战争的气氛。万事俱备，只等德国进攻，但是一切风平浪静，唯一的噪声就是他的战友们的打鼾声。萨特说，这肯定是为了"让我为隆隆炮声做好准备"[26]。萨特在一封信中将其部队所在地名用密语告诉了西蒙娜：布吕马特 (Brumath)。

由于禁止探望前线士兵，西蒙娜不得不另想他法。她向相关部门报告说，她有一个重病的妹妹在阿尔萨斯，她要去接她回来，因此申请到了出行许可。她找医生开了病假条，向学校请了几天病假。10月31日星期二清晨，她登上了一列拥挤的火车，一站接一站，车上的乘客越来越少，到了布吕马特，只有几个人下车。布吕马特距离前线十公里，天气寒冷，下着小雨，道路泥泞。西蒙娜在一家旅店冰冷刺骨的房间里过了一夜。第二天早上，她坐在一家小酒馆里，看到一个矮小的身影从街上走来，那就是萨特。他谎称西蒙娜是他的未婚妻，于是她住进了黑牛旅馆 (Bœuf Noir)。

萨特一有时间就和西蒙娜待在一起。西蒙娜很高兴，她感觉他们好像从来没有分开过，两人无话不谈。萨特相信不会发生战斗，顶多就是一场"没有屠杀"[27] 的新式战争。西蒙娜读了萨特的新小说，再次充当起他的"小审判员"，提出自己的意见。[28]萨特的战友们帮了大忙，让萨特晚上可以和他的"未婚妻"待在一起。白天独自一人时，西蒙娜就坐在烟雾缭绕的旅馆，周围满是喧闹的士兵。在战争期间，她已经习惯于像穆斯林一样戴上头巾。她戴着黄色头巾，一个人也不认识，时常被误认为妓女，不得不躲避一些士兵的骚扰，但又不能惹人注意。如果她探望萨特的事情败露，她将被捕，萨特也会受到惩罚。

星期天晚上，萨特送她去车站。与上次西蒙娜送他不同，这一次他留在原地并消失在黑暗中。西蒙娜在满是士兵的车厢里找到一个角落，立即翻开了一本书。一名士兵用刀子刮掉了灯上的蓝漆，让西蒙娜能更好地阅读。当她蜷缩在硬座上准备睡觉时，坐在旁边的士兵脱下她的鞋子，把她的脚放在他的膝盖上，让她能睡得舒服些。她欣然接受，一觉睡到早上火车到达巴黎。出站后，她直接赶到学校上课。

和萨特共度五天后，她比以往任何时候都更加确定他们属于彼此，没有什么能把他们分开。然而，一想到萨特也被其他人记挂心中，她难免心情沉重。[29]但是，她也没有资格指责萨特，因为她自己也不忠贞。在布吕马特，她与萨特长谈过她对博斯特的爱和她的嫉妒心。当她想到自己与博斯特的地下情或他们与奥尔加、万达、比安卡的相处时，她觉得自己"无耻"。[30]萨特想说服她摆脱罪恶感，他有一套自己的道德框架。对他来说，只要按照自己的自由意志做出选择，那就无可厚非。西蒙娜很难接受这种道德观。她很痛苦，当她告诉自己这是她的自我选择时，就更加无法摆脱这种罪恶感。

她还向萨特提到了一个困扰她很久的问题——她的"女性特质"[31]，即萨特认为她更像一个女人还是一个知识分子。她没有在日记中记录萨特的回答，但她从巴黎写给萨特的信中提到，她在多摩咖啡馆的男性友人中做了一个调查，要求每个男人说出对她作为女人的看法。其中，有人认为她"还不错，但外形算不上漂亮"；也有人认为她漂亮，"甚至可以说相当美"；还有年轻的演员兼歌手马塞尔·穆鲁基 (Marcel Mouloudji)，他认为西蒙娜很有亲和力，"是抓大放小的那种女人"。[32]

第九章　蚂蚁或人

突然，他站在她面前：萨特，这个"法国最灰头土脸的士兵"[1]，穿着一件破旧的大衣和大了五个尺码的靴子。萨特能否以及何时休假一直以来都是未知数，后来萨特突然来电报说第二天到，约西蒙娜在巴黎东站那家破旧的咖啡馆见面。1940年2月4日星期天，西蒙娜坐在昏暗的咖啡馆地下室里，萨特从楼梯走下来。他们去了米斯特拉酒店，萨特在那里洗漱并换上便服。他们想独处，于是没有告诉其他人萨特已回到巴黎。奥尔加认为西蒙娜出门了，万达以为萨特还在阿尔萨斯。萨特回巴黎前已经写好了寄给万达的信，他的战友们会按时寄出。萨特周五会去和万达见面，并与她共度三天。在周四出发之前的日子里，萨特想与西蒙娜在一起。西蒙娜在她的日记中写道："我没有一丝嫉妒。"[2]

西蒙娜和萨特早已承诺，当再次见面时，不会让嘴停下来，要说个不停。他们有太多要讲，太多要读。在雷伊咖啡馆 (Café Le Rey) 里，西蒙娜阅读了萨特的新小说手稿和他的日记，而萨特则沉浸在西蒙娜的小说中。他认为西蒙娜的小说极为出色，好像并不在乎以他为原型的角色皮埃尔形象不太正面。他尤为仔细地阅读了弗朗索瓦兹与皮埃尔的一段辩论，弗朗索瓦兹抱怨他们的爱情对她来说就像"被粉饰的坟墓"，外表看上去"坚实可靠"，不时被华丽的言辞重新粉刷。³萨特以牙还牙，有时在信中开玩笑地称西蒙娜为"被踩过的路"。

在长时间的散步中，他们讨论的问题是，在这样的战争年代，人是否还能获得自由，或者只能成为历史事件的受害者，无力反抗。两人一致认为，绝对自由只是一种幻想，我们的生活也是由我们无法影响的事件决定的，对人类来说，永远只有由外部约束和自由时刻交错而成的"生活处境"。对萨特来说，这就是"人的状况"（conditio humana）——人类生存的基本条件，"既是一个充分自由并掌控欲望的人，也是一个被完全压扁的虫子"。⁴起到决定性作用的是我们在这种"处境"下的行为，换句话说，我们如何处理发生在我们身上的事件和具体的障碍，我们的生存自由就表现于此。即使发生战争、锒铛入狱或者身患重疾，这种生存自由也不会被夺走。西蒙娜认为，即使是戴着镣铐的奴隶也是自由的，这并非嘲弄，而是因为这个奴隶仍然有选择屈服或者反抗的自由。⁵即使在最极端的困境中，我们也可以做出决定，为自己的行为负责，这时，抽象的道德帮不了我们。对萨特和西蒙娜·德·波伏瓦来说，只有一种"处境下的道德"，这是一种具体的道德，它要求我们在每种处境下都要重新调整我们的行为方式和处事方式。

星期四早上，西蒙娜和萨特在告别时可以直观地体验到自由和不自主的含义。在两列即将出发的火车中间的站台上，挤满了身着制服的男人，旁边是他们的妻子、母亲和女友。一些女人哭泣着紧紧抱住她们的丈夫，双眼通红，脸上写满了不眠之夜的疲惫和清早告别的酸楚。休假的这些天，这些男人是丈夫、父亲、恋人。下一刻，当他们登上其中一列火车时，他们就是士兵，听从政治家、指挥官的命令，投入战斗、英勇赴死。西蒙娜踩上踏板，与萨特握手告别。她觉得这种告别就像"身体被撕裂了"，就像做了一场"手术"。[6]

现在两人都回到了各自的世界，回到了哲学意义上的"处境"。萨特称他的处境为"在战争之中存在"，这借鉴了海德格尔的"在世界之中存在"的表达，指的是对日常存在本能的关注和参与，也是与他人共享的存在。萨特不再像在巴黎那样，只与知识分子、艺术家接触，他也与普通人接触，这让他感到很充实。战友成为他的朋友，其中一个叫皮特考斯基 (Pieterkowski)，大家叫他皮特 (Pieter)，他是来自巴黎的犹太商人；他的上司保罗 (Paul) 是一位物理学家；穆勒 (Müller) 是一名来自乡村的电话员。大家喜欢跟萨特下棋、聊天、喝酒，当他闭关写作时，他就会把皮特给他做的牌子挂在墙上，上面写着"请勿打扰"。[7]

萨特正在与负罪感做斗争。万达发现了他与科莱特·吉贝尔的地下情，对他步步紧逼。为了安抚万达，他答应自己可能会与她结婚。而对于科莱特，他指责她泄露了秘密，气愤不已地写了一封信，信誓旦旦地说自己从来没有在乎过她。萨特对自己深感厌恶，意识到他的行为就像一个"被惯坏的孩子"。当然，他对西蒙娜坦白了一切，并承诺从现在开始改变，未来的生活不再被这种"没有多大意义的征服"占据。他肯定地说，只有和西蒙娜在一起，他的感情才是"纯粹"和"干净"的。但他也坦言，如果西蒙娜怀疑他的好意并犹豫是否能信任他，他也不会感到惊讶。[8]

身处巴黎的西蒙娜·德·波伏瓦活在她的"处境"中：防空警报、战争恐慌、在学校佩戴防毒面具上课以及在咖啡馆里写作。当然，还有年轻的博斯特，他在萨特离开几天后到达巴黎。他们一起度过了一段"极其美好、极其热烈的时光"。[9]作为前线的步兵，博斯特的军旅生活要比萨特艰难、危险得多，当他与西蒙娜告别时，两人能否再见都是未知数。3月，战争一触即发，她冒险前往博斯特驻地。她不断问自己，与博斯特的关系对她而言意味着什么，她这样是不是对不起奥尔加。但她想要这份不可或缺的爱，她绝对确信"博斯特是我未来的一部分"。[10]

西线的静坐战[01]，即等待和观望的战争，在4月结束。德国军队首先进军丹麦和挪威，然后进入比利时。萨特所在的部队仍然以为德军将止步于法国的防御工事——马奇诺防线，然而德军不需要突破这个防御系统，他们绕过它，通过比利时的阿登地区（Ardennen）入侵法国。希特勒宣布将在6月进驻巴黎，之前人们摇头不信，现在却成了近在咫尺的危机。萨特担心巴黎会遭到轰炸，于是恳求西蒙娜尽快离开巴黎，前往拉普泽，去"那位女士"莫雷尔夫人的家里避难。"为了我，我的爱人，我的小花。"萨特在信中写道。[11]

西蒙娜·德·波伏瓦本应在她的班上主持毕业考试，但现在学校已经搬出巴黎。每一天，人们都做好了巴黎战斗打响的准备。咖啡馆前的平台空空荡荡，商店关门停业，天空中的白云被高射炮打散。一想到萨特或博斯特可能会出事，她就无法忍受，精神几近崩溃。她不知道博斯特已经受了重伤，正在医院抢救。她也不知道萨特的老友保罗·尼赞已经阵亡。西蒙娜忧心忡忡，巴黎被占领，她仿佛身处牢笼之中。比安卡·比恩菲尔德是犹太人，面临着更大的风险，她要和父亲一起逃到昂热（Angers），并邀西

---

01 静坐战，是指1939年9月开始到1940年4月之间，英法虽然因为纳粹德国对波兰的入侵而宣战，可是两方与德国之间实际上只有极轻微的军事冲突。——译者注

蒙娜一起离开。西蒙娜经过短暂思考后，把几件衣服和小说手稿装到手提箱里。随后不久，她就坐上了比恩菲尔德家的汽车，车上满是包裹和行李箱。

西蒙娜·德·波伏瓦成了战争的牺牲品，被卷入各种事件的洪流之中。[12]离开巴黎不久，他们就沦落到了与难民为伍的境地。有些人抱着孩子，提着行李包袱慢慢走着；有些人身后拉着小推车或骑着满载行李的自行车；也能看到考究的汽车，车顶驮着厨房用具和床垫；旁边是大马车，前后都装着自行车和行李箱，人们坐在中间的干草堆中，路边到处都是面容疲惫的年轻士兵。在拉瓦尔(Laval)，西蒙娜告别了比恩菲尔德一家，乘最后一班公交去昂热，莫雷尔夫人的儿子开车去接她。

"那位女士"位于拉普泽的房子里挤满了客人，西蒙娜从早到晚都在收听广播新闻。旧政府下台，新任政府首脑——84岁的马歇尔·贝当(Marschall Pétain)宣布停战，这意味着投降。在拉普泽待了四天之后，西蒙娜再也受不了了。一想到萨特和博斯特被释放，回到巴黎，而自己却不在那里，西蒙娜就寝食难安。莫雷尔夫人的荷兰客人想开车去巴黎，并同意带上西蒙娜一起。现在他们逆着难民潮返回巴黎，路过千疮百孔的房屋、路边的坦克、倾翻燃烧的汽车。仍在营业的咖啡馆里坐着德国士兵，他们刻意打造一个良好的自身形象。当西蒙娜掉了什么东西时，一个年轻的德国兵立即过来帮她捡起来。这种刻意的礼貌令西蒙娜不快，因为这明显是上面的命令。

由于汽油耗尽，他们一行人被困在一个炎热的村庄里。这位荷兰丈夫连一罐汽油都弄不到，西蒙娜对他的无能感到非常恼火，于是决定独自前往巴黎。她搭乘一辆摇摇晃晃的德国卡车，最后坐上了一辆红十字会的车，来到了酒店门口。门房没有萨特或博斯特的消息，但有一封萨特写给她的信，落款日期是6月5日。6月，萨特仍在部队，正如他在信中所写，那里的人一批又一批地"消失"了。[13]撤退时，没有人注意气象观察员，没有人想到他们。西蒙娜"处于绝望的顶点"[14]，她在房间里哭个不停。

位于卢森堡公园的议会大楼前，纳粹党旗正迎风飘扬。1940年6月22日，贝当签署停战协议，法国被分为两个区。北方处于德国的控制之下，南部大片地区被宣布为"自由区"，由被迫成为纳粹傀儡政权的贝当政府管理，法国承诺将所有难民，尤其是犹太难民交给德国处置，这让西蒙娜·德·波伏瓦极为愤慨。人们尽可能地向南逃往马赛以躲避纳粹的搜捕，马赛现在是唯一一个还能逃离的港口。

　　西蒙娜·德·波伏瓦现在面临一个新的"处境"：巴黎被占领，她要适应新的环境。一次偶然的机会，她在迪吕伊高中（Lycée Duruy）找到了一份教师的工作。她又恢复了定期在咖啡馆里写小说的习惯。热情奔放的娜塔莉·索罗金现在是她最亲密的朋友。娜塔莉跟父母闹翻了，被赶出家门，西蒙娜总归要对她负责。娜塔莉想跟随西蒙娜学习哲学，但她很快就厌倦了，她追求身体上的亲密接触，而不是苍白的理论。如果意愿没有得到满足，娜塔莉就会动用武力——对西蒙娜又掐又咬，或者用拳头打她。有时，当娜塔莉无法平静下来时，西蒙娜会拿上床垫和毯子，让她到门外待着。她闷闷不乐地躺在门外，直到西蒙娜让她回到房间，两人达成和解。

　　西蒙娜只有在重新开放的国家图书馆才能觅得平静。她打算深入研究黑格尔的哲学思想并仔细研读其代表作《精神现象学》（Phänomenologie des Geistes）。根据黑格尔的观点，历史由一种内在动力驱动，是一个追求"世界精神"的进程。继黑格尔之后，人们一直在猜测，这种历史指向究竟会带来某种救赎还是毁灭。无论如何，最关键的是，这种观点认为历史进程不可阻挡，个人只不过是大型机器上的一个小齿轮。约翰·戈特弗雷德·赫尔德（Johann Gottfried Herders）曾说，他就像一只"在厄运之轮上爬行的蚂蚁"。[15]

在刚开始阅读黑格尔时，西蒙娜·德·波伏瓦就感到困惑不已，但她很快就被书中的观点——从既定目标的视角看待个人生活——吸引住了。按照书中的观点，个人生活似乎微不足道，其中的忧虑和艰辛简直可笑，当一切被放到"世界精神"这项宏伟计划之中，一切也就变得无关紧要、毫无意义了。西蒙娜立刻意识到，"陷入普适价值"[16]剥夺了人的一切尊严和自由，并可能发展为死亡哲学。纳粹的意识形态、"第三帝国"的构想、雅利安民族的优越性不就是"陷入普适价值"的表现吗？

通过阅读黑格尔的著作，西蒙娜·德·波伏瓦感受到了两种截然不同的人生观、世界观的碰撞。她写道："一个社会究竟是走向自由还是沦为落后的奴隶社会，取决于每个人把自己看作人群中的一员还是蚁穴中的蚂蚁。"西蒙娜认为，每个人都要做出抉择。她最终决定反对黑格尔，支持他的头号反对者索伦·克尔凯郭尔。索伦·克尔凯郭尔坚持个人自由和尊严，让西蒙娜难以理解的是他对上天的信仰。到目前为止，西蒙娜一直觉得人与人之间的关系是一种斗争，而在她的祖国陷入困境之时，她才发现团结和责任是多么重要。她为自己之前只考虑个人幸福而感到羞愧，并谴责自己"以前的漠不关心"。[17]认识到这一点之后，她却不知道自己应该做些什么。目前，保命是第一要务。

7月11日，西蒙娜收到了萨特从巴卡拉（Baccarat）临时战俘营寄来的铅笔书信。信中写道："我被俘了，但这里的待遇还不错。"萨特请求她回信，并再给他寄一个"食品包"。他在信中写道："我虽身条纤细，但我不想再变得瘦骨嶙峋。"[18]萨特是在6月21日，即他35岁生日那天被俘的。他没有钢笔了，本想说是被子弹打碎了，但他不得不承认，是他弄丢了钢笔。他没有告诉西蒙娜的是，战俘营里的生活有多么艰难，战俘只能睡在光秃秃的地板上，喝点稀汤充饥。但他骨子里是一个乐观主义者，他向西蒙娜保证，"我坚信我们会活下去，我的爱人"。[19]

西蒙娜自己也没有多少吃的。食物是定额的，要凭卡排长队才能买到。放荡不羁的娜塔莉解决了这个难题。她偷了两辆自行车，教西蒙娜骑车。两人骑着自行车来到巴黎城郊，从农民那里搞到了食物。巴黎出现了德语路牌，越来越多的商店挂上了"犹太人禁止入内"的标识，许多犹太人被迫失业。学校要求西蒙娜·德·波伏瓦签署一份声明，确认她不是犹太人。如果拒绝，她将失去工作和经济来源。波伏瓦认为这种做法"相当恶劣"[20]，但出于无奈还是签了。为此，她总是良心不安。

秋天，第一批战俘被遣返，博斯特就是其中之一。他搬到了奥尔加家，但背地里跟西蒙娜在各个酒店偷偷见面。渐渐地，其他逃亡的朋友也都回到了巴黎。包括比安卡·比恩菲尔德，她是众矢之的的犹太人，现在打算和她的同学伯纳德·兰姆林 (Bernard Lamblin) 结婚。结婚的一大好处就是，她可以摆脱她的犹太姓氏。西蒙娜在给萨特的信中写道："而你不在这里，你才是我的一切。"[21]

8月中旬，萨特被转移到特里尔 (Trier) 附近的XII-D战俘营，2.5万名战俘挤在木制的营房里。一位热爱文学的德国医生给他开了一张低能诊断证明，这样他就可以在医务室工作，安心写作。不久之后，他在医务室没有了用武之地，于是被安排到一个艺术团体中，在营地里为战俘表演。这个团体汇集了形形色色的人，萨特与他们生活在一个堆满吉他、长笛、班卓琴和小号的大房间里。晚上，他坐在桌前，讲故事和笑话，大家笑得前仰后合。他写信告诉西蒙娜，他从未感到如此自由。

他最好的朋友是几个年轻的天主教神职人员：一个多米尼克人，一个耶稣会士和一个乡村神父。他们听说战俘营里有一位著名的作家，便请他来做讲座。萨特即兴讲述了赖内·马利亚·里尔克（Rainer Maria Rilke）、安德烈·马尔罗（André Malraux）和马丁·海德格尔对死亡的不同看法。[22]神父们大受启发，经常追随萨特学习哲学。萨特对自由的看法极具说服力，萨特告诉西蒙娜，神父们已经开始在教皇和他之间摇摆不定了。[23]

让神父们疑惑的是，萨特不信上天，但不排斥与他们相处，甚至会在他们谈论上天、教会时专注倾听。萨特直言自己不是教徒，但并不是无神论者，在他看来，自己的立场只是"另一种宗教形式"，只有人是重要的，他可以接受上天创造了自由的人类的想法。然而，这种自由的前提是，即使对教徒来说，也有上天不存在的处境，个人必须摒弃诫命，独自做出决定。萨特关注的是这种孤独状态下的道德。在回忆他在二战期间与这些神父的相处时，他说："有些神职人员举止正派，有些就是混账。这是因为有些人有真正的道德感，而有些人只考虑教会的利益。"[24]

萨特提出要为圣诞节写一个剧本，由他所在的艺术团表演，这让他的神父朋友们大吃一惊，他们都猜不出捍卫自由和虚无的萨特会如何创作圣诞故事。节日当天，台下座无虚席，其中也不乏德国士兵，观众经历了一场不同以往的圣诞演出。[25] 主人公是犹太村长巴里奥那（Bariona）。他的族人被罗马人强迫缴纳更高的税金，于是决定采取一种不同寻常的抵抗方式：他们不打算再生孩子，以免这些孩子以后再受到罗马人的压迫。但当他们得知神之子出生后受到统治者的威胁时，巴里奥那和他的族人决心保护这个孩子，即使他们的实力远远不敌罗马人，还有可能为之付出生命的代价：神之子是自由的象征，必须竭尽全力捍卫到底。

在飞雪的巴黎，这已经是西蒙娜·德·波伏瓦度过的第二个没有萨特的圣诞节了。酒店房间非常冷，她穿着毛衣和滑雪裤缩在床上。大部分时间，她都待在花神咖啡馆，那里有暖气，朋友们也在这里聚会。梅洛–庞蒂已经结婚，他读了西蒙娜快要完工的小说，对此大加赞赏。但是西蒙娜自己却写不下去了。这个故事基于她先前的哲学态度，书末也有提及，即一个人只有摧毁另一种意识才能解救自我，可是现在她的想法已经改变了，认为先前的想法"很幼稚"。[26] 如今，她的想法是，无论人们如何不同，都要互相尊重，都要为一个共同的世界做出贡献。她已经开始构思新书的创作，主旨就是：为什么没有人能脱离他人而存在，以及"人与社会的关系"是如何产生的。

西蒙娜每周都与父母共进一次晚餐。他们说起了伊莲娜：在德军入侵之前，伊莲娜前往葡萄牙探望她生病的未婚夫莱昂内尔·德·鲁莱特，现在被困在了那里。西蒙娜的父亲乔治身体抱恙，被诊断为癌症，医生认为可以治愈。但更让乔治烦恼的是满大街的德国士兵和勾结通敌的法国同胞们，他的民族自豪感严重受挫。3月底，当西蒙娜从父母那里回到旅馆时，她发现了一张纸条，上面写着"我在三个火枪手咖啡馆（Café Trois Mousquetaires）"。

西蒙娜认出那是萨特的笔迹，立即冲到咖啡馆，但此时萨特已经不在了。她在咖啡馆继续等。突然，他出现在她面前。西蒙娜完全愣在了原地，一时失去了语言的能力。萨特默默地坐到她身边，两人拥抱在一起。萨特好像来自另一个世界，整个人都脱胎换骨了。巴黎民众对城市的沦陷如此漠不关心，这让他难以置信，他激动地谈论政治行动和抵抗组织的建立。

乔治·德·波伏瓦没有能够看到他所热爱的法国后来如何，他于1941年7月1日去世。西蒙娜在他的病床边坐了很久，满足了他不举行天主教殡葬礼的遗愿。乔治·德·波伏瓦被埋葬在拉雪兹公墓的家族墓地中。他没有给妻子留下任何东西。在过去几周、几个月里，西蒙娜时常泪流满面，可是此刻她却没有再流泪。[27]

第十章　谁是我的同伴

学生时期的西蒙娜·德·波伏瓦曾与西蒙娜·薇依有过一次短暂的会面，薇依后来成为著名的基督教哲学家。她天赋极高，对别人的苦难感同身受。在得知中国发生饥荒之后，她难过地流下了眼泪。西蒙娜很羡慕她对异乡苦难的共情力。薇依发起抗击全球饥荒的革命运动，西蒙娜却持不同意见，她认为帮助这些人找到生活的意义才是上策。薇依对这种观点震惊不已，她回答道："看得出你从来没有挨过饿。"两人的谈话就此结束。[1]

1943年，西蒙娜在写一篇关于自由和道德的哲学文章时，回想起这次谈话。这篇文章的写作灵感来源于她与萨特的讨论。西蒙娜发现萨特的自由哲学的缺陷之一在于对道德问题的忽视。她想研究这个问题，出发点就是我们为何及如何受到他人命运的影响。当有人为中国人的困境哭泣时，我们觉得过于夸张。或许有人会说，同情取决于距离。但是为什么亲近之人的忧虑、困境会触动我们？是因为我们天生就有同情心，是因为这是我们的责任，还是因为外界对我们有这样的期待，抑或我们对自己有这样的期待？

像薇依这样的信徒听从上天的诫命，受到行为规范束缚，但信仰自由哲学的"存在主义者"呢？对他们来说，没有上天，也没有客观价值，寻求同伴也在他们自由的范畴中吗？对这个问题的回答是肯定的。她在一篇文章中写道："一个寻求远离他人的人，是为了与他人对抗，但同时也失去了自己。"[2]

1941年夏天，西蒙娜和萨特到南方旅行。他们把行李和自行车提前用火车托运送到罗阿讷 (Roanne)，然后非法越过分界线，步行到未被占领的南部。他们自行车的车胎已经不知道补过多少次了，骑了几公里后，萨特的车胎又开始漏气。两人都不知道如何修补车胎。幸运的是，他们找到了一个机械工，可以指导他们修理。一开始，萨特还不适应这种劳累的旅行，但很快他就享受到了急速下坡的乐趣，在爬坡时把西蒙娜远远甩在后面，有几次还掉进了沟里。"我正在想其他事情。"他抱歉地说。

萨特要到布尔格 (Bourg) 领取正式退伍的通知，但是他们旅行的目的不在于此。他们是想寻找知名人士，劝说他们加入抵抗运动。自从入冬以来，"抵抗"口号广为流传，已有若干抵抗组织成立，萨特也想组建一个团体。一天下午，十几个人聚集在米斯特拉酒店西蒙娜的房间里。在场的除了萨特和西蒙娜，还有梅洛-庞蒂和小博斯特。[4]一名年轻学生提出发动袭击，却遭到了反对，因为他们缺乏制造炸弹的技术和勇气。最终，他们决定印刷、分发传单。这也是相当危险的举动，因为这个名叫"社会主义与自由"(Socialisme et Liberté) 的团体成员毫无经验，有时粗心得要命。曾经有一个成员把装有传单和名单的文件夹落在了地铁上，而博斯特则带着一台复印机在公共场所走来走去。

萨特和西蒙娜骑自行车到沿海地区拜访两位知名作家——安德烈·纪德和安德烈·马尔罗。两人礼貌地聆听了他们的想法，但认为萨特的计划不切实际。马尔罗说，最好还是让苏联的坦克和美国的飞机对付希特勒。失望之余，萨特和西蒙娜踏上了崎岖颠簸的返程之路。他们的自行车快要散架了，刹车几乎失灵。在阿尔卑斯山的山路上，西蒙娜重重摔倒，萨特把她带到了朋友科莱特·奥德里位于格勒诺布尔(Le sang des autres) 的家中，此时她已神志不清。科莱特看到西蒙娜时不禁惊叫一声，她的脸已经完全无法辨认，一只眼睛肿了起来，还掉了一颗牙。第二天早上，她又骑上了自行车，此时距离巴黎还有六百多公里的路程。

南方之行一无所获，他们又试图与其他抵抗组织建立联系，但也无功而返。共产党人声称，萨特无故从战俘营获释，可能是德国人派来的间谍。年底，"社会主义与自由"组织逐渐解体，原因之一是两名成员被逮捕。他们行动的风险不言而喻。8月，一名德国军官在地铁中被不明身份的人杀害。此后，一旦这类暗杀事件重复发生，德国人就枪杀人质来报复。在讨论时，西蒙娜·德·波伏瓦指出，仅仅因为坚持自己的计划而造成他人死亡不可饶恕，这个计划值得质疑。[5]这段经历激发了她的新书创作灵感：我们干预他人的生活，或者让他人介入我们的生活。我们无法预见其后果，但是仍然对此负责。不论愿意与否，我们总要担责。我们是以"他人的血"为代价而冒险。

巴黎人从未经历过像1941年到1942年那样寒冷的冬天，有些人把责任归咎于德军的占领。道路被冰雪覆盖，低温屡次刷新纪录，食物短缺、断电缺煤更是雪上加霜。西蒙娜和萨特住在米斯特拉酒店，在高中继续教书。他们赚的钱只够两个人的开销，但是他们还要供养"家人"：奥尔加、万达、博斯特、现在又加上现娜塔莉·索罗金。这些人都要依靠他们的资助。而且，西蒙娜的父亲去世后，她的母亲经济上也要依赖女儿。他们已经负担不起每天去咖啡馆、餐馆，负责管理财务的西蒙娜不得不成了一名家庭主妇，至少暂时如此。她在米斯特拉酒店租了一个带小厨房的房间，手边有什么食材就做什么。第一顿午餐是炖萝卜，萨特觉得味道不差。[6]莫雷尔夫人不时寄来肉食，不过气味已经有些奇怪。扔掉是不可能的，他们小心翼翼地抹上醋，长时间炖煮很久，再加上大量的调料。只有一只近乎腐烂的兔子实在无法处理，只能扔进垃圾箱。

他们常去位于圣日耳曼大道 (Boulevard Saint-Germain) 的花神咖啡馆，里面布置了大理石桌、红色椅子、壁镜和炉灶。这里是西蒙娜和萨特的"舒适区" (querencia)，他们借用了海明威小说中的这个西班牙单词，意思是一个让人感到安全放松的地方。他们可以到二楼工作，两人一同写作。西蒙娜在写她的新书，而萨特则是很快从"社会主义与自由"组织的解散中恢复过来后，采取写作这种他最擅长的方式继续进行抵抗运动。他在战俘营时创作的圣诞戏剧激励他继续创作剧本，主题仍然是自由和抵抗。只是这次他没有借用《圣经》中的故事，而是转向古希腊神话，重新诠释俄瑞斯忒斯的传说。萨特创作的这部剧名为《苍蝇》，讲述的是俄瑞斯忒斯多年后重返故国，将其从恐怖统治和苍蝇灾难中解救出来。

西蒙娜·德·波伏瓦开始新书创作时，她上一部小说的手稿已经被伽利玛出版社看中，并将于次年夏天出版，书名定为《女宾》。[7]书中的故事发生在巴黎，时间设定在当下，其中的人物很容易在西蒙娜朋友圈子里找到原型。格贝特 (Gebert) 无疑就是小博斯特，弗朗索瓦兹就是西蒙娜·德·波伏瓦。书中详细描述了他们在山间小屋里的爱情之夜。波伏瓦把这本书献给对此一无所知的奥尔加。她也会自问，何为虚构，何为现实。

西蒙娜和萨特与朋友聊天时会去花神咖啡馆一楼。西蒙娜会尤为注意与万达、奥尔加、博斯特的一对一交流，她希望给予每个人充分的关注。她认为，如果桌边坐了好几个人，谈话就会变得"废话连篇"。她有不少事情想和娜塔莉·索罗金聊聊，因为索罗金的母亲找到西蒙娜，请她劝劝女儿。原因在于娜塔莉甩了富有的追求者，交了一个新的男朋友，索罗金夫人坚决反对。新男友的名字叫让−皮埃尔·布拉 (Jean-Pierre Bourla)，是一个19岁的西班牙犹太人。索罗金夫人想让西蒙娜劝她放弃这个犹太人，回到原来的追求者身边。[8]

西蒙娜从未试图说教，尤其布拉还是萨特以前的学生，西蒙娜也很欣赏他，认为他和娜塔莉很般配。只是，在法国警察的协助下，德国人现在开始大规模迫害犹太人并将他们运到集中营，西蒙娜对此感到担心。每个犹太人都必须戴上黄色星记号，但是西蒙娜的许多犹太朋友并不佩戴黄星，布拉也不例外，他觉得自己很安全。有人问他如果德国人赢得战争怎么办，他回答："德国胜利绝无可能。"[9]

德国胜利的希望确实越来越渺茫。德国军队在苏联战场上陷入僵局，美国也已经参战。巴黎再次遭到轰炸，但这次炸弹不是来自德国飞机，而是来自英国皇家空军的轰炸机，他们正在争夺制空权。德军战况越差，手段就越残暴。他们枪杀人质，逮捕、驱逐平民，巴黎陷入恐怖气氛中，告密揭发愈加频繁。花神咖啡馆的常客可能前一天还出现过，第二天就消失了，有传言说他们被人告发，晚上就被带走了。

西蒙娜·德·波伏瓦也成了德国人的目标。有人向文化部指控她"煽动未成年人举止不端"，此外还指责她道德沦丧的生活方式以及在课上教授同性恋作家的作品。背后的始作俑者是娜塔莉的母亲索罗金夫人，这显然是她的报复，因为她的女儿在老师西蒙娜这里找到新的归属，西蒙娜也没有试图拆散娜塔莉和布拉。西蒙娜受到的指控极为严重，因为贝当政府通过了一项国家复兴法律，根据这项法律，事关工作、家庭和祖国的传统价值观再次被定为最高的道德准则。

针对西蒙娜的调查已经展开，但她并不挂心于此，日常生活已让她疲于应对。在与萨特和博斯特一起骑自行车度假后，她失去了在米斯特拉尔酒店的房间，不得不寻找新的住处。她用一辆手推车将她的物品、行李箱和书籍运到位于多芬街 (Dauphine) 的奥布松酒店 (Hotel Aubusson)。酒店非常简陋，房间又脏又破，厕所就在厨房。晚上，她听到了老鼠的叫声，不得不把食物储存在铁罐里，以防止被这些

"室友"吃掉。娜塔莉帮她搬家，现在她和布拉同住在这个破旧的旅馆里。西蒙娜称他们为"小家伙"[10]。在他们心里，西蒙娜就像母亲一样。在冰冷的冬夜里，没有西蒙娜的晚安之吻两人就无法入睡。

1943年初，西蒙娜的小说完成，后来被称为《他人的血》(*Le sang des autres*)。小说素材取自她过去几年的经历，从战争前夕到抵抗运动。这本书表面上是历史小说，实则包含一个哲学问题，即合理性问题：我们被抛入这个世界，却找不到我们存在的意义，那么如何解释我们的存在？我们可以独立赋予生命以意义，还是需要别人的介入？小说主人公让·布劳马 (Jean Blomart) 生来就是"老板的儿子"。他的父亲拥有一家印刷厂，他理所应当继承父业。然而，让并不想坐享他人创造的特权，他要活出自我。于是，他离开家庭，成为一名工人和共产主义者。

他原本认为只要独立地活在自己的世界中就足够了，但很快他就体会到，这是一种错觉。无论他情愿与否，他的存在总会对他人产生影响。年轻的诗人雅克 (Jacques) 仰慕让·布劳马，他不想纸上谈兵，而是身体力行。让·布劳马带他去参加抗议集会，并事先交给他一把左轮手枪。在与法西斯分子的血腥对峙中，雅克被枪杀，让变成了罪人，以后他也没有逃脱罪人的命运。

海伦 (Hélène) 是让的工友的女友，她试图用另一种方式来填补她存在的漏洞——生存意义上的真空。她爱上了让，并渴望得到他的爱。她认为，为一个男人付出全部可以让她得到救赎。后来战争爆发，才让人看清原来她的奉献只是为了自己的幸福，她所谓的伟大爱情不过是一个谎言。

让入伍参战。法国投降后，他转而加入抵抗运动。他觉得自己对每个人都负有责任，包括远在集中营被纳粹谋杀的人。他决心行动起来，实施了几次袭击。作为报复，德国人射杀了24名人质。让陷入了道德上的两难境地：如果他什么都不做，他有罪；如果他做了，也有罪。他终究逃脱不了罪责，这是他存在的一部分。"我慢慢地明白了，我的存在本身就是罪过，这就是存在的本质，是我身体的一部分。我第一次感到，这是个无解的问题。"[11]

对于海伦的死，让也负有责任。海伦坚持参加抵抗运动的一次行动，负责开车，最终身受重伤。行动前，两人在道德上进退两难，最终还是决定放手一搏。他们决定为自己的行为承担责任，即使会导致无辜者身亡。他们虽是为自由而战，却总是与罪责密不可分。

在法国被占领期间，这部政治上颇具争议的小说不可能出版，西蒙娜·德·波伏瓦对此心知肚明。此外，维希政府[01]实行道德审查制度，禁止传播有悖于"良好风气"的电影、戏剧和书籍。但《女宾》还是在1943年8月出版了。不出所料，书中不符合道德的描写引发不满，人们把这本书看作萨特和西蒙娜社交圈子的生活方式的影射。西蒙娜的母亲尤为震惊，她原本还相信或宁愿相信她的女儿过着还算正经的生活，现在幻想已经破灭了。[12]西蒙娜觉得，这种愤懑只是一种"过于敏感的假正经"[13]的表现，她看重的是有影响力的评论家的书评，这才能体现作品的文学品质。

尽管与初衷有所背离，也有迫不得已，但是西蒙娜终于成为自由作家。针对索罗金夫人指控的调查没有任何结果，尽管如此，相关部门还是在6月开除了西蒙娜·德·波伏瓦。西蒙娜并不难过，但是生计问题摆在面前。没有了工作，她要如何继续资助她的"家人"。通过萨特，她在国家广播电台即维希广播电台找到了一份工作。与巴黎广播电台不同，维希政府的这个电台并没有完全被纳粹意识形态吞噬。然而，电台工作人员很快就被怀疑通敌卖国，但是西蒙娜完全可以证明自己的清白。[14]她只是在国家图书馆收集中世纪音乐的材料，然后制作相关

---

01 维希政府，"二战"期间德国攻入法国并迫使法国投降后，扶持法国政府要员组建的傀儡政府，存在于1940年7月到1945年间。——译者注

电台节目，因此毫无嫌疑。

这份新工作的工资远高于教师工资，她现在可以搬出那间破旧的旅馆房间了。10月，她搬到了塞纳街（Rue de Seine）的露易丝安娜酒店，房间在四楼拐角，有厨房，可以俯瞰周围建筑的屋顶。她的"家人"也跟着她马上搬家了。萨特住进了走廊尽头的小房间，娜塔莉和布拉在楼下。露易丝安娜酒店离花神咖啡馆只有几分钟的路程，许多"花神帮"成员都住在这里。马塞尔·穆鲁基和他漂亮的女友洛拉（Lola）也住在这里，洛拉给每个人洗熨衬衫，很受大家欢迎。

为庆祝搬家，西蒙娜邀请大家聚餐。战争时期物资匮乏，她只能准备了一大碗豆子。来的不仅有娜塔莉、布拉、万达和波斯特这群"家人"，还有西蒙娜的书大获成功之后慕名而来的新朋友。米歇尔·莱里斯（Michel Leiris）就是其中之一。他是一位作家，常与妻子泽特（Zette）四处游历。莱里斯夫妇在塞纳河畔的大公寓是巴黎艺术家和知识分子的聚集地，有时也是受迫害的犹太人的藏身之地。西蒙娜通过莱里斯夫妇认识了巴勃罗·毕加索、作家雷蒙·格诺（Raymond Queneau）、哲学家乔治·巴塔耶（Georges Bataille）和精神病学家雅克·拉康（Jacques Lacan）。30岁的阿尔贝·加缪也来参加乔迁聚会，他们在萨特话剧《苍蝇》的彩排中结识。

加缪出生在阿尔及利亚，前不久来到巴黎。他在伽利玛出版社担任编辑，是抵抗运动组织"战斗"（Combat）的成员。西蒙娜非常喜欢他，不仅因为加缪称赞她的书充满博爱精神，她更欣赏他的无拘无束、开朗坦率，还有他的笑声以及个人魅力。加缪的小说《局外人》大获成功。小说主人公默尔索（Meursault）是这个世界的局外人，他面对任何不幸、任何不公都无动于衷，甚至在母亲去世时也是如此。最后，他看似莫名其妙地射杀了一个阿拉伯人。

西蒙娜·德·波伏瓦仅用三个月时间完成了一篇哲学论文，其中论述了默尔索这个人物为何抗拒一切与外界的联系。西蒙娜认为，没有任何纽带是注定的，包括家庭纽带以及亲属纽带。但是，她认为加缪仅仅停留在主人公与世界的局外关系，不符合人物形象。在西蒙娜看来，每个人都在不断地超越自己。人们为自己设定目标，目标实现之后，再有新目标。换句话说，人类不断地超越自己，赋予本无意义的存在以意义和实质，人就是他的行为。

西蒙娜认为，自由的原始自发性是人与人之间产生纽带的前提，《圣经》中的"好撒玛利亚人"寓言就是一个例子。面对路旁的重伤者，他可以像之前路过的人一样不闻不问，但他没有这样做，而是伸出援手提供帮助："……人并非生而为伴，而是通过行动结交为伴。"[15]

　　在接下来的几个月里，生灵涂炭，民众相互扶持依靠。盟军轰炸工厂、火车站、铁轨和公路，以摧毁法国的制造业和交通线。有一次，爆炸的距离如此之近，露易丝安娜酒店的墙壁都在摇晃。西蒙娜和萨特来到旅馆的房顶，看到地平线上一片火光。德国人越是处于守势，就越疯狂。一座座村庄都被全部烧毁，男人、妇女、儿童被滥杀。

　　被死亡和破坏笼罩的巴黎还有一种特殊形式的抵抗，即艺术和生活乐趣。巴勃罗·毕加索写了一个怪诞的剧本，题为《抓住欲望的尾巴》，于1944年3月9日在莱里斯夫妇的公寓里演出。加缪执导，萨特、西蒙娜、莱里斯和毕加索的女友朵拉·玛尔（Dora Maar）出演。虽然剧本令人费解，但是演出非常成功。剧中提到爱人美味佳肴般的香臀，还有她完美的"燕窝"和"Tutelchen"，而由莱里斯扮演的"扁平足"则呼吁用鸽子来对付子弹。[16]这个夜晚开启了接下来几周的狂欢：他们喝酒、跳舞、胡言乱语，直到天亮。"我们毫不掩饰，"西蒙娜在回忆录中写道，"我们只想在这种混乱中摩擦出快乐的小火花，沉醉于微弱的光亮之中，即使明天一切都会幻灭。"[17]

　　幻灭很快到来。3月底，西蒙娜得知布拉和他的父亲被捕。两人都被带到臭名昭著的堂西（Drancy）集中营，从那里用火车被运到灭绝营。娜塔莉联系到一个叫菲利克斯

（Felix）的德国人，他承诺交钱就能保住布拉不被运走。为了确认布拉的安全，娜塔莉和西蒙娜来到堂西。她们隔着四周的铁丝网用望远镜看向远处的高楼，看到一个剃光头的年轻人站在窗口向她们挥手。娜塔莉对她的爱人获救抱有希望，直到有一天，她得知自己被骗了。站在窗口的人不是布拉，布拉和他的父亲早已被运到奥斯威辛（Auschwitz）并被杀害。

1944年6月6日，英美盟军登陆诺曼底（Normandie），向法国腹地推进。为了日后解放巴黎，盟军计划先绕道避开巴黎。可是巴黎民众等不起了，城市物资供应崩溃。博斯特在旅馆房间搭了个炉子，用报纸烧火给他们这一家人煮上一小把面条。8月19日，一队德国士兵在香榭丽舍大街（Champs-Élysées）遭到抵抗运动组织攻击，解放巴黎的战斗打响，越来越多的民众加入抵抗运动中。为了守卫法兰西喜剧院（Comédie Française），萨特与大家一道设置路障。西蒙娜·德·波伏瓦游走于巴黎筹集食物，分发给民众。[18]道路被坦克阻断，狙击手瞄准一切移动的目标。这种情况下，德军只能扫射开路，有的德国兵逃了出去，有的落入陷阱被抵抗组织俘获或者射杀。

8月24日，西蒙娜和奥尔加、万达、娜塔莉来到博斯特在夏普兰酒店（Hotel Le Chaplain）的房间，他们听到街上传来欢呼庆祝声。勒克莱尔（Leclerc）少将率领部队开进巴黎市中心。教堂钟声响起，人们纷纷集合，用鲜花、旗帜装饰法军坦克。第二天，法国国旗飘扬在埃菲尔铁塔塔尖。风云人物夏尔·戴高乐将军（Charles de Gaulle）此前在海外支持法国抵抗运动，如今作为法国解放者凯旋，自然得到了民众的热烈欢呼。

战争期间的各种历史事件改变了西蒙娜·德·波伏瓦的人生。她在回忆录中写道："战争不仅改变我与世界的关系，也改变了整个世界：巴黎的天空、布列塔尼（Bretagne）[02]的村庄、女人们的嘴、孩子们的眼睛……每片草地上的每一片叶子都不再是先前我眼中的样子了。"[19]

尽管如此，她仍然对未来充满期待，但是与她疏远的西蒙娜·薇依已无未来可言。1942年，犹太人出身的薇依与父母逃往纽约（New York）。一想到虽然自己脱离险境，但祖国同胞还在水深火热之中，薇依就寝食难安。她乘船前往英国，然后计划乘飞机回到法国并加入抵抗运动。但是战事频发，她被困在英国，未能如愿。她一心挂念祖国同胞，极少进食，1943年8月24日因营养不良、心衰死于英国阿什福德（Ashford）的疗养院中，年仅34岁。

02　布列塔尼是法国的一个大区，位于法国西北部的布列塔尼半岛、英吉利海峡和比斯开湾之间。——译者注

第十一章　欢庆与憎恶

1945年12月中旬的巴黎，哲学教师让·波弗雷（Jean Beaufret）走在街上，一辆自行车迎面而来，骑车人对他喊道："嘿！让开！存在主义者！"[1]波弗雷不得不躲闪到路边。这个骑车人大概知道，波弗雷受《世界报》（Le Monde）之邀，用通俗易懂的语言向读者解释何为"存在主义"。10月29日，让-保罗·萨特，在位于巴黎让古戎大街（Rue Jean-Goujon）的中央大厅发表演讲，主题为"存在主义即人道主义"。演讲过程中，售票处被人潮淹没，晕倒的女人和受伤的人被抬了出去，桌椅在争抢中被损坏，整个巴黎陷入了对存在主义的狂热讨论。当时的人们无论去哪家咖啡馆都会被问及是否信仰存在主义，或者是否赞同萨特所说——存在先于本质，或者是否赞同人出生时就是一张白纸，一切靠自己书写。报纸上每天都能读到西蒙娜·德·波伏瓦和让-保罗·萨特的消息。

这个秋天，两人在巴黎几乎掀起了风暴。萨特厚重的哲学作品《存在与虚无》在两年前已出版，现在才真正受到关注。与此同时，他的第一本小说，即他的长篇三部曲中的第一部也受到追捧。西蒙娜·德·波伏瓦的《他人的血》已成为书店橱窗陈列的畅销书。她还创作了戏剧《没用的家伙》（Les bouches inutiles），10月底首演。两人仍不满足，还创办了一份报纸《现代》（Les Temps Modernes），他们想通过这份报纸参与政治讨论。存在主义似乎不仅是一个哲学体系，也是一个文学项目、一种政治态度和一种生活方式，其最知名的代表正是萨特和西蒙娜。

萨特终于得到了他梦寐以求的名望。然而，他从未想过，名望是把双刃剑，另一面可能是排斥，甚至是仇恨。一方面，他跻身于法国文学大师行列，与巴尔扎克（Balzac）、左拉（Zola）和普鲁斯特（Proust）齐名。另一方面，有人指责他用最黑暗的笔调描绘生活，并通过否认上天和描述各种放荡堕落的行为来腐蚀法国青年。有个评论家对萨特的书无比厌恶，甚至建议读者在阅读萨特时要捏住鼻子。在巴黎的教堂里，布道者也警告说要警惕存在主义的邪恶诱惑。《星期六晚报》（Samedi-Soir）上总能看到对萨特和西蒙娜不道德生活的种种猜测，并将他们的酒店房间描述为淫乱窝点，通宵狂欢之后，房间里到处都是满满的烟灰缸、空酒瓶和脱下的衣物。[2]不少文章充满想象力，把西蒙娜·德·波伏瓦描绘成萨特忠实的缪斯，在萨特天才之光的照耀下得以成名。媒体形容她是"萨特主义者""萨特圣母"，却忽略了两人一直反复强调的，即彼此的建议和批评对他们的思考和写作是多么的不可或缺。

在这场存在主义热潮中，人们似乎忽视了战后法国新社会秩序的构建。10月21日，法国举行公民投票，女性首次获得投票权，选举成立国民议会并制定新宪法。在旧的价值观破产以及勾结德国的政治家遭到清算之后，法国人显然认为哲学思想至少应该与政治辩论处于同等重要的地位，在建立一个新的国家之前，必须首先明确道德框架和意识形态。存在主义思潮摒弃传统，不用虚假的空话蒙蔽身处于世的人们，这非常契合战后一扫混乱局面的时代精神。哲学不再局限于专家，从大学教室、研讨会来到了街头巷尾。

巴黎解放后，战争肆虐依旧，德国城市被盟军轰炸，苏联红军向东普鲁士推进，流亡难民成千上万，希特勒和他最后的忠实信徒躲在废墟般的柏林的元首地堡中。而此时，法国进入战后时期，对一些人来说，世界再次开放。1945 年 1 月，早在战争结束之前，萨特和一群记者受美国国务院邀请前往美国访问。乘坐军用飞机前往美国已算得上是一次冒险，而与纽约的第一次邂逅更是让萨特深受触动。套着一件旧皮夹克的萨特看起来像个流浪汉，他被安排换上了精致的西装。邀请函纷至沓来，他周旋于一场又一场的鸡尾酒会。作为《费加罗报》(Le Figaro) 和《战斗》(Combat) 的特约记者，他需要向法国人描述美国这个解放者国家。几个星期以来，这些贵宾走遍了整个美国。然而，萨特并没有如东道主所愿完全沉迷于这个国家。他抨击美国对黑人的种族压迫以及狂热的反共产主义，在美国引发不满。当被问到法国文学现状时，他把阿尔贝·加缪和西蒙娜·德·波伏瓦称为法国文学最重要的代表，听众感到迷惑，因为在美国没有人听过这些名字。

官方行程结束后，萨特开始独自旅行。这离不开一位年轻女子的帮助，她叫多洛雷斯·瓦内蒂·埃伦雷希 (Dolorès Vanetti Ehrenreich)，会说流利的法语和英语，两次大战间隙住在巴黎，现在嫁给了一个富有的美国医生，在美国国家广播公司工作。瓦内蒂成了萨特的私人向导，带他参观了纽约鲜有游客光临的地方，给他读报纸，并在谈话中充当翻译。萨特不会说英语，以前只知道两句万能英语表达，即"好的" (fine) 和 "为什么不呢？" (why not?)。凭着这两句，他也能凑合聊几句。[3]

萨特在美国纵横驰骋时，西蒙娜·德·波伏瓦于1945年2月去葡萄牙看望她的妹妹。伊莲娜与莱昂内尔·德·鲁莱特刚刚结婚。就像萨特刚到纽约时一样，西蒙娜一到妹妹家就被换上了一身新衣服。在妹妹看来，西蒙娜绝不能穿着木鞋和破旧的衣服出门，更别提出场演讲了。与法国相比，葡萄牙经济富裕。西蒙娜惊讶于葡萄牙富足的食物以及奢华的商铺。独裁者萨拉查 (Salazar) 在葡萄牙推行对传统的盲目崇拜，令西蒙娜反感。

人们身着古老的民族服饰表演民间舞蹈，这样的场景在葡萄牙随处可见；农舍按照旧时风格布置；过去有意义的事物被改编成吸引游客或增强民族自豪感的空洞的民间传说。对西蒙娜来说，只有从过去中汲取迎接未来的力量时，追忆才有意义。她认为，固守传统并以政治为目的滥用传统，只是"对人的蔑视"，西蒙娜试图寻找社会机构和新型学校，但终究无功而返。[4]

萨特从美国归来后，思绪还停留在大西洋彼岸，多洛雷斯·瓦内蒂久久萦绕在他的心头。他在《现代》首刊献词中写道：献给多洛雷斯。西蒙娜·德·波伏瓦也就明白了这个女人在萨特心中的分量。萨特身兼多职，在巴黎解放后的动荡岁月中，人们期待萨特出现在各个场合。尽管如此，他还是决定年底再次前往美国看望多洛雷斯。为此，他接受了美国高校的演讲邀请。1945年12月12日，他从波尔多登上军用货船。行李箱的姓名牌暴露了他的身份，同船旅客发现旁边坐的竟然是大名鼎鼎的萨特。围绕存在主义的形形色色的问题不断向他抛来，女人们也开始尾随他。在巴西领事的妻子面前，萨特喝得酩酊大醉，这才得以逃脱。他躺到一艘救生艇里呼呼大睡，而船上的人在到处找他。[5]

西蒙娜没有为萨特的离开而神伤，她和博斯特、万达、奥尔加去萨瓦阿尔卑斯山脉脚下的梅杰夫滑雪跨年。她在写给她"亲爱的小家伙"萨特的信中说："你知道吗，其实我也小有名气了。"在酒店前台，有客人打听她是不是那个有名的德·波伏瓦小姐。[6]在梅杰夫，她收到一封电报，让她返回巴黎，因为她受邀去阿尔及利亚做演讲，需要尽快启程。1月底，她第一次搭乘飞机前往突尼斯 (Tunis)，首次飞行经历和在突尼斯受到的热情接待让她激动不已。她骄傲地告诉萨特，当地的人们为了能入场听她的演讲，甚至大打出手。日程之外，她心底"冒险的小恶魔"[7]再次苏醒，她到游客罕至之处远足，乘车穿越沙漠，爬上人满为患的火车车厢平台，在沙尘暴中来到阿尔及尔 (Algier)。"我无比快乐，"她给萨特写信说道，"只是与你分开让我夜里有些恐惧。尽快给我来信，我亲爱的小家伙，我的爱人。"[8]

萨特的信件延误，过了一段时间才送到，内容前后矛盾。一方面，他醉心于与多洛雷斯在一起的日子，觉得她在"我(萨特)认识的女性里，仅次于你(西蒙娜)"；另一方面，萨特被多洛雷斯的热情吓到，抱怨连连。[9]他没有告诉西蒙娜的是，多洛雷斯·瓦内蒂打算离婚，与萨特结婚。或许萨特应该让多洛雷斯看看他的日记，那样她就会明白对于萨特来说，征服一个女人比占有一个女人更加重要，过度的爱恋只会吓退他。西蒙娜·德·波伏瓦非常了解萨特，读过信后淡定从容，没有指责萨特。相知15年，西蒙娜知道萨特是一个"完美奇迹"，做事总能"尽善尽美"。[10]

从北非回来后，西蒙娜常常与阿尔贝·加缪在一起，西蒙娜"非常喜欢"[11]加缪，他们极为理解彼此的想法，两人只是在一点上存在分歧：是否应该设置死刑。这对法国沦陷时期相关责任人的审判非常重要。共产党人要求处决叛国通敌者，他们造成了抵抗运动期间数以千人的牺牲。贝当被判处死刑，后被戴高乐赦免。但是作家罗伯特·布拉希拉克（Robert Brasillach）却没有得到赦免，他是公开的反犹太主义者，所写的煽动性文章造成了大量犹太人的死亡，故而被判处死刑。许多作家联名上书戴高乐，其中也包括加缪，请求赦免布拉希拉克。戴高乐拒绝了他们的请求，布拉希拉克被枪决。

西蒙娜·德·波伏瓦旁观了布拉希拉克的庭审。虽然布拉希拉克接受判决的态度令她钦佩，但她仍然支持判处死刑。在发表于《现代》的一篇文章中，她用存在主义的论点为自己的立场进行辩护，即每个人从本质上来说都是自由的，也必须为自己基于自由的各种行为受到审判和处罚。[12]西蒙娜·德·波伏瓦多年后承认，这个理由不足以支持死刑。在了解到集中营、大屠杀以及对希特勒的刺杀行动后，对她来说，死刑只有一个充分理由："杀人犯、施暴者必须被除掉，不是为了证明人的自由，而是为了杜绝暴行的重演。"[13]

西蒙娜·德·波伏瓦依然认为，根据一个人基于自由的行为做出评判是日常道德的基础。这同样适用于她，她基于自由的行为也会受到评判。因此，她决定为娜塔莉·索罗金筹钱。娜塔莉结识了美国士兵伊万·莫法特 (Ivan Moffat)，怀上了他的孩子，想和他一起去美国加利福尼亚 (Kalifornien)；西蒙娜还决定经常和博斯特去位于克利希 (Clichy) 博容医院 (Hôpital Beaujon) 看望身患严重肺疾的奥尔加。等奥尔加身体好转一些，博斯特打算跟她结婚。比安卡·比恩菲尔德患上了精神疾病，西蒙娜认为这是自己的失误。为躲避纳粹，比安卡可能躲进了格勒诺布尔山区，西蒙娜、萨特与她断绝联系让她深受打击。"她是我们唯一真正伤害过的人，"西蒙娜给萨特写道，"但是我们确实伤害了她。"[14]

西蒙娜现在还得照顾萨特，他从美国回来后不久就得了腮腺炎。萨特缠着绷带，脸上涂着医生开的黑色药膏，戴着尖顶睡帽，躺在露易丝安娜酒店的小房间里。这种病传染性很强，但他的朋友仍然去看他。如果萨特觉得太吵闹，西蒙娜还要负责赶人。每天西蒙娜都为他准备食物、书籍和杂志。萨特在美旅行期间，他的继父约瑟夫·曼西去世，母亲想和他一起租一间新的公寓。萨特一直住在酒店房间，但也并不是非住不可。他想试试资产阶级的居住方式，但是他反对资产阶级的态度并没有改变。

1946年5月，他和曼西夫人——再度寡居的母亲安妮–玛丽住进了波拿巴街（Rue Bonaparte）一套宽敞的公寓。萨特阅读量惊人，但此前从未拥有一本书，因为他不想拥有任何东西，他在搬进公寓后布置了一个小型图书馆。客厅里有一架钢琴供他演奏，他甚至有了一个秘书，那就是年轻的让·考（Jean Cau）。考曾经拜托萨特帮他找一份工作以支持学业。"那你就做我的秘书吧。"萨特对他说。考对秘书工作毫无头绪，但最终也算让萨特混乱的生活稍有秩序，让他得以从烦琐的事务中解放出来。考接听所有来电，推掉那些急切的记者和求见者，使得萨特可以将原本接电话的时间用来泡澡放松。萨特极为慷慨，有时身无分文，这时他就必须出门赚钱。[15]著作、文章和讲座让他收入颇丰，但对他来说，钱就是用来花的。他的口袋里总是有一沓钞票，过不了多久就空空如也。他在日记中写道，没花完的钱让他感到厌恶，他觉得有必要"像手榴弹一样扔掉"[16]，和朋友吃饭时他总是埋单，大方地给小费，支付万达的医疗费，帮博斯特偿还欠税。

　　资助他的"海狸"西蒙娜更是理所当然的事情。西蒙娜辞去了电台的工作，她已经得到平反，可以再次从事教师工作。但是她并不想重操旧业，而是想以自由作家的身份生活。收入拮据时，她会接受萨特的资助，尽管她认为独立始于钱包。随着她的著作畅销、名气与日俱增，可以预见在不久的将来她就不再需要萨特的资助了。每天下午，开完《现代》的编辑会议，她就来到萨特的公寓，把桥牌桌当作办公桌，创作新的小说。这部小说有别于她之前的作品，讲的是一个长生不老的人几个世纪的遭遇。夏天，西蒙娜和萨特受邀前往瑞士和意大利参加作品诵读和演讲，她希望在出发前可以完成这部小说。

　　西蒙娜有望踏上一场自己原本不敢奢望的旅行。她最近在花神咖啡馆结识了作家菲利普·苏波（Philippe Soupault），他和妻子在美国生活了很长时间，想为她在美国组织一次巡回演讲。美国人似乎相当渴望了解存在主义，就像萨特说的，他们对存在主义总是有最冒险的想法。在瑞士，萨特和西蒙娜也遇到了一些人，他们认为存在主义是一种非常危险的学说，因为一切得到允许。有位女士无法理解，萨特是个能说会道的体面人，怎么会写出这么"可怕的东西"。[17]

西蒙娜·德·波伏瓦早已听够了对存在主义的种种偏见，她认为这些偏见都是基于一种误解，即认为存在主义宣扬的是一种无道德的无政府主义，因为它声称人被抛入世界之中，没有可以遵循的客观价值。但是这些持有偏见的人忽视的是，存在主义认为，每个人都必须自己创造客观价值，从而为自己和他人承担起艰巨的责任。有人指责存在主义将人推向绝望、否定爱和团结等价值、宣扬利己主义，西蒙娜在《现代》上发表檄文一一驳斥。[18]

在文章中，她给那些声称存在主义伤风败俗的所谓"正派人士"递上一面镜子，照出他们虚伪、悲观、刻薄的真实面目。在西蒙娜看来，这些道德的卫道士不断要求人们高尚善良，但当他们不信赖人们的真实情感或无私态度时，又会转头援引自己的经验。碰到一对恋人，他们就猜测其背后的自私目的、盲目性或混乱情欲。他们认为男人和女人之间不可能有真诚的友谊，因为在他们看来，女人不坚定，男人太好色。他们在圣人和英雄身上寻找隐蔽的缺点和恶习。而当事实证明某人刻意撒谎、充满恶意和利欲熏心时，他们却乐于用一句智慧格言表达谅解："人之常情！"

西蒙娜维护的存在主义拒绝这种"民间智慧"。存在主义认为，人最初什么也不是，以后成为何种人全靠自己发展。从这层意义上来说，人是自由的。人既非善也非恶，如果他愿意，可以自由选择从善或从恶。西蒙娜认为，存在主义遭到抵制的真正原因是：存在主义要求人们在任何处境、每时每刻对自己的生活负责。这就意味着恒久努力，但是由于惰性，人们只想逃避这种努力。他们宁愿放弃自由，重拾习惯，并援引所谓的生活智慧。对西蒙娜来说，这也是一种绝望，一种"舒适惬意"的绝望，所以更加具有诱惑性。[19]

菲利普·苏波遵守承诺，西蒙娜的美国之旅得以成行。她满怀期待，只是一想到四个月见不到萨特，她还是稍有焦虑。在得知多洛雷斯·瓦内蒂在她不在的这段时间会来巴黎后，她更加焦虑不安。萨特从美国回来后曾告诉她，他和多洛雷斯相处得很好，他们一定会再次见面。这是西蒙娜第一次害怕另一个女人在萨特心中的位置高于她。在一次赴约的路上，她再也忍不住了，直截了当地问萨特对谁的感情更深，是多洛雷斯还是她。"我无比迷恋多洛雷斯，"萨特简短地回答，"但我与你在一起。"后来他解释说，他不想长篇大论，厌恶空话，只想说明事实。他认为事实就是他和西蒙娜在一起。西蒙娜相信了他。[20]

1947年1月24日，飞机降落在纽约拉瓜迪亚 (La Guardia) 机场。在飞机上，西蒙娜就被一直延伸到地平线的绿色、蓝色和红色的灯光海洋所吸引。这让她想起了商店橱窗里的糖果甜点——她的儿时至爱。她乘坐豪华轿车穿越街道前往酒店，路上她决心"用我的手，用我的眼睛，用我的嘴"[21]来了解这个城市。第一天，她想独自探索这个城市，没有安排与任何人见面。她就像之前在山里强行军一样，穿过百老汇大道，穿梭于华尔街、中国人和犹太人的居住区，乘船去看自由女神像，顺着禁止行人通行的公路走下去。她在给萨特的信中说："我的天啊，我太爱纽约了！"[22]

她好奇于一切新鲜事物：巨大的霓虹灯招牌、药店、酒吧，高架路、高耸入云的摩天大楼、平稳的豪华轿车，还有衣着优雅、踩着高跟鞋的女性。看着自己的橡胶平底鞋，西蒙娜有点抬不起头。为了不再重复刚到葡萄牙时不得不换装的尴尬经历，她在巴黎买了一条别致的黑色礼服。她哭着对萨特说："这是我的第一次妥协。"[23]她给采访记者留下了难忘的深刻的印象。《纽约客》(New Yorker) 的记者们惊讶地发现，西蒙娜与他们想象中的萨特的智力伴侣截然不同，他们在文章中写道，她是"人们所见过的最漂亮的存在主义者，而且求知若渴、亲切友好、谦逊朴素"。[24]

在接下来的日子里，西蒙娜广结朋友。她还看望了老朋友斯特帕，斯特帕和她的丈夫费尔南多以及他们的儿子

蒂托 (Tito) 在纽约生活了六年之久。西蒙娜拜托斯特帕安排与多洛雷斯会面。她想亲眼看看这个到目前为止只有耳闻的女人。斯特帕不情愿地答应了，安排两人见了几次面。多洛雷斯即将前往巴黎看望萨特，可想而知，会面气氛微妙紧张。很难说多洛雷斯给西蒙娜留下了何种印象，西蒙娜在给萨特的信中说，她觉得多洛雷斯"不错"，"只是有点过于女性化"。[25]

西蒙娜绝不可能过于"女性化"。她与左翼杂志《党派评论》(*Partisan Review*) 的代表进行了激烈的争论。受邀参加鸡尾酒会时，她毫无魅力可言，也无心闲聊。在玛丽·古根海姆 (Mary Guggenheim) 家的一个晚上，西蒙娜处处都表现出对古根海姆精神分析的不耐烦。只有当他们聊到西蒙娜接下来的芝加哥（Chicago）之行时，她才集中起注意力。古根海姆给了她一个在芝加哥的作家的电话号码，她到时可以联系。这个作家的名字是纳尔逊·艾格林。

西蒙娜途经罗切斯特（Rochester）和布法罗（Buffalo），绕道参观尼亚加拉瀑布，终于在1947年2月21日来到了严寒的芝加哥。她在芝加哥仅停留36个小时，然后就要前往加利福尼亚。她打算在正式日程之外，深入了解这座城市。当晚，她鼓起勇气拨了古根海姆给她的号码。她的英语还不错，但是带着很重的口音。一个男人接了电话，语调生硬："打错了！"然后就挂断了电话。[26]

第十二章　爱情的各种面貌

西蒙娜·德·波伏瓦出发前往美国时，刚巧遭受双重打击。《女宾》大获成功之后，她的戏剧作品却惨淡收场，新小说《人都是要死的》(*Tous les hommes sontmortels*) 也遭到评论家的抨击。相比较而言，西蒙娜更容易接受戏剧的失败，她自己对那部作品也不太满意，而小说遭到抨击让她难以接受。评论家们原本期待这部小说包含哲学思想，没想到却是一个英雄冒险故事，主人公名叫福斯卡 (Foska)，时间跨度从中世纪到现在。西蒙娜非常想写一部哲学小说，但不只是阐明一种观点，哲学本身是抽象的。西蒙娜认为，小说应该让读者以生动形象的方式收获哲学体验，这种体验包含于书中人物的经历之中。[1]

《人都是要死的》主人公福斯卡从一个乞丐手里得到了不死药水，从而长生不老。他经历了几个世纪的战争、灾难、革命和发现。他最初振兴世界的雄心壮志不再，反而陷入了深深的冷漠和悲观。历史不断重演，一切都无关紧要，毫无意义可言。福斯卡失去了爱的能力，没有任何事物、任何人能对他有所触动。他的生命不死，却如同行尸走肉。他在各个时代遇到的人都会死去，但是生命的终结却让生命有了重量，变得独特而有价值，即使生命中不乏艰难困苦。死亡摧毁了生命，同时也赋予了它价值。小说中，福斯卡的一个同伴说："在我眼里，生而为人是一件了不起的事，此生足矣。人的生存，甚至死亡，都意义非凡。"[2]

对福斯卡来说，不死之身是一种诅咒；他毒害了身边的每个人，尤其是女人。不死之身贯穿整部小说，不仅仅是文学创作和不切实际的幻想，更是一种凡人可以接纳的生活态度，即西蒙娜所说的"形而上学的态度"："从外部"[3]或"从全局"看待人生，而不是落入其中并接受人生的有限。这种对人生的疏离可以通过多种方式表现——利用抽象的语言，或者通过人生经历，或者寻求某种意识形态、阴谋理论的庇护。

作为作者，西蒙娜不愿意在小说中显露个人意图。但在其他作品中，她清楚地表达了个人喜好。她在美国之行回忆录的开篇写道："我喜欢体感的愉悦、四季的色彩、散步、友情、闲聊、交友、感知。"[4]

西蒙娜第三次拨通了电话，终有所获，电话那头的男人没有挂断电话，而是听完了西蒙娜的话。男人明白了西蒙娜想约他在酒店见面，接头暗号就是她胳膊下夹着的一本杂志。纳尔逊·艾格林不知道这个操着浓重口音的女人有何意图，但还是答应了。他来到芝加哥最华丽的酒店门口，想偷偷地看一眼这个约他的陌生女人，如果他不喜欢，就马上离开。西蒙娜是他喜欢的类型，于是他们很快就在酒店的咖啡馆里相对而坐：一个高高瘦瘦、穿着皮马甲的年近38岁的男人和一个比他大一岁的娇小女人，面容姣好，蓝眼睛，扎着头巾。西蒙娜口若悬河，艾格林以前从未听说过她的名字，以为她是一名法语教师。他大概听懂了她的意思，至少明白她不只想看这个城市表面的浮华，还想看到面具之下的芝加哥。西蒙娜找对了人。[5]

有芬兰和犹太血统的纳尔逊·艾格林在芝加哥长大，基本没有离开过这座城市。完成学业后，他在美国南部待了一年，为了维持生计做过各种工作。他想写下自己的经历，于是偷了一台打字机，并为此在监狱中服刑几个月。战争期间，他曾前往德国、法国作战。战后，他住在芝加哥的移民、工人聚集区。居住环境给他提供了创作源泉，他已经出版了两本书，第三本也即将出版。

艾格林带她去了昏暗的酒吧、声名狼藉的夜总会、爵士酒吧和脱衣舞俱乐部，还带她看了所谓的"廉价旅馆"(flop houses)，即无家可归人的过夜住处。艾格林对这些地方熟门熟路，他认识这里的不少人——流浪汉、吸毒者、扒手，他说这些人的人生终将走向堕落或监狱。[6]面对这一切，西蒙娜没有惊慌失措，反而非常感谢艾格林为她带路，这让艾格林颇为惊喜。他在送西蒙娜上回酒店的出租车时，笨拙地吻了她，他们约定第二天见面。

"他富有同情心，充满智慧，很有人情味。"西蒙娜一周后给萨特写道。[7]

西蒙娜更想和艾格林一起度过在芝加哥仅剩的时间。可是她已受邀参加法国文化协会举行的晚宴，这让她懊恼不已。按照日程，西蒙娜将参加城市参观项目，这让她倍感无聊。日程结束后，主办方用豪华轿车把她送到波兰裔社区。这辆豪车停在西瓦班西亚大道（West Wabansia Avenue）的一栋破败小屋前。西蒙娜沿着木制的室外楼梯上楼，敲响了一扇玻璃门。她在巴黎的酒店房间也很简陋，但仍然比艾格林住的小屋要舒服。他那里除了一个客厅兼厨房，只有一个小小的卧室。屋中的陈设也非常简陋：一个木制的炉子，一张放着打字机的桌子，几把摇摇欲坠的椅子，书籍，一台唱片机，墙上挂着凡·高（Van Gogh）的画作《黄椅子》的复制品。没有浴室，只有一个洗手池。

艾格林带她参观这个社区。除了仓库、冒烟的垃圾堆和高架路的巨型混凝土支柱，这里没有什么可看的。他们冒着寒风跑到一家酒吧，喝着伏特加酒，艾格林向西蒙娜讲述了过去在这一带为非作歹的黑帮的故事。当他们在出租车前告别时，艾格林给了西蒙娜一个长长的拥抱。他们知道，可能这辈子都不会再见到对方。几个小时后，西蒙娜坐在了开往加利福尼亚的略显狭窄的卧铺车厢里。她在车上阅读艾格林送给她的一本书，并给他写了一封信说她非常喜欢这本书。"……我也很喜欢你。"她补充说。[8]

在漫长的旅程中，窗外的风景不断变化。迎面而来的不是白雪皑皑的田野，而是沙漠般的地貌，伴有起伏的红色山脉，随后是一望无际的橙子种植园。娜塔莉·索罗金来到洛杉矶 (Los Angeles) 车站接她。战后，娜塔莉跟随她的丈夫伊万·莫法特来到加利福尼亚，他们有了一个小女儿洛玛 (Loma)，莫法特在好莱坞的一家电影公司担任制片人。西蒙娜住在位于韦斯特伍德 (Westwood) 的娜塔莉家中。娜塔莉送她去伯克利 (Berkeley) 和米尔斯学院 (Mills College) 做报告，其间，她们沿着西海岸自驾长途旅行并进入内陆的死亡谷和拉斯维加斯 (Las Vegas)。娜塔莉还想陪西蒙娜到南方巡回演讲，然后回到纽约。为此，她与丈夫发生争执，丈夫不希望她离开这么长时间，但是娜塔莉执意如此。西蒙娜很高兴有娜塔莉做伴，于是，把酒言欢的欢送会后，西蒙娜和娜塔莉于3月15日登上了一辆灰狗巴士。

西蒙娜带着一箱书，在旅途中阅读，包括美国现代文学和纪实文学。但是，她通过书籍、电影了解到的关于这个国家的一切都不如实景带来的震撼[9]。站在科罗拉多大峡谷边，穿梭在新墨西哥州的沙漠和城市中，她切身体验到了风景的壮丽和现实世界的魅力。在西蒙娜看来，如果只是游客式游览，是不会感受到这种魅力的。她在一本描述美国之行的书中写道："如果你不为风景尽心，风景也会对你避而不见。"[10]西蒙娜尽心寻觅风景，但是在弗吉尼亚州（Virginia）威廉斯堡（Williamsburg）这样的地方，实在难以觅得。威廉斯堡具有美国建国时期风格，在西蒙娜看来，这座城市就像一个假的戏剧布景。每到一个地方，她都非常喜欢与当地人、出租车司机、学生和艺术家交谈，她总是会寻找这个地方的"灵魂"，但是有时不得不承认，有些地方是没有灵魂的，比如休斯敦（Houston）。

美国南部则以别样的方式令西蒙娜震惊，她在那里第一次看到禁止黑人进入某些商店和场所的标志。她和娜塔莉漫步在城市中，每时每刻都能感受到白人对黑人的仇恨和恐惧。公交车上也能看到种族隔离现象：当一个怀孕的黑人妇女晕倒时，其他白人乘客只会取笑。西蒙娜和娜塔莉根本不顾种族主义规定，在新奥尔良（New Orleans），她们去了禁止白人进入的夜总会，并与三位黑人爵士乐手成为朋友。西蒙娜认为，美国社会的"困境"在于，平等和自由得到宪法的保障，而与此同时，黑人却受到公然歧视。在她看来，美国人厌恶负罪感，所以他们发明了各种理论来证明黑人天生或由上天决定低人一等，于是这种早已存在并一直延续的不平等就不是他们的责任了。

　　她们经过里士满（Richmond），回到纽约。西蒙娜有种回家的感觉，一到林肯酒店（Hotel Lincoln），她就马上给所有她认识、关心的人打电话。她特别喜欢理查德·赖特（Richard Wright）和艾伦·赖特（Ellen Wright）夫妇。理查德是非裔美国作家，他的半自传体小说《土生子》（Native son）大获成功。因为与白人女性结婚，所以他经常受到种族主义者的攻击。这也是他和艾伦考虑移民巴黎的原因。理查德带西蒙娜来到黑人区的一个教堂，那里正在举行礼拜——福音音乐、欢呼哭泣的人们，这与她童年时的记忆截然不同。赖特向大家介绍了西蒙娜，然后她当场做了简短的演讲。

　　她给萨特写了长篇书信，描述了她在美国所经历的一切。每天各种谈话会面，日子过得非常充实，她有时甚至不想睡觉。在聚会上，她总是坚持到最后的那一批。窗外已经破晓，她睡上几个小时后就马不停蹄地奔赴下一场约会。一个星期下来，她被各种场合和威士忌弄得疲惫不堪。她庆幸能离开纽约几天稍作休整，到周边的女子学院进行演讲。西蒙娜在她的旅途中结识了许多女性。美国女性曾经是她心目中自由和独立的化身，而当她发现大多数美国女性的人生目标就是物色男人后，她倍感失望。女大学生也不例外。她在回忆录中写道："我注意到，这里的女大学生们满心只想着找男人，而且这里对单身状态的偏见其至甚于欧洲。"[11]

西蒙娜的美国之行即将结束，许多知名人士出席了她的告别宴会，包括作曲家库尔特·魏尔（Kurt Weill）、明星建筑师勒·柯布西耶（Le Corbusier）和查理·卓别林（Charlie Chaplin）。她在一场谈话中得知卓别林也算是存在主义者。西蒙娜爱上了纽约，但她也渴望回到巴黎。分开的日子里，萨特给她写情意绵绵的信件，她迫不及待想见到萨特。她唯一的愿望是与萨特独处，和他度过一段二人世界。临行前一周，她收到一封电报，萨特请她推迟回国的时间，她很受打击，以泪洗面。他给出的理由是多洛雷斯。显然，多洛雷斯不想离开巴黎。西蒙娜将回程航班推迟了一周，并让萨特在这段时间把事情解决。

西蒙娜有种被驱逐的感觉，现在她一点也不想见人或者与人深入对话，她需要的是一个能与她独处的人，只为她而来。也许是为了追求心理平衡或者对萨特进行小小的报复，西蒙娜打电话给纳尔逊·艾格林，问他能否来芝加哥。他同意了。西蒙娜在给萨特的信中写道："周六，我将飞往芝加哥待三天，换换心情。这两个月里，我的芝加哥情郎一直恳求我回去，我相信会度过一段美好的时光。"[12]

两天后，西蒙娜坐在芝加哥的机场，等待艾格林来接她。她等了很久，久到已经开始觉得自己来芝加哥简直是愚蠢透顶。这时，艾格林突然出现了。他身着西装，笨拙地亲吻了一下西蒙娜的脸颊，她反射性地用手帕擦了擦脸。这是她成长过程中遗留的习惯，幼年接受的教育告诉她，不能在公共场合亲吻。这让原本就局促不安的艾格林更加尴尬，两人都变得手足无措。艾格林建议去动物园，西蒙娜差点笑了出来。他带她进城，见了他的朋友，最后他们来到一个酒吧玩骰子，但这并不是她想象中重逢的样子。疲惫沮丧的西蒙娜请艾格林帮她找一个酒店房间，暗暗却希望艾格林能带她一起回家，但是艾格林终究没有说出那句话。他友好却疏远。

艾格林在《纽约时报》(New York Times) 上读到一篇关于西蒙娜的文章，现在知道他面对的不是一名老师，而是一位著名作家。西蒙娜不为声名所累，只想被他当作一个女人。但艾格林没有放下矜持的迹象。当他们招手叫出租车把西蒙娜送到旅馆时，他才突然把她抱在怀里，疯狂地亲吻她。不久之后，他们就躺在艾格林位于瓦班西亚大道小屋的床上，盖着"墨西哥毯子"。两人再没离开过这间"瓦班西亚小巢"。

三天后，西蒙娜要返回纽约，她劝说艾格林与她同行。艾格林从未离开过芝加哥，为了和她在一起，甚至克服了飞行恐惧。对艾格林来说，纽约是个陌生的城市，西蒙娜带他参观，并把他介绍给朋友。她称他为"我的芝加哥男人"或"鳄鱼"，因为艾格林总是咧嘴大笑。他叫她"青蛙"，因为美国人称呼法国人为"吃青蛙的人"，或者叫她"我的小高卢人儿"[01]。西蒙娜手上戴着艾格林在"瓦班西亚小巢"送给她的廉价墨西哥戒指，她向他保证，她绝不会摘下这枚戒指。

分别时刻来临，西蒙娜不想让艾格林到机场送她。在出租车上，她泣如雨下，连出租车司机都不禁安慰她。艾格林送给她一本他的书《黎明不再来》(*Never Come Morning*)，让她上了飞机再打开。她打开后发现里面有一首献给她的诗。在纽芬兰岛中途停留期间，她给她心爱的"乡村男孩"写信："当你回到我们的小家时，我会在那里，藏在床下，无处不在。现在我将永远伴你左右，在芝加哥悲伤的街道上，在高架路下，在孤独的房间里。我在你身边，我的爱人，正如一个女人陪伴她心爱的男人。我们不会醒来，因为这不是一个梦；这是一段精彩的真实故事，故事才刚刚开始。"[13]

萨特没办法像西蒙娜期待的那样迎接她，多洛雷

---

01 高卢是指现今西欧的法国、比利时、意大利北部、荷兰南部、瑞士西部和德国莱茵河西岸一带。——译者注

斯·瓦内蒂还在巴黎，也没有要离开的打算。西蒙娜非常失望，她离开巴黎，搬到巴黎西部圣朗贝尔 (Saint-Lambert) 的一家旅馆，离皇家港口 (Port-Royal) 修道院不远。她想把在美国的经历写成一本书。一想到艾格林，她就心潮澎湃，她觉得自己简直要被恐惧和渴望折磨得发疯。然而，她想见识"爱情的各种面貌"[14]，包括悲伤、喜悦和痛苦。为了分散注意力，她采取了一种传统方式：她来到科西嘉岛 (Korsika)，翻山越岭，穿过常绿灌木林，直到精疲力竭。她带着一身晒伤和擦伤回到巴黎，但是萨特那边的情况没有任何变化。

萨特往返于圣朗贝尔的旅馆和巴黎之间，奔波于在"海狸"西蒙娜和多洛雷斯之间。他似乎注定摇摆不定，无论是私事还是政治。所谓的冷战已经开始，苏联人封锁了西柏林苏区，居民物资只能通过空中走廊运输。先前联合对抗纳粹德国的盟友美国和苏联，现在成为劲敌，第三次世界大战一触即发。

萨特既不赞成共产党人的主张，也不愿与美国人结盟，他走的是第三条道路——一个保持独立的社会主义欧洲。在巴黎，各团体之间爆发了激烈的争论。其中有一个名叫亚瑟·库斯勒 (Arthur Koestler) 的匈牙利犹太人，战后来到巴黎，他以前是共产党员，现在变成了狂热的反共者。他所到之处，讨论常以大打出手结束。他朝萨特扔了一个酒杯，而加缪还了他一个乌眼青。[15]

西蒙娜完全站在萨特这边。当他受到各方攻击时，西蒙娜挺身为他辩护。两人关系更加紧密。7月，多洛雷斯返回美国，临行时并没有排除回来的可能性。同时，西蒙娜陪同萨特到伦敦，他的戏剧《死无葬身之地》正在那里演出。西蒙娜从伦敦给艾格林写了长篇书信，讲述她的经历。她希望与艾格林分享彼此生活中的一切，正如她所写的那样，"我们的相知程度就如同我们的相爱程度"。[16]

对于西蒙娜而言，这种相知也包括艾格林要知道萨特对她意味着什么，巴黎对她意味着什么。令她不安的是，艾格林希望她在下次见面时能永远留在他身边。西蒙娜打算9月份去看他，但她不能留在他身边。她可以给他自己的爱，却不能把人生交给他。她被一个问题反复折磨："如果你不准备付出一切，那么付出一部分是对的吗？"[17]

1947年9月9日星期二，西蒙娜登上了前往芝加哥的飞机。她迫不及待地想再次见到艾格林，同时她又有一种不好的预感：重逢会不会再次燃起他的希望，而自己却无力实现？当她回到瓦班西亚小巢时，她的担忧很快烟消云散。艾格林温柔体贴，善解人意。他向她坦白说，他原本打算求婚，但现在他意识到，她离不开巴黎，正如他离不开芝加哥。他接受这种局面，能够与她在一起就很幸福。他们彼此承诺，不久后进行一次长途旅行，去往墨西哥和危地马拉（Guatemala）。西蒙娜只能在芝加哥待两周。在此期间，西蒙娜深入了解了这个城市和艾格林。回到巴黎后，她立即给艾格林写了一封信，正如她描述的那样，这封信"爱意满满，足以让飞机散架"[18]。

在芝加哥，她在意的只有艾格林，其他都无关紧要。在巴黎，她处于政治、艺术交锋的风口浪尖，有时她觉得写情书、太过看重个人感情很愚蠢，"世界广大，又是多事之秋"。[19]冷战期间，法国被夹在东西方两大阵营之间。因对国家未来走向无法达成一致，政府解体，1947年底爆发了大规模罢工。西蒙娜和萨特计划发表一份关于欧洲和战争的宣言。他们和《现代》其他成员得到了每周一次的广播讲话机会，时长一小时，矛头直指戴高乐主义。

在短暂退出政治舞台后，夏尔·戴高乐将军发起新运动——"法国人民联盟"（RPF），并在秋季大选中大获成功。萨特和他的战友们批判对戴高乐的个人崇拜以及戴高乐陈腐的保守价值观，抨击戴高乐转向美国以及他对印度支那联邦的殖民野心，妄图在那里重展法国实力。他们的声讨引发了愤慨和仇恨，尤其是针对自由社会主义的代表人物萨特。戴高乐的支持者诋毁他为"斯大林的雇佣兵"，共产党人则损他是"山姆大叔"(Uncle Sam)豢养的"谄媚的毒蛇"。萨特被恐吓信淹没，甚至有人把他的照片抹上粪便。起初，他很受挫。但他渐渐看到了"诋毁带来的有利面"[20]，这迫使他成为公众人物，学会与各种攻击共处，同时客观地捍卫自己的立场。

西蒙娜支持萨特，但无心涉足政治。她不想变成她小说中的福斯卡，只把人当作政治策略中的棋子，从而失去活在芸芸众生之中的能力。但无论是否愿意，她都被卷入了政治斗争中。一家杂志刊登了一张她的照片，照片上的她看起来顽固倔强。配文中说，西蒙娜才华横溢，但"充满敌意，冷酷无情"。[21]西蒙娜希望人们能看到她与纳尔逊·艾格林在芝加哥时的样子，如果他们读到她写给艾格林的信，不知又会作何感想。

她从小就知道，周围的人对她有一种刻板印象。仅仅因为她聪慧过人，而且没有天天换不同的衣服，人们就认为她很强硬、冷酷，没有女人味。而西蒙娜已经不再把一切都视为理所当然，总要弄清事物的来龙去脉。这就是为什么当朋友们建议她把自己作为一个女人来创作时，她敏感的神经立即绷了起来。这个想法在她脑海中挥之不去。起初她想写一篇短文，但越写越长。她连续多日埋首于图书馆，向她的女性朋友们打听她们的故事。

1948年初，她完成了《美国纪行》一书。她希望尽可能完成新书创作，以便轻松地开启与艾格林的旅程。她满怀期待地研究地图并收集她想和艾格林一起游览的国家的小册子。她开玩笑似的向艾格林提出了一个"协议"："我们把旅程时间分成两半，你负责晚上的日程（我听说你在这方面还不错），我会无条件服从；而我就负责白天的活动，你也要无条件服从，怎么样？"[22]

在与艾格林的旅行时光中，西蒙娜展现出性格的多面性。在巴黎，她是著名的作家、知识分子、政治活跃分子、未婚女性、萨特的伴侣和朋友圈子的中心人物。当她和艾格林在一起时，她只想做一个充满爱意和被爱的女人，她所渴望的正是这种充实感。在写给纳尔逊·艾格林的信中，她写道："我非常热爱生活，对于命中注定的死亡，我深恶痛绝。而且，我非常贪婪，想从人生中得到一切：我想成为一个女人，也想成为一个男人；我想广结朋友，也享受独处；我想做很多工作，多写好书，也想旅行和享受；我想自私，也想无私……你看，要得到我想要的一切并不容易。如果无法实现，我就会发疯般的愤怒……"[23]

第十三章　系统缺陷？或红葡萄酒和可口可乐

纳尔逊·艾格林是个不合群的人。他上一段婚姻仅仅维持了几年，前妻是个名叫阿曼达·康托维茨 (Amanda Kontowicz) 的年轻女子，从事电影行业。他结交广泛，但是没有几个能一起打扑克或去看赛马的朋友。在巴黎的咖啡馆、俱乐部，艺术家、作家比比皆是，但是芝加哥没有像巴黎那样热闹的社交、文化生活。艾格林对文化圈敬而远之，他也不愿意受邀参加主题为"小说未来"的辩论，而这场辩论会本来安排他与作家路易斯·布罗姆菲尔德 (Louis Bromfield) 对谈。他不喜欢这个作家，在这个作家口中，存在主义被描述为"虚无主义、宿命论、充满绝望的学说"。艾格林是个狂热的业余拳击手，如果他挥拳把布罗姆菲尔德打倒，西蒙娜·德·波伏瓦应该会拍掌叫好。在她眼里，布罗姆菲尔德"心胸狭窄，无聊透顶"[1]，对存在主义一无所知。同时，西蒙娜希望艾格林能真正理解存在主义。艾格林不愿学习法语，于是西蒙娜向他推荐了自己的一篇文章，其部分内容以英文发表在一家美国杂志上，题为《模糊性的道德》。

道德是模棱两可的，或者说是自相矛盾的，因为存在本身就具有双重意义。存在主义认为，这种双重意义在于，存在本身没有意义，但人们必须不断赋予它意义。生命在虚无主义者眼中毫无意义，对于存在主义者来说同样如此，但是不同之处在于，存在主义者试图为世界和自身寻找合理的解释，而且这种尝试具有可行性，因为人生而自由。我们不断为自己设定新的目标，赋予自己的行为以价值，以此对抗本无意义的存在。在这一层面上，匮乏转为收获，虚无主义转为对生命的肯定，失败转为成功。

一个人的自由如果与其他人捆绑，就会出现问题。如果他人的目标与我相悖，甚至给我带来威胁，那该如何是好？我的自由在何处终结？他人的自由又起于何处？当一个人处于爱情中，情况就会更加复杂。西蒙娜曾发问："究竟何为爱他人？"她认为，爱意味着想要参与对方的自由，支持对方的目标，但并不意味着一味依照对方的意愿行事。比如，为了防止他毁掉自己的自由，我可能不得不阻止他的行为，例如让他戒掉酒瘾或毒瘾。正因为我爱他，所以我要对他的健康、幸福负责，必要时提出反对意见。"我越是认真对待责任，就越有理由解释我态度的坚定。因此，爱能够让一个人毫不犹豫地放下冷漠。"西蒙娜总是对周围的人极为苛刻，正是出于爱的原因，这也是她所说的存在的"悲剧性矛盾"的一部分。[2]

西蒙娜和艾格林要共同旅行四个月。在此期间，多洛雷斯·瓦内蒂本来要来巴黎找萨特。但在西蒙娜出发前不久，多洛雷斯取消了计划，她受够了只能和萨特度过有限的时间：她想要萨特的全部，否则就彻底放弃。多洛雷斯的决定打乱了西蒙娜的计划。她好像突然没有理由与艾格林一起长途旅行了。多洛雷斯退出后，她将独占萨特。萨特有剧本创作任务，离不开西蒙娜的协助。西蒙娜自己也正在写一本关于女性的书，旅行计划会让这本书的创作长期搁置。而且，她和艾格林毕竟认识时间不长，两人长时间待在一起好吗？西蒙娜决定将旅行时间缩短为两个月，但她怎么告诉艾格林呢？

在芝加哥，西蒙娜的忧虑似乎得到了印证。艾格林坚持带她去见一帮吸毒的瘾君子，但是西蒙娜百思不得其解，她与这些人八竿子也打不着。旅行开始后，情况才有所好转。西蒙娜还没鼓起勇气告诉艾格林她的新计划。在辛辛那提(Cincinnati)，他们登上一艘汽船，沿着密西西比河航行。他们在日记中记录他们的感受和短评。有一天，西蒙娜在日记中写下"艾格林很调皮"，第二天艾格林在日记中回了一句："她才很调皮。"[3]艾格林买了一台相机，每次按下快门时，他都高兴得像个孩子。后来他们才发现，其实并未真正拍下一张照片。他们从新奥尔良飞往墨西哥和危地马拉，参观了玛雅人的废墟和印第安人后裔的破败茅舍。

在从墨西哥城(Mexico City)到莫雷利亚(Morelia)的长途汽

车上，西蒙娜终于鼓起勇气，好似漫不经心地告诉艾格林，她7月中旬就得返回巴黎。艾格林只回了一句："好吧。"[4]西蒙娜以为艾格林并不在意，然而她错了。艾格林的情绪越发低落，没有心情再去看什么废墟、教堂，西蒙娜只得独自参观。而当两人在一起时，他迈开长腿，甩开一段很远的距离。最后，他们飞回纽约，天气热得要命。艾格林的情绪没有转好，他们之间的气氛沉闷压抑，西蒙娜建议他第二天就飞回芝加哥。让西蒙娜震惊不已的是，艾格林当场向她求婚。现在她终于明白艾格林受到了多大的伤害。他从未也绝不满足于充当西蒙娜的临时情人，他一直希望西蒙娜留在他身边，他想要的超出了西蒙娜所能给予的。

在飞机上，西蒙娜心神不宁。她不知道能否再见到艾格林。经过这段旅行，尤其是那些艰难的日子，她终于承认，她不可能割舍以前的生活。即使没有萨特，她也不会离开巴黎，那是她生活的地方。而且，艾格林把两人的关系看作一段艳遇，这让她无法忍受。一方面，她从来没有这样想过，虽然她不能为艾格林放弃自己原本的生活，但并不意味着她没有投入强烈的感情。另一方面，她扪心自问，对萨特的依恋是否强烈到能以牺牲他人为代价，她和萨特之间的关系是不是存在"缺陷"。[5]回家后，西蒙娜后悔缩短了行程。她发电报问艾格林是否可以再去看他。艾格林的回答很简短:"不行,工作繁忙。"[6]在回到位于波兰裔社区的小屋后,艾格林开始创作新小说。正是凭借这部小说,他实现了突破。小说名为《金臂人》(Der Mann mit dem goldenen Arm),后来还被搬上银幕,由法兰克·辛纳屈(Frank Sinatra)主演。

1948年秋天,西蒙娜和萨特再次到阿尔及尔待了几周。艾格林杳无音信,西蒙娜继续给他写信,似乎要向他展示自己的世界,以此证明她与这个世界的密不可分。她向他讲述了在父母家度过的黯淡童年、扎扎的故事、她对雅克的迷恋、辛勤的求学岁月以及困苦的战争时期。她还向他描述了她的朋友们:奥尔加、博斯特、万达、比安卡、西蒙娜·约利维、贾科梅蒂、阿尔贝·加缪,那时加缪的新小说《瘟疫》正为人津津乐道。西蒙娜还告诉艾格林,巴黎新兴起一个波西米亚群体。他们的生活方式遵循存在主义,男人蓄须,穿着蓝色牛仔裤,女人穿宽松裙子和平底鞋。他们喜欢爵士乐,阅读加缪、萨特和西蒙娜的书。他们常常出没于位于多芬纳大街(Rue Dauphine)的乐拓博(Le Tabo)酒吧,酒吧在一个拱形地窖里,需要爬上一个陡峭的木梯才能到达。每天晚上,西蒙娜的朋友鲍里斯·维安(Boris Vian)都会和他的乐队(Les Grrr)一起演奏。这家地窖酒吧的明星是个有一头黑色蓬松头发的年轻女孩，身着深色长裤、黑色毛衣。她叫朱丽叶·格雷科 (Juliette Greco)，她的外形、声音和歌曲成为存在主义生活态度的标志。然而，巴黎的市民阶层错愕不已。"这些可怜的年轻存在主义者，"记者罗伯特·雅克 (Robert Jacques) 写道，"他们在地窖里喝酒、跳舞和做爱，荒废人生，直到原子弹有朝一日扔到巴黎上空，他们却心理扭曲地隐隐渴望着这一天的到来。"[7]

对原子弹的恐惧无处不在。美国人在日本的广岛 (Hiroshima) 和长崎 (Nagasaki) 两座城市投下原子弹，让世界陷入惊恐的旋涡。人们担心，一场大国之间的新战争将通过核武器在欧洲爆发。如果巴黎没有被摧毁，就会被苏联占领。以亚瑟·库斯勒为代表的部分人坚信，几个月后苏联军队将入侵法国。西蒙娜的朋友们也在认真考虑，千钧一发时可以移民到哪个国家，但并没有考虑出什么结果。事实上，除了巴黎，大家想不出还能在什么地方生活。

西蒙娜自认为不是一个特别勇敢的人，对于终将到来的死亡反感不已。但她也不会陷入对死亡的恐惧之中，对她来说，自信地面对一个开放的未来是自由生活的重要组成部分。她现在有充分的理由保持乐观。艾格林来信了，字里行间让西蒙娜重燃再次见面的希望。西蒙娜告诉他，在酒店房间住了很多年后，她搬进了自己的公寓，公寓位于阿拉伯人聚集的拉丁区的一栋房子的五层。就像当年她搬出父母家，搬入外祖母家有了自己的房间一样，她现在仿佛又找到了当年的兴奋和快乐。这间小阁楼没有浴室，下雨时还会漏雨，但从一扇窗户可以看到塞纳河和圣母院的美妙景色。从另一扇窗户向外望去，是狭窄的迪皮特朗街（Rue de la Bûcherie），那里总是熙熙攘攘，喧闹声不绝于耳。公寓里全天都能听到街对面的阿米斯咖啡馆的音乐声，有时还有阿尔及利亚客人的打斗声。流浪汉坐在人行道上喝着红酒，成群结队的猫在屋顶上游荡。

在新家的墙壁和屋顶横梁上，西蒙娜挂上了她从墨西哥和危地马拉带回来的彩色物件。桌子上有一瓶艾格林送给她的威士忌，藏在一袋面粉里才带回来，另外还有书籍、巧克力和玉米罐头。艾格林写了长篇书信解释自己在旅途中情绪失控的原因：当西蒙娜说必须提前返回巴黎时，他突然意识到自己的处境，痛苦无比。西蒙娜要回到她的众多朋友身边，在那里她有充实的生活。而他则要回到空空荡荡的房间，与打字机为伴。他觉得自己的生活仿佛陷入一个"陷阱"，即使是与女人的短暂交往也无法拯救他。他写道，他一直想要的是"与我的妻子，甚至和我的孩子安居在哪怕一个小角落"。西蒙娜让他看到实现这个梦想的可能性，但他后来意识到，他不可能在西蒙娜身上实现这个梦想。艾格林在信中写道："现在我才知道当时的我是多么愚蠢，大洋彼岸的臂弯无法给予我温暖。"[8]

说来也怪，自从艾格林认清现实后，他重新发现自己对西蒙娜的感情是如此之深，足以让他乘船远渡重洋，到巴黎找她。西蒙娜听到这个消息欣喜若狂。"今晚太值得疯狂一把了，"她在回信中写道，"顶多再过四五个月，你就能躺在我给你写信的这张床上了。"[9]她希望到那时能完成她的新书，这样她就能彻底全身心地陪伴艾格林了。

她一边焦急地等待"心爱的外地男孩"，一边疯狂地写书，奇迹般地在几个月内读完堆积如山的书并写下数百页《第二性》(*Le deuxième sexe*) 的书稿。《现代》发表了该书部分节选，之后，在1949年1月，她把第一部分书稿给了伽利玛出版社，交付印刷。在书中，她提出了一个基本问题："什么是女人？"在这一问题常见的回答中，她发现了一个循环论证，而在讨论美国种族主义问题时也曾出现过同样的情况，即让黑人擦鞋的美国白人认为，黑人除了擦鞋之外什么都不会做。换句话说，他们出于个人利益而人为导致的局面却被粉饰成自然发展的必要或神圣意志，不可动摇。西蒙娜在谈到"永恒的女性特质"或一个女人必须具备的女性特质时，也进行了类似的推断。存在主义特别适合于揭露这些谬误，那些表面上无可争议的事实其实是人为炮制的。西蒙娜写道："存在即成为。"具体到她这本书来说就是："人非生而为女人，而是成为女人。"[10]

西蒙娜援引各民族的神话、宗教、文化以证明人们总是从对立角度思考问题，如白昼对黑夜、善对恶、上帝对魔鬼。在不同人群眼中，这些对立面的重要性不尽相同，有些对立面必不可少，有些则无关紧要，一个群体以此与其他群体区别开来。一个地区的原住民通过与陌生人、非族群成员、其他人的区分来建立自我认识。如果有人离开这个原住地，就会发现对于其他地方的原住民来说，他是个陌生人。或者如卡尔·瓦伦汀 (Karl Valentin) 所说："异国他乡只是对那个异乡人是陌生的。"

根据西蒙娜的说法，这种可变模式首先体现于两性关系中：男人被视为本质，女人被视为次要的非本质。男人的定位不言而喻，但是女人的定位取决于与男人的关系。在与男性的讨论中，西蒙娜常受到指责。男性认为这是女人才有的想法，一个男人绝不会想到利用性别来辩解。当然，这是男人把自身想法作为衡量他人的标准。对于种种诘难，西蒙娜·德·波伏瓦的回答是："我的观点如此，因为事实如此。"[11]她在书中探讨了处于次要地位的"女性神话"如何被文学强化，如何影响女性对性、婚姻、爱情和工作的态度以及那个时代女性的日常体验。

西蒙娜无法在艾格林到巴黎前完成这本书的创作。她写信给艾格林说，等他来到巴黎，两人一起躺在她的床上时，她还会继续工作。1949年5月11日，她在巴黎圣拉扎尔车站 (Saint-Lazare) 等他，但没有接到。回到公寓后，她突然听到街上传来一阵巨响。她向窗外看去，只见艾格林站在那里，身边堆着大包小包的行李。西蒙娜当然不会让艾格林留宿宾馆，于是带他来到自己的公寓，她将其命名为"迪皮特朗–波伏瓦酒店"。为了迎接艾格林，她把房间装饰一新，挂上红色的窗帘和毕加索、图卢兹·劳特累克 (Toulouse-Lautrec)、凡·高的画作。

艾格林无法与西蒙娜独处，她的"小家庭"对这位送西蒙娜戒指的美国朋友充满好奇。很快，艾格林就在花神咖啡馆里被男男女女包围，来自四面八方的言语将他淹没，可他一个字都听不懂。米歇尔·维安 (Michelle Vian) ——鲍里斯·维安的妻子，为艾格林翻译了所有问题和他的回答。梅洛–庞蒂、米歇尔·莱里斯、阿尔贝托·贾科梅蒂、阿尔贝·加缪、雷蒙·格诺、马塞尔·穆鲁基、西蒙娜·约利维——所有人都非常喜欢艾格林，同时也对他把红酒和可口可乐混在一起的习惯感到不解。奥尔加大睁双眼听他讲述芝加哥黑帮令人发指的故事，艾格林还颇为自豪地讲述了自己在法国当兵时的英勇事迹，博斯特讽刺他是"勇敢的美国人"。对于与萨特的会面，艾格林怀着复杂的心情。毕竟，他曾经把他描述成一个斜眼、衣冠不整的"侏儒"，女人们却莫名其妙地扑向他，就像扑向加利·格兰特（Gary Grant）一样。听到这种描述，萨特大笑起来。如今，萨特像迎接老朋友般欢迎高他两头的艾格林，并在附近的咖啡馆与他长谈。[12]

西蒙娜希望艾格林能了解巴黎的全貌，她带他参观博物馆、市场、她最喜欢的地方、公园、地窖酒吧、卡巴莱。当他们坐在咖啡馆里时，艾格林感受到了他的"小高卢人儿"在这个城市是多么出名，又是多么臭名昭著。隔壁桌的人认出她后都在窃窃私语，人们对她指指点点，经过她身边时还会说上几句难听的话。原因就是《现代》刊印了她的作品节选，其中涉及女性性行为、性高潮、女同性恋和堕胎。报刊亭被人潮淹没，但她没有料到竟会掀起如此剧烈的抨击狂潮。

她收到了铺天盖地的批评信，指责她不知满足、同性恋、性欲亢进、秘密堕胎。[13]一些"第一性"的代表人物表示愿意帮她从冷漠中解脱出来。该书第一卷在6月出版，短时间内达到惊人的发行量，随后就被天主教会列入禁书目录。西蒙娜的朋友们读过也大惊失色。她从一位教授朋友那里得知，他在读完前几页后就愤怒地把书扔到了角落。阿尔贝·加缪指责她嘲弄法国男人。让西蒙娜颇受打击的是，人们认为她试图否认男女之间的差异。但是事实并非如此，在第一卷中，她详细描述了两性之间的生理和心理差异，也解释了男女之间的差异并非自然存在，而是由文化造成。

与纳尔逊·艾格林在一起，41岁的西蒙娜·德·波伏瓦的性生活前所未有的充实。就算出于这个原因，她也不想废除男女之间的差异。艾格林有时表现得相当大男子主义，硬汉气十足，西蒙娜对此总是一笑而过。面对抨击西蒙娜的人，艾格林总想给上一拳。恫吓也成为西蒙娜朋友间常提到的字眼。每当有人惹恼这帮朋友时，他们就想派艾格林"给上一拳"[14]。

西蒙娜不希望艾格林被卷入关于她的书的争论中。她怀着兴奋的心情离开了巴黎，与他进行一次长途旅行。他们飞往罗马 (Rome) 和那不勒斯 (Naples)，再从那里飞往突尼斯、阿尔及利亚和摩洛哥。经由马赛，他们秋天时回到巴黎。共度几日后，西蒙娜把艾格林送到奥利 (Orly) 机场，这次的离别没有像上次在纽约那样痛苦。正如西蒙娜所说，这是"最艰难也是最甜蜜的告别"，因为她从未如此爱过艾格林，也从未如此强烈地感受到他对她的爱。他们约定明年再相见。[15]

在纽芬兰停留期间，纳尔逊·艾格林在报纸上看到他的新小说获得了美国最负盛名的文学奖——普利策奖，甚至欧内斯特·海明威也把他列为美国当代最重要的作家之一。[16]回到纽约，迎接他的是荣誉、鸡尾酒会以及报社、电视台的采访。西蒙娜称他为"迪威臣街 (Division Street) 的陀思妥耶夫斯基"，并为他感到自豪。然而，对她来说，相比于知名作家，艾格林更是她的"远方爱人"。她寄给他爱意满满的信件，信中写道："我从未料到一个人可以如此幸福……我竟能再次体验爱情奇妙的甜蜜与苦涩。"[17]

1949年11月，《第二性》第二卷出版，比第一卷引起了更强烈的反响。特别是关于"母性"的章节，引起了人们的声讨，有人质疑她是否有资格论述这个主题，因为她没有孩子，还有人指控她伤害了许多母亲的感情。西蒙娜认为自己遭到误解，她后来为自己辩护称，妇女应该"真实而自由地"体验母性，成为母亲不是为了逃避自我抉择、自愿依附于男人的一种"不在场证明"。[18]西蒙娜认为，任何解放的最高目标都是能够在一个开放性未来中实现自由，她也承认，作为母亲的女性同样可以实现这种自由。

西蒙娜认为，只有当女性摒弃卑躬屈膝的态度，男性放下所谓的优越感时，男女之间才能实现真正的平等。但她从未幻想男性会轻易放弃这种优越感，男人给她寄来的满是怨恨的信件让她更加确信，把女性定义为"他者"会给男性带来无法割舍的好处。另外，这也解释了一种社会现象：社会地位低下的弱势男人往往是真正厌恶女人的人，他们无法忍受女人在他们之上，甚至处于平等地位也不行。只要男女不平等像自然法则一样被奉为圭臬，最弱小贫困的男人也能在女人面前抱有优越感。

西蒙娜呼吁的女性自由也是她自己的梦想。她甚至觉得被归为"女权主义者"反而限制了女性自由。在她看来，问题的症结在于男人既是法官又是当事人，但女人也是如此。由此引发了一场论战，不过却无果而终。她写道："每一种论点都会立即激起相反的论调，两者常常并行。"[19]她有时想成为一个天使，凌驾于这种争论之上，但天使也不知道何为女人、何为男人。

西蒙娜·德·波伏瓦知道何为女人，男人们对她的书的反应也让她看清何为男人。她曾在双偶咖啡馆 (Café Deux Magots) 有过一次慌乱的经历。那一次，她的朋友雷蒙·格诺要拍摄一部关于圣日耳曼德佩的纪录片，其中需要她伏案写作的镜头。西蒙娜最初坐在人满为患的咖啡馆的一个不起眼的角落里，但当聚光灯对准她时，所有的客人都注意到了她，一大群吵闹的学生爬上桌子大喊："脱光！脱光！"公然要她脱掉衣服。西蒙娜假装不看不听，但她告诉纳尔逊·艾格林，那短短的几分钟"糟糕透顶，度日如年"。[20]

第十四章　黑色边界

1950年4月9日，巴黎圣母院举行的复活节弥撒首次在电视上直播。一个身穿修道士服的人登上讲台，破口大骂天主教会并宣称上帝已死，教堂里和电视机前的信徒们简直难以置信。人们很快明白，这是一次激进的反教会行动。那位冒牌的修道士侥幸逃出愤怒的人群，后被警察逮捕。他就是米歇尔·穆尔（Michel Mourre），年仅22岁，是一个放荡不羁的波西米亚主义者，曾短期加入多明我会[01]，后来丧失信仰。他是字母主义国际（Letterist）的一员——这是一群宣扬尼采无神论的年轻人，在衣着和生活方式上与资产阶层相去甚远。在接下来的几天里，所有的报纸都报道了圣母院发生的丑闻，让人大跌眼镜的是，给穆尔检查的心理医生确信他患上了"萨特式疾病"[1]。

西蒙娜·德·波伏瓦向纳尔逊·艾格林讲述了这桩骇人听闻的事件以及产生的巨大影响。经历了在巴黎共度的美好时光，她想夏天去看他。但是她不确定，因为她已经很久没有听到艾格林的消息了，而且他最后寄来的几封信也并没有殷切邀请西蒙娜过去。圣母院亵渎神灵的一幕让她颇受触动，因为这个年轻的米歇尔·穆尔让她回想起自己的经历。她也曾是天主教会的虔诚信徒，

---

01 多明我会（Dominican Order），天主教主要钵修会之一。——译者注

她也曾失去信仰并为之反抗。当时，对于年少的西蒙娜来说，她的生活感受发生了翻天覆地的变化：她得以解放，死亡对她而言也有了不同的意义。在回忆录中，她详细描述了15岁时"堕入虚无"[2]的恐惧。

从那时起，死亡就成为挥之不去的主题，多次在她的作品中出现。一方面，对长生不老的福斯卡来说，死亡是一种解脱，生命因死亡而有价值；另一方面，死亡又是对生命的威胁，如果没有来世的信念，死亡就意味着终结。死亡既是赋予意义者，又是终结意义者。西蒙娜·德·波伏瓦无法摆脱这种"黑色边界"[3]。即使"黑色边界"距离尚远，但每时每刻都在给生命带来"别样味道"。正如马丁·海德格尔所说，向死而生。随着时间的流逝，奔向死亡的路程渐短，人生压力也越来越大，可以用于实现内心"超越"的时间越来越少。按照波伏瓦的说法，这种超越在于规划并实现目标，人生通过这种超越得以彰显。尽可能不虚度每一秒的内心诉求与对生命终结不可避免的恐惧交织，正如她所写，"几乎没有一个星期不会陷入这种恐惧与确定之间的博弈"。[4]

42岁的西蒙娜·德·波伏瓦已经觉得自己老了，但她对生活的热情从未中断。对她来说，重要的是拥有未来。第二次世界大战爆发时，通向未来之路仿佛已被切断。即便是现在，那道"黑色边界"也有可能提早到来，终结一切。朝鲜战争激战正酣，一方站着美国及其盟友，另一方则是中国和苏联。这场冲突随时可能演变成一场更大的战争，而且人们担心，这场战争中核武器的使用或不可避免。

对于美国之行，西蒙娜犹豫不决。她担心在她离开期间战争爆发，她就无法回到巴黎和萨特身边。纳尔逊·艾格林认为民众对于战争有些过虑了，满心期待她的到来。萨特也劝她不要多心。此时，萨特正打算结束与多洛雷斯的关系，重新考虑政治站位。对一切共产主义倾向的病态恐惧，以及美国和法国对所谓的和真正的共产主义者的任意迫害，令萨特无比愤慨，他甚至考虑放弃中立，支持共产主义。多年来被共产党人称为"毒蛇"和"老鼠"的萨特，现在应该成为他们的同伴吗？

7月初，西蒙娜来到芝加哥。她见到了艾格林，但没过多久，西蒙娜意识到他们之间已经有所变化，上一次相见时的幸福和狂热的激情不复存在。还是老样子：她来了，她还会走。艾格林希望能和一个女人长久生活在一起的愿望仍然无法得到满足。他对西蒙娜已经不抱希望，于是与他的前妻取得了联系，考虑是否与她复婚。然而，他似乎还没有下定决心。

在此期间，他已经找到了一个安身之所——他用普利策奖的奖金在密歇根湖边买了一栋小房子。房子位于一个小湖边的树丛之中，只要穿过沙丘走一小段路就是广阔的密歇根湖。从湖边的沙滩上可以看到对岸燃着熊熊烈火的高炉和大城市的璀璨灯光。两人在8月初搬来这栋房子，终日阅读、写作和游泳。有时，旧日的激情再次点燃，但大多数时候，艾格林对西蒙娜"冷淡疏离"⁵，避开她的话题。

照片上的他们看起来像一对幸福的夫妇，特别是西蒙娜，她像一个恋爱中的少女一样笑意盈盈。但是，一切只是假象。对艾格林来说，有些东西已经逝去，而西蒙娜则连着几晚以泪洗面。娜塔莉·索罗金前来拜访时，情况变得更加糟糕。艾格林再也无法忍受，最终西蒙娜提前离开。西蒙娜怨恨艾格林如此自私。这是她第一次对他心生怨恨，足以扼杀一切爱情。她在给萨特的信中说："我原以为，在爱情中，人们可以接受对方既定的错误，通过接受、对抗找寻自由；但是一旦自由成为这些错误的帮凶，恋人可以彼此原谅，但是却不会再爱了。"⁶

　　对西蒙娜·德·波伏瓦来说，对艾格林的爱原本是两个人的故事，而她现在要把这段爱情变成独角戏，以便更好地解读并告别。从美国回来后，她窝在迪皮特朗街的公寓里继续写小说，还在小说中安插了心理学家安妮·迪布勒伊 (Anne Dubreuilh) 和美国作家刘易斯·布罗根 (Lewis Brogan) 的爱情故事。她用《第二性》的稿酬买了一台唱片机，于是她每天能在伏案写作8小时的间歇听音乐放松。剩下的稿酬则都用于接济他人。她的母亲在丈夫去世后恢复了活力，不过仍然靠她资助，她已经搬进了一个明亮的单间公寓，并担任义务图书管理员；西蒙娜的妹妹伊莲娜在绘画方面没有什么成就，但与她的丈夫过着奢侈的生活；博斯特和奥尔加则经常入不敷出。

　　西蒙娜又见到了她的初恋雅克。他整个人完全垮了，不修边幅，头发花白，因饮酒过度脸部浮肿。酗酒和不切实际的商业想法让他的玻璃工艺品厂破了产。他和妻子有五个孩子，不过现在夫妻分居。西蒙娜邀他共进午餐。自此之后，他总是给西蒙娜打电话，因为他独自一人，需要用钱。西蒙娜觉得雅克的人生已经无望。此外，她的秘书吕西安·鲍丁 (Lucienne Baudin) 的人生同样灰暗。她原本的工作是用打字机抄写西蒙娜的手稿，可如今她患上了乳腺癌，正在住院治疗。西蒙娜为她支付了部分医药费并去医院探望。看到她时，西蒙娜大吃一惊，她已经切除了卵巢，接受雄性激素注射，长出了胡须，声音低沉，极度肥胖。西蒙娜害怕自己也会变成这样。[7]她以前从没有过多关注自己的健康，现在她不时触摸胸部自检。

她努力让自己活得更健康，饮食规律，睡眠充足，减少饮酒，但她不想放弃Corydran——这是当时常见的一种兴奋剂。每当感到疲倦、无法集中精力时，她就会吞下一片。萨特则不管不顾，想吃就吃，他称这是为了"点亮我脑中的太阳"[8]。萨特从没有为健康而改变生活方式，他每天抽两包无过滤嘴的香烟，喝大量咖啡，晚上还要喝半瓶威士忌。他已经习惯了牙痛。但是即便牙痛难忍，只有在旁人的强迫下，他才去看牙医。在这方面，他也坚持自由。为了捍卫他不依赖任何人或事物的钢铁意志，他选择忽略自身健康。

萨特终于和多洛雷斯分手了。他本想在巴黎为多洛雷斯找一处公寓，方便见面，可是多洛雷斯愤然拒绝，她不想只做萨特的某个朋友，况且萨特现在经常和米歇尔·维安在一起，她和丈夫鲍里斯·维安已经分手。西蒙娜打算仍然把艾格林当作朋友，她继续给他写信，在信中称呼他为"甜心""可爱怪物"或"亲爱的小怪兽"。艾格林邀请她1951年秋天来看他——也许是最后一次，她答应了。但在冷战时期前往美国并不容易，西蒙娜不得不在美国大使馆郑重宣誓，她从未加入过任何共产党组织。

她拿到了签证，9月底便飞到了芝加哥。当时，艾格林与众多朋友闹翻，感受到了前所未有的孤独。他已决定与前妻复婚。艾格林买了一台电视机，在电视机前一坐就是几个小时。这令西蒙娜没有什么机会与他交谈。西蒙娜再次深感愧疚，因为她不能把自己的人生托付给他。两人在沉默中度过了最后几天。临行前，西蒙娜告诉他，她很高兴两人之间有真正的友谊。然而，艾格林粗暴地回答道："这不是友谊，我对你付出了爱情的一切。"这些话出乎西蒙娜意料，她全然不知所措，在返程的路上不住地哭泣。[9]

尽管艾格林向她表白，但西蒙娜认为他们之间的关系永远无法回到从前。与艾格林在一起，她体验了最后一场伟大爱情。她一直觉得女人过了40岁还打扮夸张、对男人使眼色，是非常可笑的事情。她曾立誓，到了某个年龄段时她会自觉收起这把老骨头，不再在外招摇。[10]她感恩在这个年龄还能经历一段满怀激情的恋爱，但她觉得，这应该是她的最后一段恋情了。

她打趣地告诉艾格林，她不会再把她"满目疮痍的心"交给男人，而是寄托于一件美丽的事物。她指的是一辆车——她买了一辆西姆卡·阿隆德（Simca Aronde）汽车，为此还特地去考驾照。驾校教练证明，她已经掌握驾驶理论，但实际上路还有问题。西蒙娜等不及取得驾照就与博斯特练习开车，却冲到了人行道上，还差点撞到一个小孩。她这才如梦初醒地意识到教练的话是多么正确。她还梦到发生事故，梦中她开车轧过两个摩托车手。

她的秘书兼朋友吕西安的死亡却不是梦境，而是残酷的现实。1952年1月10日，她饱受病痛折磨而死。在西蒙娜眼中，死亡是完全荒谬的，尤其是一个人的生活陷入悲伤和歧途时。反复思索后，她提笔致信艾格林，在信中写道："从虚无化为虚无。"[11]吕西安去世的前一天恰好是西蒙娜的生日，她44岁了。朋友的死让她更加小心谨慎。有一天，她发现自己的右胸有一个肿块，后面的几周里这个肿块不断变大。医生建议她做手术。手术前的几天，西蒙娜胆战心惊。她不知道自己是否患上了癌症，也不知道是否要切除整个乳房，她要做好最坏的打算。朋友臃肿、痛苦的形象在她脑海中挥之不去，"黑色边界"仿佛近在咫尺。3月3日，她从麻药中苏醒，她听到一个声音告诉她，她是健康的，没有患癌症！"黑色边界"再次变得遥远。

然而朝鲜战争却步步逼近，美国将军马修·邦克·李奇微 (Matthew B. Ridgway) 计划访问巴黎。共产党认为他要对朝鲜战场上化学武器的使用负责，决定示威抗议，遭到当局禁止。5月28日，近三十人参加了示威抗议，遭到警察的极端镇压。有一个年轻示威者躲开警察，混进一家电影院前排队的队伍。然而，一个路人出卖了他，他被警察从队列中拉出来打伤并逮捕。

这个26岁的小伙子名叫克劳德·朗兹曼 (Claude Lanzmann)，是一位犹太人，刚刚加入《现代》编辑部。他对萨特印象深刻，着迷于西蒙娜·德·波伏瓦——她的智慧、她的声音、她湛蓝的眼睛和利落的脸部线条。[12]《现代》杂志很快刊登了他关于新闻自由的文章，他还打算再写一篇关于抗议示威的文章。萨特此时正与米歇尔在罗马，他得知了游行事件。他还在报纸上看到，法共领导人雅克·杜克洛 (Jacques Duclos) 被捕，在雅克·杜克洛的车里发现了一位乡下同志送的鸽子，当局声称这些鸽子是信鸽，是共产主义者的反动阴谋。萨特被这样的谎言和阴谋激怒了，马上返回巴黎，写了一篇文章，宣布他将毕生致力于与资产阶级抗争，并且他现在愿意忽略苏联劳改营和斯大林主义的其他罪行。他受到了共产党人的热烈欢迎，可是对于知识分子保守派来说，他现在是"一只肮脏的老鼠"。[13]

对西蒙娜来说，文学比政治更重要。尽管如此，她仍然支持萨特政治活动背后的哲学立场。右翼媒体抨击萨特腐化了年轻人，《战斗》随即发表文章《萨特应该被烧死吗》进行反讽。几个月来，除了小说，西蒙娜也在撰写一篇文章，题为《我们要不要烧掉德·萨德》。萨特和德·萨德？她生命中最重要的男人与德·萨德侯爵 (Marquis de Sade) 有什么关系呢？德·萨德被认为是性变态、性虐待的化身，他生活于18世纪，度过了27年的狱中岁月，在狱中完成大量作品，时至今日仍然震撼读者。波伏瓦为何对他特别关注？

西蒙娜提醒说，不要把德·萨德仅仅看作一个有违常伦的好色之徒。她主张把他视为一位反抗者，他试图从伦理上为自己的行为辩护，即使他最终遵循的是欲望的伦理。德·萨德反抗的是一种社会模式：一方面推崇上帝、博爱、平等、美德、人性、宽容、礼节，另一方面却压迫人民，使其陷入贫困，或者像法国大革命时，将他们推上断头台。德·萨德认为，那些抽象的道德概念只是空话，某个阶级或权力精英的利益暗藏其后，他决定不再被资产阶级道德左右，将自己的生命、身体需求提升为人生的唯一法则，感官愉悦与否成为他唯一且有效的评判标准。为了抗议这个罪行累累的社会，他决定成为一名罪犯。

凭借这种激进的态度，德·萨德成为存在主义的自由概念的试金石。问题是，这种脱离了上帝信仰和一般道德的自由所遵循的价值观是什么？还是为了自由而自由，即便这种自由抱有邪恶目的？在西蒙娜看来，最终德·萨德不可避免陷入一种"排他性的自我中心主义"[14]，即使是最奇特的性行为和性虐待也无法使他从中解脱，他人始终只是他欲望的对象。这也是为什么他设想的个人自由得到包容的公正社会的构想只是纯粹的乌托邦。尽管如此，德·萨德对西蒙娜·德·波伏瓦仍有指导意义，因为他引发后人思考，让我们再次反思如何调和个人自由与普适价值、法律。西蒙娜写道："他迫使我们再次思索以另一种形式困扰当今时代的基本问题，即人与人之间的真正

关系。" 15

　　无独有偶，西蒙娜的朋友阿尔贝·加缪在作品《反抗者》（*L'homme révolté*）中也同时以德·萨德为例论述了这个问题。在加缪看来，萨德侯爵属于凯恩（Kain）的传承者——凯恩反抗上帝，杀死了他的兄弟亚伯（Abel）。然而，加缪认为，真正的反抗运动除了有否定精神，更要有捍卫精神，知道自己为何种价值而战。如今人们要捍卫的价值与当年德·萨德对自然本能的推崇截然不同，它是一种超越个人需求的价值观，对个体自由有所限制。那些像德·萨德一样要求"绝对否定"和无节制自由的人，把自己变成孤独的上帝，被统治他人的欲望所驱使。无节制的自由不可避免地导致无尽的毁灭，"直至普遍毁灭"。16 加缪坚信，绝对自由将终结于极权主义社会。"犯罪共和国"隔绝于世，德·萨德和其他自由思想者在这里发泄他们的阴暗激情，它是被铁丝网包围的集中营的前身，死亡逻辑肆无忌惮地游走于此。

　　加缪的文章也可以被解读为对苏联劳改营和斯大林主义的批判，这也是为何萨特不同意其观点的原因。《现代》发表的《反抗者》书评让加缪大为恼火，该评论虽然不是出自萨特之手，但却在得到他的首肯之后得以发表。在加缪的心中，友谊永远重于政治，他感到很受伤，于是开始抨击萨特。萨特又在一篇文章中无情地回击。二人之间不可避免地出现了裂痕，明显体现出两种截然相反的政治观、道德观。加缪从根本上拒绝一切暴力，坚持道德原则，而萨特则希望支持一个现实存在的政治阵营。正如萨特指责加缪时所言，加缪离不开"道德根基"，拒绝走上"不确信的实践道路"。[17]

西蒙娜没有卷入这场纷争，或者更准确地说，她以文学方式回应纷争。在她的小说《名士风流》(Les Mandarins) 中，两位男主人公发生分歧：一位是深受高尚价值观影响的作家亨利·彼隆 (Henri Perron)，另一位是安娜·迪布勒伊 (Anne Dubreuilh) 的丈夫、具有战略思维的知识分子罗伯特·迪布勒伊 (Robert Dubreuilh)。两人都想在共产党之外发起左翼的集结主义运动。当他们得知位于苏联的古拉格集中营时，两人发生争执。亨利认为，从道义上讲，有必要对其进行报道。罗伯特则想隐瞒这一消息，以免影响左派运动，他辩解说："当然，与理念相比，现实总是不公的；一旦理念落实到血肉之躯，理念就会被扭曲；相较于其他社会主义的可能性，苏联唯一的优势在于它切实存在。"[18]罗伯特赌的是未来：在未来，抱憾的现实或许可以与理想接轨。亨利坚持认为，价值观已然存在，依然适用。在小说的结尾，两人和解，但现实政治家或理想主义者孰对孰错悬而未决。

小说中的女性角色，尤其是安娜，在知识分子背景中得以凸显。她是一名科学家，但在与美国人路易斯·波根 (Louis Borgan) 的恋情中，她又是一个热情感性的女人。西蒙娜在回忆录中指出，她不仅赋予了安娜这个角色对生活的热情，也赋予了她对死亡的终生恐惧。[19] 小说中写道，从15岁开始，她就被死亡所困扰，死亡的阴影遮挡了蓝天，吞噬了未来。书中有一段描写，她在镜子前发现自己早生华发，衰老仿佛幽灵般凝视着她。然而，她秉持这样的信念：人必须随时重新开始生活，如果不对一切充满期待，也就无所期待。在小说的结尾，安娜自语道："世人在冷漠中沉沦，地球上重新添丁进口。我没有沉沦，既然我的心脏仍在搏动，那就必须让它为某些事、某些人而跳动。既然我耳朵不聋，那我就能再次听到对我的呼唤。谁知道呢？或许有一天我又会重拾幸福，谁知道呢？"[20]

谁知道呢……实际上，西蒙娜·德·波伏瓦已经认命地过起了"没有爱情的老女人"[21]生活。但她并不聋，对"新呼唤"持开放态度，只是她没有想到这个呼唤会来得这么快。难以置信的事情发生了——她在1952年8月初给纳尔逊·艾格林的信中写道，"有人向我示爱"。这个人就是年轻的克劳德·朗兹曼。他打电话邀请西蒙娜去看电影，然而他们并没有去电影院，而是在西蒙娜位于迪皮特朗街的红墙房间里度过了一整夜。朗兹曼向她表白，并不介意西蒙娜比他大17岁。两人第二天都要远行，西蒙娜和萨特一起去意大利，朗兹曼去以色列 (Israel)。

两人在秋天返回巴黎后，很快走到了一起。朗兹曼一贫如洗，无家可归，西蒙娜收留了他。这是她第一次和男人同居，而且是在一间只有27平方米的房间里。对朗兹曼来说，要适应西蒙娜规律的作息习惯并不容易。早上他还在睡觉，而西蒙娜已经坐在书桌前奋笔疾书。西蒙娜还为他准备了一张小桌子，但他坐在那里时，只是呆望出神。只有当西蒙娜下午去萨特那里时，他才能做些事情。

朗兹曼从来没见过像西蒙娜·德·波伏瓦那样自律、快乐并具有冒险精神的人。他自己以随心所欲、异想天开而闻名，但西蒙娜在这方面绝不逊色于他。

他在回忆录中写道:"'海狸'西蒙娜比我还疯狂。"[22]
她对旅行无限热爱,他们开着那辆已经伤痕累累的西
姆卡·阿隆德汽车到瑞士、意大利、西班牙和南斯拉
夫旅行。在阿尔及利亚的沙漠中,他们的车被沙丘困
住。有一次,他们在盛夏去瓦莱州的阿尔卑斯山旅
游,穿着帆布鞋,没有戴帽子,没有涂防晒霜,也没
有戴太阳镜,结果被重度晒伤。朗兹曼之前常称西蒙
娜为"海狸战士",这一次,"海狸战士"也体力不
支,不得不求助山地救援部门。[23]

朗兹曼也认识到西蒙娜的其他面,她有时会突然
无缘无故地陷入沉默,退回自己的世界中,被死亡的
恐惧所笼罩。在朗兹曼看来,那些时刻中,她意识到
人类的幸福是多么脆弱,生命每时每刻都在危险之

中。朗兹曼后来回忆说："无论她是站着还是躺着，无论是在车上还是在路上，无论是在公共场合还是在私人场合，她随时可能突然痛哭不止。撕心裂肺的啜泣声和抽噎让她几乎无法站立，不时伴有绝望的号叫。"[24]朗兹曼拥她入怀，她久久才能平静下来。

1954年初，西蒙娜·德·波伏瓦把长达千页的小说手稿交给伽利玛出版社。10月份，这部小说《名士风流》出版了。书名中的Mandarin[02]是中国封建时期对享有教育特权的学者和官员的称呼，西蒙娜将这一称呼传到了巴黎文化圈子。巴黎文化阶层身处矛盾境地，就像封建王朝中的朝臣和圣人一样，巴黎文化圈的诗人和思想家只是享有特权却没有实权的精英阶层。

这部小说的献词为：献给纳尔逊·艾格林。

第十五章　捍卫幸福

在迪皮特朗街的阿米斯咖啡馆 (Café des Amis) 里，记者们严阵以待，紧盯着对面的房门。一旦西蒙娜·德·波伏瓦走出房门，他们就可以拍照或者做个简短的采访。西蒙娜凭借《名士风流》获得法国最负盛名的文学奖——龚古尔奖，颁奖仪式将在两天后举行。记者们的等待是徒劳的，因为西蒙娜从后门溜了出去，沿着一条小路躲进朋友为她安排的公寓。她只与萨特、博斯特和奥尔加简单庆祝了一下，无意参加那些喧嚣的庆祝活动，也不想签名售书、接受采访或参加各种招待会。她在给艾格林的信中写道，她不想"像动物园的大猩猩那样被人参观"。[1]

这本书根本无须过多宣传，一个月内已售出4万册。热销的原因也在于它在一定程度上满足了人们的窥探欲。人们把这部小说看作对现实的影射，希望能通过这本书了解这对著名情侣的丑闻。书中的安娜被认作西蒙娜，她的丈夫罗伯特·迪布勒伊则被看作萨特，亨利·彼隆就是加缪，而这个刘易斯·布罗根不正是作者的美国情人吗？

西蒙娜强烈反对这样的解读和这种拙劣的现实主义。诚然，某些鲜活的人物和历史事件给了她设计人物和情节的灵感，但正如她所说，这些真实人物、事件在她的文学创作中被"分解、扭曲、重塑"。素材只有以这种方式被"焚毁"后，才能以另一种形式出现，完成嬗变，成为文学。在文本中，所使用的事实素材就有了不同的、全新的意义。[2]

尽管西蒙娜做出声明，但她的小说仍然不可避免地被看作现实主义纪实文学。她向她的朋友比安卡·比恩菲尔德（现名比安卡·兰姆林）郑重承诺，永远不会在自己的任何一本书中提到比安卡的事情。西蒙娜也担心纳尔逊·艾格林对这部小说的看法，她给他寄了法文版，艾格林自豪地逢人便展示书首的献词。他目前还读不了这本书，要等到英文版发行。

西蒙娜邀请艾格林和他复婚的妻子阿曼达一起来到巴黎。那时，艾格林的第二次婚姻再度出现危机，他接连陷入困境。他的护照被没收了，因为他声称自己从未与共产党人有任何联系，后被证实造假。他的作品被翻拍为电影，但是却迟迟没有拿到收入。他负债累累，不得不出售他的湖滨别墅。位于瓦班西亚的公寓也回不去了，那里正在修建一条新的城市高速公路。为了支付一个破旧房间的租金，他整夜打扑克。

艾格林麻烦缠身，他已经在考虑离开他心爱的芝加哥，搬到古巴（Kuba），那里的生活更安静，最重要的是，更便宜。西蒙娜劝他放弃哈瓦那（Havanna），搬到巴黎。为了吸引他，西蒙娜说她现在有一个新的大公寓，不再漏雨，艾格林过来之后有独立的房间。获奖的小说让她收益颇丰，她完全买得起维克多·舍尔歇街（Rue Victor Schœlcher）的公寓。她现在有了真正的浴室和厨房，从宽敞的工作室沿着盘旋梯进入顶层，她在那里布置了一个休息间。从这里，她可以俯瞰蒙巴纳斯公墓。她的办公桌上方挂着朋友们的照片，其中有一行专门是她和艾格林的照片。

朗兹曼准备帮西蒙娜布置新家，他的弟弟会住进她以前的公寓。但是，西蒙娜将于1955年陪同萨特前往中国，她想从中国返回后再搬家。萨特在调整政治站位后，受到了共产主义国家的邀请。去年夏天，他还去了苏联。那趟旅行令他疲惫不堪，最后还住进了医院。众多酒局也是罪魁祸首之一。他每到访一处，都要大喝伏特加，以证明他是"一个好人"。苏联之行后，西蒙娜不仅担心他的健康状况，还担心他的批判精神和思想独立。

萨特对苏联赞不绝口，在一篇见报文章中郑重声明，在苏联有"绝对的言论自由"[3]——尽管斯大林去世后，异见人士仍然消失在劳改营里。后来，萨特承认他"撒谎"了，或者更准确地说，他说的话连自己都不相信。他故意与反共宣传浪潮背道而驰。他向西蒙娜坦言，有一段时间，他已经准备好为"集体理念"牺牲他的自由理念。[4]对此，西蒙娜有不同看法。在《模糊性的道德》一文中，她详细论述了为何马克思主义意识形态，尤其是一个政党的唯一真理主张与存在主义的自由概念互不相容。

西蒙娜陪同萨特访问中国，一来是为了照顾他，二来也是想了解这个完全陌生的国度。两人都知道，他们只会看到别人想让他们看到的东西。无论走到哪里，他们都被一群报以友好微笑的官员簇拥。在中国共产党主政的国家里，没有人听过他们的名字，他们也不认识介绍的那些作家，只能勉强用英语交流。这个国家及其文化仍然陌生神秘。但是，这个国家的人民创造美好未来的决心让西蒙娜印象深刻。她预测，30年后，中国这个农业大国将成为一个工业大国，全球格局将发生转变。第三世界将成为"世界的真正核心"，而富足安逸的欧洲"享有的特权将严重缩水"。[5]

西蒙娜和萨特在法国就可以感受到世界局势的变化。殖民主义时代注定落幕，前殖民地正在努力争取独立和自决，包括自1830年以来一直是法国殖民地的阿尔及利亚。1954年春季的奠边府（Dien Bien Phu）战役中法军惨败，惨淡地撤出印度支那，法国已无力承受继续丧失权力和面子。

"阿拉伯人不想我们留在那，我们应该离开"，西蒙娜向美国人纳尔逊·艾格林这样解释法国与阿尔及利亚之间的冲突。[6]但大部分法国人并不希望法国从阿尔及利亚撤军。这场冲突不可避免地升级为更加血腥的战斗。阿尔及利亚民族解放阵线（Frontde Libération Nationale）成立，开始了武装斗争。法国对此做出了强硬回应，恐怖、报复事件层出不穷。军方在法国政府的纵容下，以法国的名义实施酷刑和暴力，西蒙娜在看到相关报道后震惊不已。她身边也随处可见对阿尔及利亚人的敌意，种族仇恨蔓延开来。警察随时进行突击检查，阿尔及利亚人或阿尔及利亚长相的人被当街殴打，菜贩的手推车被掀翻，却无人抗议。

西蒙娜为她的同胞感到羞耻，对祖国产生了疏离感。她和萨特很少出门，他们担心在餐馆和咖啡馆里因为个人立场遭受围攻辱骂。尽管健康状况堪忧，萨特仍旧如同流水线作业般写作。但相较于文学作品，他现在的作品多是呼吁书、文章、演讲、序言、游记。西蒙娜告诉艾格林："萨特仍然身处政治旋涡中。"他的政治活动导致他与许多朋友的友情破裂。除了加缪，他和库斯勒、雷蒙·格诺以及多年老友皮埃尔·吉尔和雷蒙德·亚伦都闹翻了。在政治、哲学上，他无法与存在根本性分歧的人成为朋友。在回忆这段岁月时，萨特指出："我不介意争论。有些东西死了，就是如此。"[7]

对西蒙娜·德·波伏瓦来说，断绝关系并非易事。她给人的印象常常是，她只是出于支持萨特才与某些人保持距离。加缪被认为是诺贝尔文学奖的有力候选人，但西蒙娜对他仍有微词，尤其是对于他严苛的道德观，认为有时似乎有作秀成分、不顾现实。她也不明白为什么加缪在阿尔及利亚冲突问题上不做出明确表态，只是声称力图保护像他母亲这样住在阿尔及尔的平民免受阿尔及利亚民族解放阵线的恐怖袭击。她也没有忘记自己曾经多么喜欢他，并且仍然喜欢。她永远记得，在与他、萨特、库斯勒的激烈讨论中，思想火花飞溅，在大家快要谈崩拂袖而去时，他让大家平静下来，说友谊比政治更重要。当时，她赞同他的说法并坚称，即使意见相左，友情不变。[8]

现在，即便萨特和加缪之间出现裂痕，加缪的一条建议也被她奉为人生格言，即"不顾一切地捍卫自己的幸福"。有人认为在世界的苦难面前，个人幸福并不体面。加缪反对这种观点，他认为，个人幸福不会加重其他人的不幸，反而有助于人们为他人争取幸福。"是的，"他补充说，"我发现，如今当一个人感到幸福时，竟感到不安、羞愧，这着实令人遗憾。"[9]加缪和西蒙娜·德·波伏瓦驳斥了哲学家西奥多·阿多诺（Theodor W. Adorno）的名言：在错误的生活中不存在正确的生活。

对西蒙娜·德·波伏瓦来说，旅行依旧是正确的生活方式。她把那辆伤痕累累的西姆卡汽车换成了宽敞的福特凡尔赛，萨特则给他的情人米歇尔·维安买了一辆双门的标致。1956年夏天，西蒙娜与朗兹曼、萨特与米歇尔分别驾驶着两辆汽车经南斯拉夫前往希腊。西蒙娜一如往常带上满满一箱书，其中多是用来写作中国之行的资料。旅行途中，她依旧坚持"一对一交流"的原则，即她总是一对一进行重要、深入的对话，其他人也只能通过一对一交流了解她与其他人的谈话内容。**10**

这两对情人在萨洛尼卡 (Saloniki) 暂时分开，分别乘船从帕特雷 (Patras) 到布林迪西 (Brindisi)，之后在罗马碰头，西蒙娜和萨特会在罗马共度几日。之后每年的夏末时分，两人都会在罗马共度假期。无论在密涅瓦酒店 (Hotel Minerva)，还是后来的罗马国家大酒店 (Nazionale)，他们总是住在94号、95号房间。他们拒绝游客式行程，每天按照自己的需求安排。早餐时，他们阅读报纸并进行讨论，然后回到各自房间工作。下午，他们一起散步。晚上，他们外出就餐，然后来到他们最喜欢的圣尤斯塔斯广场 (Piazza di S. Eustachio)，窝在咖啡馆几个小时，像偷窥者一般观察来往行人，聊聊各种气味和色彩。

1956年10月24日，这种幸福时光戛然而止。他们在科隆纳广场 (Piazza Colonna) 买了一份报纸，从中得知苏联坦克开进了布达佩斯 (Budapest)。匈牙利人民政治上独立于苏联的愿望破灭了。数百人因此死亡，数千人受伤。萨特此前一直强调苏联政府的和平意愿，面对这一现实冲击，他不得不靠大量的威士忌抚平心绪，随后思考作何反应。在一次采访中，他"彻底并毫无保留地"谴责苏联的侵略行径。[11]

西蒙娜完全同意萨特的观点，委托萨特在公共场合代为表态，而她则投身于与不同政治阵营的意识形态辩论。《现代》编辑部计划做一期专刊，讨论左派的含义。西蒙娜负责撰写对立派的观点，即右翼的思想意识。西蒙娜认为，右翼的基本特征之一就是对于未来的黑暗论调——重返荒蛮时代，或者像奥斯瓦尔德·斯宾格勒 (Oswald Spengler) 所言，"西方的没落"。这完全出自对灾难的恐惧，他们无法为可能的未来提供积极、有意义的构想，他们的思维只是一种"反思维"。[12]

即使右翼提出解决方案或有救世打算，他们也会忽略具体的社会情况，只是着眼于抽象价值，如秩序、安全、尊严或自由。然而，认识或体会这些抽象价值只是某些人的特权，即所谓的精英阶层。在西蒙娜·德·波伏瓦看来，这些理由不过是巩固特权阶级权利、加固社会不公的伎俩。她写道："这就是精英阶层为利己制度辩解的方式。

民众毫无意义：只有化身为等级制社会的超人类主义现实才是正道。"[13]

从西蒙娜关于其中国之行的书中可以看出，她是如何通过具体的文化、经济状况了解一个社会的。[14]与描述美国之行一书不同，书中很少提及她自己的经历，文风也没有那么生动，但包含大量她从图书馆查阅的中国历史文化知识。这本书于1957年出版，反响平平。长期来看，脱离自身经历的主题无法令她满意，这也是她始终基于生活经历创作的原因，作品与生活经历相关性也愈加密切。她打算围绕童年和青年的经历进行创作。不过，她起初犹豫不决，因为这将会是一本非常私人化的书，涉及多人，甚至包括她的母亲、妹妹，一旦被人认出，对他们造成的伤害难以预测。对于这一点，一年前《名士风流》在美国出版后她深有体会。

纳尔逊·艾格林读了这本书的英译本后气愤不已。美国读者不太区分虚构和现实，如今都认为艾格林曾是西蒙娜·德·波伏瓦的情人。他带着怒气接受了一次采访，表示西蒙娜这样的作家竟需要在书中卖弄私事。愤怒让他否认了对西蒙娜的爱。"我跟她只是普通关系，"他在采访中说道，"但谁知她自作多情。"[15]

当艾格林看到印有他照片的文章发表时，内心十分愧疚。他给远在巴黎的西蒙娜打电话解释，电话那头传来了一个男人的声音，那是朗兹曼，艾格林挂断了电话。西蒙娜知道是艾格林打来的，她也知道艾格林为何来电。她看过艾格林的采访报道，但并没有责怪他，她只是不忍心听到他的声音。她在信中承诺，她对他的爱不仅仅是一种回忆，她将永远对他怀有深深眷恋。"那是一种温暖、生动、奇妙的重要感受，"她在信中写道，"你一直在我的生命中，我只希望你能来到我身边。"[16]

每况愈下的生活让艾格林苦闷不堪。雪上加霜的是，出版商回绝了他的新小说，他必须归还预付款。为了逃避还款，他开始漫无目的地在全国各地游荡，暂时躲在了佛罗里达州 (Florida)。他对未来毫无头绪。他的信中交织着抱怨与追念。他笃定与西蒙娜在一起时是他生命中最美好的时光，因而无比思念西蒙娜。他在信中写道，她曾是他生命中的"微光"[17]，支撑着他的生活和写作。现在，他的生活已经毫无精彩可言。

尽管西蒙娜对艾格林爱意依旧，但她不得不再次告诉他，无论现在还是以后，两人都不可能在一起生活，她不可能长期在美国生活。为了新书创作，她回到了家乡，现在的她产生了更强烈的故土情结。她重读以前的日记，与她的发小们交谈，在图书馆研读那些年的报纸和书籍。有时她觉得自己好像生活在两个世界里，一个是她童年和青少年的世界，另一个是当下这个世界，这个国家正处于命运的十字路口的世界。

她越来越无法接受法国的现状。她热爱她的祖国，也正因为如此，阿尔及利亚发生的事情才让她内心饱受折磨。她觉得自己是同谋。作为一个法国女人，她明知本国是过错方，却仍可以安然入睡、写书、散步。每天都能看到关于酷刑、暴行的报道，她该如何为自己的幸福辩解？《现代》杂志的员工弗朗西斯·让松 (Francis Jeanson) 支持遭禁的阿尔及利亚民族解放阵线，秘密从事非法活动。西蒙娜没有能力像弗朗西斯·让松那样，她所能做的就是参加示威活动，在活动中发言。1958年6月至7月，她和萨特继续一年一度的罗马假期，但是两人却没有心情享受假期。他们坐在弗朗西斯科·克里斯皮街 (Via Francesco Crispi) 喝威士忌，彼此坦承自己"并不是很开心"。[18] 他们的思绪停留在法国，在那里，内战一触即发。

驻军阿尔及利亚的法国将领公开反对法国政府，他们拒绝承认新当选的总理皮埃尔·弗林姆兰 (Pierre Pflimlin)，因为他们担心新总理正计划从阿尔及利亚撤军。他们要求戴高乐重新掌权。有谣言说，在将军雅克·马絮 (Jacques Massu) 的带领下，臭名昭著的法军伞兵已经在前往巴黎的路上。为了防止发生军事政变，戴高乐同意接任总理一职，并被其支持者誉为法国的救星。戴高乐的反对者都谴责这种个人崇拜，确信戴高乐迟早会让法国走上新的法西斯主义道路，其中就包括西蒙娜·德·波伏瓦和让－保罗·萨特。

1958年9月28日，法国就总统制的第五共和国举行全民公投。一旦通过，修宪将使未来总统集大权于一身。西蒙娜和萨特参加了反对修改宪法的示威活动。他们随着普通民众的游行队伍来到戴高乐要发表演讲的共和国广场（Place de la République），萨特在此高歌《马赛曲》。人们大喊"打倒戴高乐！"，并放出气球，上面写着"不"字。在公投前几天里，西蒙娜在选举集会上发言，并在索邦大学对数百人讲演。她很后悔在过去一年里过着深居简出的生活。进入公众视野并参与政治生活对她而言非常重要。然而，她很了解自己，知道自己永远不可能像其他朋友那样完全投身政治。她在回忆录中写道："我不是一个有行动力的人，我人生的意义在于写作。"[19]

9月28日的公投结果让西蒙娜·德·波伏瓦大为震惊。绝大多数人投票支持新宪法，支持戴高乐。西蒙娜对祖国大失所望，失望透顶。选举结束后两天，她的新书《端方淑女》出版。然而，新书出版的喜悦被选举结果以及萨特每况愈下的健康状况冲散。萨特出现头晕症状，无法正常行走，言辞混乱，书写的文字杂乱无章。他被迫去看医生，医生诊断他已处于心梗边缘，禁止他继续服用兴奋剂、抽烟、喝酒，务必注意休息。当然，他并不遵守这些有悖于他天性的医嘱。西蒙娜很担心他，试图阻止他过量饮酒。但只有当她落泪时，萨特才会放下手中的威士忌。

萨特的身体状况再次提醒她，她也不年轻了。她去年1月年满50岁。与朗兹曼交往还让她有一种年轻的感觉，但这段关系也要画上句号了。一段时间以来，她一直怀疑朗兹曼对她有所隐瞒。有一天，朗兹曼很晚才来到她的公寓，悄悄来到她的卧室。在西蒙娜的质问下，他承认爱上了一个贵族小姐。西蒙娜并没有责怪他，也不介意他还有其他爱人。朗兹曼周旋于两个女人之间，内心纠结不已，一段时间后彻底放弃，最终搬出了西蒙娜位于舍尔歇街的公寓。

这也标志着西蒙娜爱情生活的终结。身边朋友的离世，让她觉得"黑色边界"日渐临近。6月，鲍里斯·维安在一次电影放映中死亡。他已经被肺疾折磨许久，医生在十年前就预言他只能再活十年，结果就是如此。她的朋友米歇尔·莱里斯试图自杀，因为他无法在妻子和情人之间抉择，但他被救了回来。西蒙娜充满了阴暗的想法，不知道谁会是下一个离世者。1960年1月的一天，她去了萨特家。电话响了，朗兹曼告诉他们，阿尔贝·加缪在车祸中死亡。他与出版商的孙子米歇尔·伽利玛（Michel Gallimard）一起开车前往巴黎，伽利玛驾驶的汽车打滑，撞上了一棵树。加缪当场死亡，伽利玛几天后去世。

西蒙娜深受震动。加缪当时只有47岁。三年前，他被授予诺贝尔文学奖，他说"我的事业就在我面前"，可是现在他死了。西蒙娜晚上无法入睡，导致她与加缪分道扬镳的一切分歧都烟消云散。她回想起他真诚的面庞、他的笑声，他对生活的热情以及对幸福的坚持。萨特为加缪写了一篇悼词，不久前他抨击加缪的狠话消失不见。他称加缪的死亡"骇人听闻"，对于所有热爱加缪的人来说，他的死亡包含"难以忍受的荒谬性"。然而，对萨特来说，加缪的人文主义包括对死亡的人道态度，萨特写道："他对幸福的骄傲追求，历来包含不合人情的死亡的必要性。根据这一精神，在他的事业以及与之密不可分的生活中，我们就不难发现一个人为迎接未来的死亡而争取生命每一瞬间的纯洁，这是一种所向无敌的尝试。"[20]

好在新的一年也迎来了希望的曙光。萨特和西蒙娜受邀前往古巴，艾格林也会来与他们见面。艾格林已经拿回了护照，境况好转。他与妻子阿曼达再度离婚，新书已经出版，这本书很受欢迎，并将翻拍成电影，书名为《狂野边缘》(*A Walk on the Wild Side*)。

第十六章　生活继续

"抱歉，我本不想向您倾诉我的人生，徒增您的烦恼，但是我感觉您能理解女性的种种不幸。"西蒙娜·德·波伏瓦收到的信件里，数百封都有着这样的开场白。这些信件大多来自女性[1]，包括家庭主妇、女学生，还有在办公室、工厂、超市工作或从事学术研究的职业女性。信件来自世界各地，包括突尼斯、耶路撒冷 (Jerusalem)、纽约、墨西哥城、华沙 (Warschau) 和萨格勒布 (Zagreb)。西蒙娜的书让诸多女性读者产生共鸣，她们把作者看作可以倾诉一切——她们的婚姻问题、她们的孤独感、意外怀孕的恐惧、破碎的梦想、无法实现的渴望和内心的迷惘等——的朋友。许多人感谢西蒙娜帮助她们更好地了解自己。"您在回忆录中所言正是我的感受，"有一位读者在来信中这样说，"多希望我也能这样说出来，可是我的表述能力很差。"有些人惊讶于西蒙娜如此了解她们内心的想法，她们在她的书中找到了自己。一位女性读者读过西蒙娜回忆录第一卷后惊喜地写道："我小时候跟您一样！也是像您一样的女孩！"西蒙娜开始与一些女性读者通信，少数情况下相约见面。她实现了自己曾经的写作目标——所有读者都应该有这样的感受，在书中说出了她们想对自己说的话。

1960年3月20日，西蒙娜·德·波伏瓦回到自己的公寓，激动不安地按响了门铃。她和萨特在古巴期间，艾格林已来到巴黎，搬进了她的公寓。距离他们上一次见面已十年有余。艾格林打开门，他没有戴眼镜，一开始并没有认出西蒙娜。西蒙娜反而相当高兴，她原本担心自己的老态会让艾格林失望。但是52岁的西蒙娜魅力不减，毕竟艾格林也不年轻了。

两人有一肚子话要说。艾格林来到巴黎之前，一直在伦敦和都柏林（Dublin）宣传他的畅销小说《金臂人》的英译本。西蒙娜讲述了她在古巴的见闻，她和萨特在那里体验了"革命的蜜月期"。[2]菲德尔·卡斯特罗（Fidel Castro）和他的战友们在一年前推翻了独裁者富尔亨西奥·巴蒂斯塔（Fulgencio Batista）的统治，现在打算建立一个社会主义社会。卡斯特罗连续三天陪同这两位来自法国的名人走遍全国，会见各界人士，包括埃内斯托·切·格瓦拉（Ernesto Che Guevara），并与他进行了长时间的交谈。

两人现在共同居住在舍尔歇街的公寓。与当年住在迪皮特朗街阁楼时的状态不同，两人不再是恋人，但仍想保持友情。艾格林希望西蒙娜能时常在他身边，并不满足于两人共同漫步巴黎。西蒙娜事务缠身，严格遵守自己制定的日程安排。上午，她在家或在国家图书馆撰写新一卷回忆录。下午，她去萨特家，或者参加《现代》的编辑会议。此外，她仍旧参与政治活动，公开声援被法军强奸的阿尔及利亚抵抗运动年轻女战士贾米拉·布巴夏 (Djamila Boupacha)。为此，她遭到各种右翼报纸的谩骂。"你已经赢了，"艾格林祝贺她说，"你已经树立了必须树立的敌人。"[3]

艾格林也树敌不少。然而，与西蒙娜不同，他认为整个世界都在密谋与他对抗。在事业失败和感情受挫之后，他有种被所有人欺骗和背叛的感觉。他敏感易怒，常常挑起事端。这或许也是西蒙娜的朋友都不愿意和艾格林深交的原因。艾格林结识了在巴黎的美国人，和他们一起穿梭于各个酒吧。他有时烂醉如泥，深夜被送回西蒙娜的公寓。可能是为了重新找回旧日的幸福，他们在夏天一起去旅行，途经西班牙、希腊和土耳其。艾格林非常喜欢这次旅行，他想在欧洲再待上几个月。然而，西蒙娜想在旅行结束后把他一个人留在巴黎，陪萨特去巴西，这让他很受伤。他根本不能也不想理解为何萨特在西蒙娜的生活中始终处于优先地位。8月中旬，他们互相告别，那时他们并不知道这是两人最后一次见面。

西蒙娜和萨特前往巴西北部的累西腓 (Recife) 参加一场大型会议，之后沿着海岸线前往里约热内卢 (Rio de Janeiro)。随后，他们深入内陆，途经首都巴西利亚 (Brasilia)，绕一个大弯来到巴西北部亚马孙雨林中的城市玛瑙斯(Manaus)。即使是年轻人也很难承受这一路的辛劳。他们不管去哪都能受到热情的接待——接受采访，举办讲座，参观游览。由于相隔距离较远，他们在巴西境内乘坐老式螺旋桨飞机。有时，他们乘坐吉普车在颠簸的道路上行驶数小时，或乘船前往偏远的印第安人村庄。天气酷热难耐，他们有时会因为饥饿而精疲力竭。

然而，最终倒下的不是身体孱弱的萨特，而是西蒙娜·德·波伏瓦。在玛瑙斯时，她发高烧，几乎无法站立。医生诊断她患有副伤寒，安排她住院治疗。西蒙娜不想在这个"闷热潮湿的地狱"[4]住院治疗，于是他们乘坐下一班飞机前往累西腓。当她躺在累西腓嘈杂的医院里时，萨特正和一个新结识的年轻巴西女人外出散步。在给艾格林的信中，西蒙娜打趣地说，加上这位红发美女，萨特在征服女性的道路上已经集齐所有发色。萨特的魅力和口才再次征服了一位年轻女性。这对西蒙娜来说并不算新鲜事，她也知道故事会如何收尾。后来，她病愈出院，她和萨特即将离开这座城市。不出所料，戏剧性的场景出现了，年轻女子试图跳窗，被西蒙娜拦下。

西蒙娜只想离开这里回到法国，但他们在祖国似乎并不受欢迎。朗兹曼打电话建议她暂时留在巴西。她和萨特曾共同签署一份宣言，引起了轰动。宣言支持阿尔及利亚独立，并呼吁法国男青年抵制参加阿尔及利亚驻军。共有121人在这份宣言上签名，其中有些人被开除公职，还有人遭到起诉，例如米歇尔·莱里斯。右翼的炮火集中对准萨特，他曾在一封公开信中为弗朗西斯·让松辩护，后者被指控在法国秘密支持阿尔及利亚民族解放阵线。退役的前线士兵在香榭丽舍大街上游行，高呼："枪毙萨特！"如果萨特踏上法国领土，将立即被逮捕。

西蒙娜和萨特本想立即启程返回法国，直面国内的指控。然而，他们希望避免不必要的麻烦，悄悄返回。他们绕道古巴，飞往巴塞罗那。朗兹曼从那里开车把他们送到巴黎。夜间，西蒙娜回到她的公寓，屋里空无一人。她失望透顶，因为她本以为会收到艾格林的一大摞信件，但除了一本书、一张照片、一首诗和一块巧克力外，什么也没找到。她给他写了一封信，信中责怪他的懒惰，并希望依旧能参与他的生活。"对于一个不写信的野兽来说，这封信已经够长了，"她总结道，"尽管如此，我仍然在黑暗中深情吻你。——你的西蒙娜。"[5]

西蒙娜和萨特没有受到指控，当然也没有牢狱之灾，关押他们只会是一个骇人听闻的丑闻。戴高乐宣称："不能逮捕一个伏尔泰 (Voltaire) 式人物。"[6]一些法国将领秘密成立"秘密武装组织"(OAS)，试图阻止阿尔及利亚民族解放阵线，萨特和西蒙娜也是他们的攻击目标。朋友们劝说受到恐吓威胁的西蒙娜和萨特搬离原来的公寓，还在一个高档小区为他们找到了一个宽敞的公寓，躲避危险。西蒙娜和萨特一直是分开生活的，现在被迫像夫妻一样生活在一起，让西蒙娜啼笑皆非。她甚至还为萨特做饭，但大部分时间两人还是吃罐头食品。

西蒙娜·德·波伏瓦陷入了奇怪的境遇。一方面，她不得不躲藏起来；另一方面，她的名字活跃在公众视野中，名气又创高峰。她的回忆录第二卷《风华岁月》(La Force de l'âge)出版，获得巨大成功。这本书还未陈列在书店橱窗时，就已经卖出了4.5万册，且销量持续提升。尽管西蒙娜乐见于此，但她担心成为一个"畅销书制造机"[7]，即她的书不是依靠质量吸引读者，而是依靠她的名气。她再次收到成堆的信件，这些信件对她来说比评论家的书评更重要，其中一些信件让她反思作品的影响。一位年轻女性读者非常钦佩西蒙娜的生活，因为她认为西蒙娜逃脱了人生的三大陷阱：过早结婚、放弃工作、生孩子。[8]通过这些信件，西蒙娜自问人们对她的印象是不是过于简单了。许多女性读者读了她的人生故事后，从中看到了自己，并将她视为榜样、偶像。但是读者似乎只看到了她值得羡慕的生活，却忽略了她为争取、捍卫独立付出的艰辛努力。她是谁并不重要，重要的是她如何成为现在的自己。

许多读者来信表示，希望西蒙娜能继续回忆录的创作。西蒙娜犹豫不决，她其实想再写一部类似于《端方淑女》的小说。她最终决定继续撰写回忆录，这与她的写作经历有关。为了小说和回忆录创作，她收集了大量的材料——回忆录、日记、报纸文章、历史文献、阅读笔记。她可以对这些材料进行加工创作。如果她一股脑不加整理地呈现给读者，读者面对的就是大量文字的无序堆砌；如果她把这些材料加工成小说，或者如她所说，"把材料投射到想象中"，所呈现的各种事件会显得过于合乎逻辑，一切都围绕某个主题展开，这在现实生活中是不可能的，这样的创作就缺失了偶然性。西蒙娜认为，符合现实的写作必须为偶然以及不可预知的事件留出空间。她在回忆录第三卷《事物的力量》(La force des choses) 中写道，她想描写"事情是如何降临到人身上的"。⁹

她的创作思路遵循她最喜欢的哲学家索伦·克尔凯郭尔的理念。克尔凯郭尔曾说过，要读懂生活必须向后看，但要活出精彩就得向前走；我们永远无法预见"尘世生活"。¹⁰这种哲学观点也是西蒙娜·德·波伏瓦的存在主义写作纲领。虽然她回顾以往岁月，但是她希望以一种开放的方式叙述事件。没有什么是必然的，她也不知道未来会如何发展，一切都取决于她做出的决定。这些决定由放弃、内心挣扎、犹豫不决交织而成，也总是伴有愧疚。

在写作《风华岁月》时，她曾决心采取不让当事人感到受伤的写作手法，但并没有完全奏效。虽然西蒙娜在书中采取了匿名化处理，但万达还是认出了自己。她气愤不已，用一把长刀砍书，弄伤了手。[11]艾格林也出现在这一卷回忆录当中，西蒙娜担心艾格林会勃然大怒，像《名士风流》在美国出版时那样。为保险起见，她给他写了一封信："我希望你不会因为我对你的描写而感到不悦，因为我全心投入其中。"[12]

1961年春天，萨特收到几封威胁信，信中宣称会寄给他一个邮包炸弹。他的新秘书克洛德·福克斯（Claude Faux）和西蒙娜都不再打开他的邮件。西蒙娜搬到巴黎郊外的一家旅馆。萨特则住在他某个女友家中——现在他又多了一位阿尔及利亚血统的年轻犹太女友，名叫阿莱特·埃尔卡伊姆（Arlette Elkaïm），萨特像对待女儿一样对待她。当然，每年他依然会和他的"海狸"西蒙娜一起在罗马度假。7月19日，出发前一天，他们得知一枚塑料炸弹在波拿巴街 (Rue Bonaparte) 的公寓楼入口处爆炸，萨特的公寓在四楼。损失不大，没有人员伤亡，但现在的问题是哪里才是安全的藏身之处。他们不想将朋友拖入险境，也没有旅馆愿意收留他们。克洛德·福克斯以自己的名义租了一套背阴、带家具的公寓，待他们从意大利回来后入住。这栋楼刚刚建成不久，白天还可以听到施工的声音。

在这种荒凉偏僻的环境中，西蒙娜为英勇的律师吉赛尔·哈里米 (Gisèle Halimi) 的著作撰写了前言。这本书记录了贾米拉·布巴夏案件——这位年轻的阿尔及利亚民族解放阵线特工被法国士兵强奸，饱受折磨。[13]西蒙娜的前言引起极端分子的不满。这本书于1962年1月初出版，随后位于舍尔歇街的西蒙娜公寓门房里的电话响起，来电者恐吓说，西蒙娜·德·波伏瓦今晚会被炸死。西蒙娜个人并不在意，但她不希望这个可怜的门房为此焦躁不安、夜不能寐。学生们提议为她看守公寓，她接受了，于是十几个年轻人住进了她的公寓。他们在她的浴缸里洗澡，在她的厨房里做饭，在地板上或沙发上睡觉。每隔一段时间，他们就会在窗边观察是否有可疑的汽车。有个年轻人从门房那里借来一个大扳手，拿着它在门前巡逻。

西蒙娜在她的临时住处过着流亡般的生活。她每天都会收到报纸，上面报道了各种冲突、死伤情况以及大规模的示威活动。她住的街道上有一家商店被炸，距离她的住处非常近，西蒙娜不确定法国秘密军事组织OAS是否已发现她的藏身之处，这次袭击是否针对她。后来又发生了一场爆炸，他们明白了袭击目标究竟是谁。1962年1月7日，萨特位于波拿巴街的公寓楼上发生爆炸。他和西蒙娜去现场查看损毁情况，现场情况让他们瞠目结舌。被毁坏的楼梯悬在空中，门被炸飞，一切都被废墟覆盖，纸张散落在地板上。这种恐怖何时到头？

终于，1962年3月18日，法国政府和阿尔及利亚民族解放阵线在日内瓦湖畔的埃维昂莱班 (Évian-les-Bains) 举行谈判。双方达成停火协议，承认阿尔及利亚的独立地位。七年战争正式结束。对西蒙娜来说，和平的喜悦被战争期间的众多死亡、迫害、囚禁和仇恨所掩盖。她也并不真正相信和平的到来，因为秘密军事组织OAS并不承认这些协议，继续进行炸弹袭击。但是至少她觉得自身安全得以保障，想搬回她的公寓。这并不容易，学生们已经把那里当成了家，没有离开公寓的打算。她写信给艾格林，她希望有一个"强大的美国人"[14]把这些学生赶出公寓。艾格林似乎过着一种非常不安定的生活。他的信件来自加尔各答 (Kalkutta) 的一艘货船上。西蒙娜希望能再次见到他，但她得确定艾格林抱有同样的意愿。

她告知艾格林，6月她将与萨特一起前往莫斯科 (Moskau)。匈牙利事件发生后，萨特猛烈抨击苏联高层，他完全没想到会再次受邀前往莫斯科。那时的苏联正经历政治解冻期。新任总书记尼基塔·赫鲁晓夫 (Nikita Chruschtschow) 谴责斯大林的罪行，有意开放国家，萨特和西蒙娜将与他会面。他们想亲眼见证这种新自由。在莫斯科和列宁格勒 (Leningrad)，他们与青年艺术家、作家会面，而不用担心遭到镇压，比如亚历山大·索尔仁尼琴 (Alexander Solschenizyn)，他在作品中描写了劳改营、古拉格。现在，爵士乐解禁，人们可以阅读之前的禁书，如福克纳、海明威、加缪的作品。

12月和次年夏天，萨特和西蒙娜再次前往苏联、格鲁吉亚 (Georgien)、乌克兰 (Ukraine) 和克里米亚 (Krim)。萨特总是通过一个女人来了解一个国家，这个女人就是这个国家的化身。在巴西时是红发的克里斯蒂娜 (Christina)，在东欧时则是莱娜·佐尼娜 (Lena Zonina)，她是苏联作家协会为这对著名情侣安排的翻译和向导。萨特极为欣赏聪明且人情练达的莱娜，再次确信自己找到了真命天女，甚至动了结婚的念头。但这一次，结局与上次的红发巴西美女不同，莱娜没有以跳窗相威胁，而是寄了一封信给身在罗马的萨特。离开苏联后，他与"海狸"西蒙娜照例前往罗马度假。莱娜在信中表达了对萨特和西蒙娜这对情侣的钦佩，但拒绝与萨特建立更亲密的关系，因为这种不寻常且混乱的关系"对你们周围的所有人都是危险的"。[15]

西蒙娜早就意识到萨特的弱点在于女人，以及他们的"契约"对他人造成的影响。这种"系统缺陷"总是以牺牲他人利益为代价，而她却无法阻止。在罗马，她没有时间去考虑这个问题，因为另一种关系掩盖了一切。假期的最后一天，即1963年10月24日，她接到博斯特的电话，得知她的母亲住院。弗朗西丝·德·波伏瓦在浴室摔倒，股骨颈骨折。她在地板上爬了两个小时才来到电话旁。住在同一所房子里的博斯特和奥尔加为她联系了一家不错的医院，她将在那里接受手术治疗。

西蒙娜立即返回巴黎，来到母亲身旁。她非常虚弱，但精神很好。几次检查后发现，她长期身体不适源于堵塞小肠的肿瘤——她患有癌症。西蒙娜没有把病情告诉母亲。虽然内心不愿，但她不得不对母亲撒谎，让母亲相信自己能很快恢复健康。她也恨自己不能阻止医生为母亲做一个大手术。西蒙娜和妹妹伊莲娜轮流陪护母亲，她总是像童年时那样叫妹妹"洋娃娃"。随着疼痛的加剧，西蒙娜的母亲恐惧不安，噩梦连连，姐妹俩总是轮流睡在病房里的床垫上。

陪伴在母亲身边仿佛让西蒙娜·德·波伏瓦回到了童年。所有与母亲关联、分离的情结此刻变得鲜活起来。她比以往任何时候都更强烈地意识到，她与母亲都对生活充满热情。但是，正如她后来所写，当她向前生活并从偏见和传统中解脱出来的时候，她的母亲却"违逆本性地活着"。[16]母亲在教会寄宿学校里长大，早早步入婚姻，无论在精神上还是身体上，丈夫的爱都只持续了几年。她几近疯狂地努力成为一个理想的妻子、理想的母亲，可在西蒙娜看来，条条框框的束缚让母亲窒息。她被压抑的生命转为愤怒的爆发和对孩子的完全控制欲。她所谓的照顾对西蒙娜来说只是"暴政"。她不是为孩子而活，而是通过孩子而活。小西蒙娜越是想脱离这种控制，母女之间的隔阂就越大，直到两人之间无话可说。

西蒙娜目睹了母亲被病痛折磨、苟延残喘、用吗啡续命，内心备受折磨。西蒙娜感到，母亲知道自己行将就木，不再较劲，变得风趣幽默，让人出乎意料。好心的朋友来探望她，她满不在乎，也不想见牧师。她曾视基督教信仰为生命的核心，现在却只剩下一句话："上天是好的。"

母亲去世时，西蒙娜正在公寓里睡觉。被电话吵醒后，她开车前往医院。妹妹伊莲娜目睹了母亲濒死前的挣扎，此刻手足无措。两人站在死去的母亲的床边，她失去血色的脸上裹着纱布，托住了下巴。接下来，女儿们要处理后事，弗朗西丝·德·波伏瓦将被埋葬在拉雪兹公墓的家族墓地中，祖父、叔叔和父亲已经安葬于此。西蒙娜清理母亲的公寓时，发现了一些资料和信件。除了报纸上关于她有名的女儿的报道之外，西蒙娜还发现了一封来自耶稣会士的信，信中说，西蒙娜总有一天会重回上帝身边。母亲一直关心西蒙娜的灵魂救赎，这曾经让西蒙娜烦恼不已。此刻，她深受触动，她回想起母亲在去世前几天所说的话："我当然想去天堂，但不是独自一人，不能没有我的女儿们。"

第十七章　铺天盖地的"西蒙娜万岁！"和宣传图

《第二性》出版后，评论家称西蒙娜·德·波伏瓦是一个"可怜虫"、一个不满足的"男性化女人"、一个厌世者。回忆录出版后，这样一个恶习满满的疯狂怪人形象在公众中传播开来；也有人认为她是一个头挽发髻、脚穿平底鞋的呆板前任教师；或是一个异常冷静的"高智商怪物"，埋首于书本之中，在办公桌前度过一生。如果西蒙娜在意外界对她的各种评价，她终将迷失自我。她解释说，外界的各种声音根本无法干扰她，正如回忆录中所写，她在青少年时期就学会了不要被别人的观点左右。[1]但这并不意味着她不接受批评，她也善于跳出自我反观自己，知道外界如何解读自己的某些性格特质。创作期间，她给自己制定了严格的日常作息，这可以被解读为令人钦佩的意志力和自律，也可以看作对工作成绩的病态追求。人很难左右外部评价，对西蒙娜来说，重要的是，面对各种外部条条框框时，不要丧失对自己的信心。在这个意义上，她对自己说的那句"就我而言，我毫无保留地接受自己"并不是一种自负。[2]

1965年10月14日，电视、广播纷纷报道了著名作家西蒙娜·德·波伏瓦清晨在欧塞尔附近发生车祸的消息。萨特和朗兹曼立即驱车前往卢瓦尼 (Loigny)，西蒙娜在那里住院。她的伤势并不严重，几根肋骨骨折，眼睛和膝盖进行了缝合。此前，和以往的每一年一样，她和萨特在罗马一起度过了秋季假期。萨特乘飞机返回巴黎，她却开着她的标致404自驾返程。在浓雾中，她在一个弯道处走错了车道，与一辆送货的货车相撞。货车刚好转弯，避免了迎面相撞，否则西蒙娜可能在这场事故中丧命。但她的车已经面目全非。

第二天，救护车把她送回巴黎的公寓，萨特在车上陪着她。接下来的三个星期里，萨特和朗兹曼轮流照顾她。然而，出力最大的是一位年轻女子，后来也成为她的伴侣。24岁的西尔维·勒邦 (Sylvie Le Bon) 是西蒙娜的读者之一，看过她的作品后深受触动，给她写了一封信。西蒙娜给她回了信，两人开始书信往来，并发展成为亲密的朋友。尤其是在西蒙娜母亲病重去世期间，西尔维给予了她不可或缺的支持。西蒙娜并没有女儿，可西尔维就如同她的女儿一样。有时西蒙娜觉得西尔维好像是自己的"转世"。[3]与西蒙娜一样，西尔维也是从一个压抑的家庭中解脱，后来学习哲学并担任教师。两人有着相似的经历。此外，西尔维的第二份工作就在西蒙娜曾执教的鲁昂学校。看到西尔维，西蒙娜感觉自己又年轻了。对西尔维来说，一切新奇有趣，没有什么是理所当然，西蒙娜很享受与这样的人为伴。

对萨特来说，阿莱特·埃尔卡伊姆也扮演着类似的角色，集青春缪斯、秘书、旅伴和护士于一身。去年3月，萨特又做了一件令人震惊的事，他正式收养了阿莱特，阿莱特成了他法律上的女儿。西蒙娜·德·波伏瓦出席了仪式。她认为萨特指定一个年轻女人作为他的遗产继承人和管理者颇为明智。西蒙娜只比萨特小两岁半，即便她晚于萨特去世，那时她也已经过于年迈。而萨特年轻一些的女性朋友和情人则震惊不已，她们中的一些人显然曾经期待能获得这一特权，现在内心苦涩，因为萨特甚至没有事先征求过她们的意见。[4]

萨特总是出其不意。他一年前拒绝了诺贝尔文学奖，已经证明了这一点。与他当时引发的轰动相比，继承人的风波只是小巫见大巫。此前，萨特得知自己成为诺贝尔文学奖的热门候选人后，要求评委会把他从名单中删除。当他被选定为获奖者时，他并没有接受。他想保持独立，担心得奖后自己会被卷入政治之中。而且，这种作家评选排名让他有种加冕为作家世界冠军的感觉，这有悖于他的文学理念。[5]他对"精英主义"避而远之。正如他在自传《文字生涯》(Die Wörter)中所说，他想成为一个完整的人，"包含所有人，价值等同于所有人和每一个人"。[6]

公众对此仍持怀疑态度，纷纷猜测他拒绝领奖可能有其他原因。甚至有人猜测，他没有接受这个奖项和大笔奖金，是为了不让西蒙娜·德·波伏瓦嫉妒。但他们看错了两人之间的关系，西蒙娜从不会为嫉妒所累。西蒙娜很清楚，萨特在许多方面胜于她。如果她不承认这一点，她就会陷入与萨特的竞争，失去自身独立性。正因为她不是"通过萨特"生活，而是保持独立，所以他们才能相敬如宾，直抒己见，互补互助。

遗憾的是，西蒙娜与纳尔逊·艾格林的关系并不是如此坚韧。1965年春天，《事物的力量》英文版在美国发行，自此之后，艾格林不放过任何一个机会，在采访和文章中散布他对"波伏瓦女士"(他现在这样称呼她)的蔑视。先前两人之间的一切美好似乎都已烟消云散，而且他似乎再也感受不到西蒙娜回忆录对他的描写中饱含的热情。他已不是第一次责备西蒙娜把私事公之于众，但现在他的语气十分伤人。他暗指西蒙娜"专横傲慢、毫无幽默感"，把两人的相遇比作"妓女揽客"。[7]他的指责字里行间透露出一股失望，即西蒙娜没有对他全身心地付出，在她心里萨特比他更重要。西蒙娜本打算再去一次美国，探望艾格林。但是，当得知艾格林的言论之后，她放下了这个念头。对她来说，这段爱情故事终于落幕。她的手上还一直戴着艾格林送她的戒指。

萨特拒领诺贝尔文学奖，但还是被授予了该奖项。一来二去，他的名气反而更加大了，甚至大过他接受诺贝尔奖所能收获的名气。此外，西蒙娜的回忆录受到追捧，这对伴侣几乎成了神话。然而，自在的生活和旅行已经不可能了。西蒙娜再也不能随意坐在巴黎街头的咖啡馆，人们总会认出她，接着请求合影或签名。尤其是在国外，这对伴侣受到的狂热追捧不亚于披头士 (Beatles) 这样的流行歌星。1966年9月，当他们到达东京机场时，一大批摄影师和记者已经在那里守候。一群年轻人紧贴围挡，高呼萨特和西蒙娜的名字，试图触摸他们。两人的行程已定，其中包括前往广岛。1945年，广岛被美国原子弹炸毁，此后该城市重建，但仍然保留了一些废墟作为灾难的纪念。在一群记者的陪同下，两人作为贵宾访问当地一家医院，那里仍然躺着受到原子弹辐射的受害者，西蒙娜按计划向他们送花以示问候。[8]原子弹的阴影仍然在许多日本人的脑海中挥之不去。日本社会充斥着对美国的批评，并对如今正遭受美国炸弹袭击的北越人民表示声援。

日本爆发了反对越南战争的抗议集会。在这个问题上，抗议者与到访的西蒙娜、萨特看法一致。1965年初，西蒙娜和萨特通过报纸得知美国在越南投下第一批炸弹，他们震惊、愤怒，立即取消了原本计划的美国之行。在日本，萨特在演讲中呼吁作家负起政治责任，即便是当前这样的危机时刻。西蒙娜则在报告中探讨了围绕妇女问题的政治活动。她的《第二性》也畅销于日本。她知道，法国和日本的文化和社会背景不同，然而，她认为两国妇女的处境有可比性。

在这两个国家，女性被赋予传统的角色定位，迫使女性依赖男性。西蒙娜认为，一个总是要伸手向丈夫要钱的女人，不仅在经济上依赖于丈夫，而且有可能在道德上和心理上产生依赖。如果婚姻失败，男人离开家庭，在多数情况下女人都失去了"依靠"，不管是事业上、经济上还是精神上的依靠。西蒙娜写道："她的依赖性已深入骨髓，现在的她不知道自己是谁，也不知道自己未来如何生活。"[9]因此，西蒙娜呼吁政治改革，使女性能够协调家庭和事业，并确保与男性享有同等的工资，而男性则应参与教养子女和做家务。对西蒙娜来说，女性的自由还包括与他人合作或支持政党，以便参与政治讨论。

西蒙娜此前已经通过不同方式提出这些观点。她坚信，存在主义既可以通过理论，也可以通过文学传达。因此，她创作了小说《美丽的形象》，该书于1966年11月出版。[10]小说设定在世界大战和阿尔及利亚战争之后的法国，聚焦于一个新的中产阶级代表。主人公名叫劳伦斯

(Laurence)，是一位年轻女性，度假、时尚和新科技构成了她的生活主体。劳伦斯在一家广告公司工作。她在经济上并不依赖于她的建筑师丈夫让 – 查尔斯 (Jean-Charles)，但她的生活圈子里的人深深地影响了她。她的丈夫相信，未来先进的技术会解决人类的难题；她的父亲还活在过去那个似乎有"真正价值观"的年代；风韵犹存的母亲被富有的情人抛弃，她认为没有男人的女人毫无价值。

劳伦斯依照年轻妻子、母亲的行为规范生活着。她想让她的两个小女儿远离一切不利影响。后来她的大女儿凯瑟琳 (Cathérine) 在去学校的路上看到一张描绘饥饿儿童的海报，完美的生活环境由此被打破。她不能和母亲谈论战争、不公、死亡、邪恶这些话题，可它们却是摆在眼前的现实问题。她只能和早熟的朋友布里吉特 (Brigitte) 交谈。鉴于凯瑟琳在学校的表现越来越差，劳伦斯被说服禁止劳伦斯和布里吉特交往，并带她去看儿童心理医生。劳伦斯试图让凯瑟琳变回原来那个好学生、好女儿，这种念头让劳伦斯陷入纠结。她意识到，她自己从小就被赋予本不属于她的期望。"你们对我做了什么？"她责问丈夫，"我变成了现在这个不爱任何人、对世间美好毫无感知力的女人，我甚至不能哭泣。我厌恶自己现在的样子。"最后，劳伦斯决定不再带凯瑟琳去看心理医生，并允许她和她的朋友

一起度假:"养育孩子并不是要把他打造成一个完美的形象……"¹¹

在写这段文字时,西蒙娜·德·波伏瓦或许回想起自己的童年,回想起那个在德西尔学校和家里都要与罪恶世界隔绝,并被培养成一个模范妻子的小女孩。然而,对她和萨特来说,重要的并不是一个人被塑造成何种人,而是"被塑造成某种人之后,他自己做了什么"。¹²西蒙娜努力成为一名成功的作家,在国际政治舞台也有相当的话语权。1966年7月,一个名叫拉尔夫·舍恩曼(Ralph Schoenman)的年轻美国人拜访她和萨特,邀请他们参与英国哲学家伯特兰·罗素(Bertrand Russell)发起的民间法庭。前有纽伦堡审判的例子,他们希望通过法庭揭露控诉美军在越南的战争罪行。本来他们决定在巴黎筹建罗素法庭,但戴高乐不想因此恶化与美国的关系,便阻挠了他们的计划。罗素法庭推迟到次年5月,举办地也改为斯德哥尔摩(Stockholm)。

西蒙娜和萨特同意参加。前往斯德哥尔摩之前,他们在1967年春天还有一场艰难之旅,即前往埃及(Ägypten)和以色列。以色列自1948年建国以来,一直受到邻国的威胁,近来战争风险加剧。西蒙娜和萨特知道,这两个国家都会试图争取他们的支持。但是,他们并不想放弃中立态度，试图缓和两国的敌对关系。在埃及，他们从一个景点被带到另一个景点，身旁一群记者前呼后拥。他们参观了金字塔、苏伊士运河和仍在建设中的阿斯旺大坝。他们还想参观加沙地带的巴勒斯坦难民营，这让东道主不大高兴。

他们还被安排前往起到重要作用的"农业改革示范村"。在那里，他们受到村民的接待，村民们高呼："萨特万岁！西蒙娜万岁！"[13]或许村民们根本不知道自己口中呼喊的这两个人是谁，为什么要呼喊他们的名字。行程最后，西蒙娜和萨特受到埃及总统贾迈勒·阿卜杜·纳赛尔（Gamal Abdel Nasser）的接见。他们进行了数小时的详谈，提及了战争的可能性。纳赛尔的回答含糊隐晦。西蒙娜感觉，他不想以身犯险。

战争仍然是一个遥不可及的威胁。在以色列访问期间，萨特和西蒙娜反复听到和平的承诺。西蒙娜·德·波伏瓦终于来到她儿时梦寐以求的圣地。然而，基布兹（Kibbuzim）[01]令她相当失望。她本来期待在这些集体农庄中看到模范的、进步的性别平等，还有人信誓旦旦地告诉她那里根本不存在妇女问题，然而通过与当地

01　基布兹是以色列的一种集体社区，过去主要从事农业生产，现在也从事工业和高科技产业。——译者注

女性的接触，她不得不承认，这里同样保留了传统的男女角色分工。女性被分配从事低级的工作，而男性则确保从事生产性以及体面的工作。洗衣店里看不到一个男性工作人员。[14]

事实证明，西蒙娜和萨特并不是简单的访客。在与摩西·达扬（Mosche Dajan）等高级政治家和军事领导人会面时，他们反复询问如今困在难民营的100多万巴勒斯坦人的命运，这些人希望重返被驱逐前的居住地。可是以色列不想收留他们，埃及也不例外，而阿拉伯国家拒绝承认以色列。只要各方阵线依旧强硬，西蒙娜和萨特就不可能解决这场冲突。

中东地区暂且维持和平，而越南战争冲突却每周都在升级。美国总统林登·贝恩斯·约翰逊（Lyndon B. Johnson）在越南战场投入越来越多的军队，对北越实施不间断轰炸。伯克利、巴黎和柏林等城市爆发反对美国政策的示威游行，游行队伍主要由年轻人组成。1967年5月1日，西蒙娜和萨特乘坐飞机前往斯德哥尔摩，参加罗素法庭。他们被安置在瑞典首都郊区的一家宾馆，每天早上被送往会场。偌大的大厅里汇聚了来自世界各地的艺术家、政治家、记者，秘书们游走于参会者之间，翻译坐在后方的玻璃厢里，电视摄制组将晃眼的聚光灯对准台上。目击者讲述了村庄、医院、学校和教堂被摧毁的惨状，照片、影片中那些被炸弹、凝固汽油弹、磷弹杀害或致残的男人、女人以及儿童，无不展现了越南平民遭受的苦难。会议经常持续到深夜。西蒙娜·德·波伏瓦常常被众多报告、影片弄得晕头转向，却还要强迫自己打起精神。十天后，罗素法庭通过了一项最终宣言，认定美国犯有战争罪，对越南人民实施了种族灭绝行动。

该法庭受到公众的好评，但政治影响微弱，越南战争丝毫没有停战迹象。法庭判决并不能拦住美国总统和他的将军们。汉娜·阿伦特把引起越战的美国政客称为"面子工程师"(image-maker)，因为他们只是想通过战争不惜一切代价保住他们的形象，即美国是世界上最强大的国家，其军队不可战胜。他们认为，如果允许越南实行共产主义，共产主义将蔓延到周边邻国。美国固守形象，不依据现实审视、调整并适时放弃自身定位。因此，按照阿伦特的说法，一切"可能扰乱美国对于某个事件、某个国家或某个人定位的东西"[15]都会遭到铲除。如今，美国眼中阻碍目标的扰乱因素是越共的武装抵抗，因此成千上万的人死去，村庄被烧毁，森林被喷洒枯叶剂，文化遭到毁灭。

埃及总统贾迈勒·阿卜杜·纳赛尔也没有被萨特、

西蒙娜这两位法国知识分子的思想左右，他并没有像西蒙娜认为的那样回避战争风险。或许在他与西蒙娜、萨特会面时，就已经做好了战争的准备。他封锁了关乎以色列航运的重要海峡——蒂朗 (Tiran) 海峡，引发了一场仅持续六天的战争。1967年6月5日，以色列空军发动突袭，摧毁了仍在地面上的埃及空军，战争虽未正式开始，但结局已定。然而，这一危机区域的问题并未因此得到解决。

西蒙娜·德·波伏瓦几乎走遍了全世界，研究了许多国家的问题。对于祖国发生的事情，她只是略加关注。她对自己的同胞在阿尔及利亚战争中的行为以及戴高乐的政策大失所望。因此，当一种新的革命情绪蔓延开来时，她颇为惊讶。邻国德国新消息不断：青年掀起抗议运动；学生们取笑德高望重的教授长袍下的腐朽气味；美国领馆被扔鸡蛋；长发男女同住公社，尝试一种新的性自由；一名学生在柏林参加反对波斯独裁者沙赫·礼萨·巴列维 (Schah Reza Pahlavi) 来访的示威游行时，被警察射杀。

抗争的星火似乎已经蔓延到巴黎西北部楠泰尔市的巴黎第十大学 (Universität Nanterre)。一个名叫丹尼尔·龚－班迪特 (Daniel Cohn-Bendit) 的社会学系学生引发骚动，因为他不明白为什么晚上11点后不能去女生宿舍。龚–班迪特和他的战友们要求大学运作共决，院长随即采取了严厉的惩罚措施并锁住了阶梯教室。可是此举反而点燃了反抗情绪，抗议变成了暴乱，在全巴黎蔓延开来。

显然，这是战后几年积累的结果，只是此时得以集中爆发。抗议者不只是关注大学改革，而是希望推进一场彻底的社会变革。在索邦大学，授课被干扰，随处可见反对越南战争的传单，教室被占领。1968年4月11日，德国学生领袖鲁迪·杜契克 (Rudi Dutschke) 在柏林被一个反共分子枪杀。消息传开后，第二天就爆发了由龚–班迪特领导的大规模示威游行，而他也因其头发和立场被称为"赤色丹尼"。

索邦大学校园里发生冲突后，校长让警察进入校园，逮捕了为首的闹事者。此举随即引发学生暴乱，这样的场景自巴黎从德国占领者手中解放后从未再出现过。西蒙娜·德·波伏瓦坐在收音机旁，收听圣日耳曼大道上的"战斗"¹⁶消息。示威者竖起路障，掀翻汽车，掘起人行道铺路石。当时的口号之一是"铺路石下是海滩" (Sous les pavés, la plage)。然而警方却没有这么浪漫，他们用上了高压水枪、催泪瓦斯和警棍，许多年轻人被装进囚车带走。工厂的工人也加入学生的抗议活动，进行罢工。法国似乎处于内战爆发的边缘。

西蒙娜·德·波伏瓦支持这些青年学生。她欣赏他们身上那股"反抗的力量"，他们以此抵制戴高乐的旧秩序，开辟全新的未来。[17]她和友人漫步于索邦大学，校园内仿佛是一场盛大的节日。墙上挂满了胡志明 (Ho Chi Minh)、列宁和切·格瓦拉的标语和画像，校园里、楼梯上，随处可见青年学生在热烈讨论。校园里有摊位出售革命书籍，也可以了解越南战争和巴勒斯坦问题。教室里摆放着睡袋，有人在这里过夜。阁楼上是一家托儿所。校园内群情振奋，洋溢着不受束缚的青春自由。

5月底，抗议活动貌似取得了实际的政治影响，戴高乐的辞职已有预兆。这位老将军深感不安，他已经暂时离开首都，募集新的力量。在一场广播讲话中，他宣布将重建秩序，并付诸实施。警察重新控制了巴黎的街道。这场运动对法国产生了深远的影响，但是人们原本期待的革命并没有发生。抗议青年追求的新社会仍然是一个乌托邦。

1968年6月，西蒙娜·德·波伏瓦生平最后一次访问索邦大学，眼前的场景令人悲伤。空荡荡的房间里堆满了垃圾，空气中弥漫着大麻的臭气，老鼠在地下室里窜来窜去。墙上的标语和海报被刮掉了，校园里铺上了新的铺路石。尽管西蒙娜很同情这些学生，但她也知道自己不属于这一代。1969年1月，她就要满61岁了。回看来时路，满是回忆，而未来只剩一条羊肠小道。这就是她的感受。两年前，她的三篇小说汇编成集并出版。三篇小说的主题都是女性与年龄。其中一位女性主人公是日渐衰老的作家，她对儿子感到失望，因为儿子没有达到她的期望；她也对自己感到失望，因为她再也创作不出优秀的作品了。在一个场景中，她问她的丈夫安德烈 (André)，一个衰老的人失去了什么。"青春，"他回答说，"以及意大利人美妙地描述为活力 (la stamina) 的东西：热情、激昂、爱的能力、创造力。"女主人公竭力避免自己丧失这些特质，但她无法抵御岁月带来的其他损失：失去生命中重要的人。"这也是衰老的一部分，"文中说，"随着年龄的增长，人要面对诸多死亡，被哀悼的死亡，被遗忘的死亡。"[18]

西蒙娜·德·波伏瓦也不例外。母亲去世后的几年里，她失去了许多亲爱的人。1966年初，贾科梅蒂死于癌症。第二年，她收到从美国传来的娜塔莉·索罗金的死讯。娜塔莉一生波折：与第一任丈夫分开后，做过各种工作，勉强度日，后来与一位物理学家结婚，生了一个儿子。西蒙娜最后一次见到她时，她身患重病，做了几次大手术。噩耗传来一个月后，西蒙娜收到了一包圣诞糕点，这是娜塔莉在去世前不久寄出的。

仅仅几周后，西蒙娜也不得不与西蒙娜·约利维告别，那位当初让她既钦佩又有受挫感的女人，后来两人成了终生的朋友。丈夫查尔斯·杜林去世后，约利维完全垮了，酗酒成瘾。她几乎足不出户，屋里破败杂乱，酒瓶散落一地。对于娜塔莉和西蒙娜·约利维的死亡，西蒙娜能够认同，因为在她看来，这两个女人都已经活出了自己，她们已经完成了自己的人生使命；可是她不认同另一种死亡，这种死亡对她触动很大，她甚至不想在回忆录中谈及此事。克劳德·朗兹曼美丽的妹妹伊芙丽娜·雷（Evelyne Ray）在1966年11月服用了过量的安眠药，以确保自己被发现时已死亡。她留下了多封遗书，包括一封给萨特的信，在信中她声明所有收信人无罪。伊芙丽娜在男人方面一直不太走运。作为一个女演员，她在事业上也走进了死胡同。但她只有36岁，未来仍大有可为。

西蒙娜·德·波伏瓦已经没有什么未来可言。一段时间以来，她一直在写一本关于老年的书，也是为了更好地理解她即将迎来的人生阶段。不可否认的是，她已经老了，或者正在变老，她只需照照镜子就能意识到。她知道，人总有一天"要划界"。[19]但什么时候呢？在内心深处，她仍然没有接受自己已经老了。尽管未来愈发渺小，她也一直在为未来而活，仍对未来抱有很大期望，只有死亡才能停止这份期望。她在回忆录中写道："如果不对一切充满期待，也就无所期待。"[20]

第十八章　头脑中的骨头

让·保罗·萨特和西蒙娜·德·波伏瓦身陷囹圄！摄影师们不想错过这个场面。虽然照片上的铁窗只是警方囚车的铁丝网，但这幅刊登在当日《法兰西晚报》(France-Soir)头版的照片仍然引起轰动：诺贝尔奖得主和世界著名作家在自己的国家被警察逮捕。他们做了什么？1970年6月26日，萨特和西蒙娜与其他人一起，以卖报人的身份走在博纳诺瓦勒大道(Boulevard de Bonne Nouvelle)上。他们腋下夹着一包报纸，像商贩一样沿街宣传。他们向民众分发的是《人民事业》(La cause du peuple)，一份毛派组织的激进左倾报纸。尽管尚未遭禁，但政府已查封并逮捕了编辑和经销商。萨特随后接管了编辑工作，以便利用自己的名气保护这个组织。虽然他并不完全赞同该组织的行动和观点，但他希望捍卫言论自由，包括对这些政治极端分子。

警察局一片混乱。萨特和西蒙娜都是名流，警察希望他们马上离开。但两人拒绝了，他们的助手们坚称自己也是有头有脸的人物。最后，所有人都被释放了。这次行动对于参与者来说是成功的，展现了政府如何压制不受欢迎的声音，以及司法系统的双重标准：无名小贩被指控，而名人被释放。夏尔·戴高乐曾说："不能逮捕一个伏尔泰式人物。"1969年4月，戴高乐在公投中遭到否决，之后辞去了总统职务。继任者乔治·蓬皮杜(Georges Pompidou)也对萨特这样的人有所顾忌。

　　然而，他并不是唯一一个期望这位世界知名的作家、哲学家转变态度的人，萨特的同伴们也看不惯他近来的所作所为。在克劳德·朗兹曼看来，萨特向毛派革命者投怀送抱，简直荒唐可笑，他觉得这些人不过是一群不成熟的无脑之人。[1]报纸评论也在探究萨特究竟怎么了。他脱掉西装和领带，穿上高领毛衣和皮夹克，参加绝食抗议和对圣心堂的占领行动。他站在一个油桶上向工人演说，并接受一个矿工家庭的晚餐邀请。萨特是不是变成了老顽固？还是他无法接受其他知识分子受到更多关注，比如米歇尔·福柯（Michel Foucault）或雅克·拉康（Jacques Lacan）？或者他不想承认自己年老过气，因此特意与年轻激进派混在一起？

　　萨特本人对一切猜测指责毫不在意。他不愿受人所控，也不想被声名所累——像伟人那样受到各方尊敬，举止得体，倚老卖老。他知道自己被年轻的毛派利用了，但并不介意。他乐见这群年轻人对他不用尊称，他享受激烈的讨论和友好的相处，但他也不会任由他们摆弄。他们要求萨特放下文学目的，为人民大众写一部小说，遭到了他的拒绝。他继续完成他的巨作，研究与政治毫无关系的诗人居斯塔夫·福楼拜（Gustave Flaubert）。正是因为福楼拜在很多方面都与自己相反，萨特才决定深入研究。他需要向不断

"反思自我"的精神挑战。他想摆脱一切强加在他身上的东西，打破思想壁垒，即他所说的"我头脑中的骨头"。[2]

　　萨特与西蒙娜共同参与政治活动，其中萨特是主力。在支持《人民事业》的行动中，西蒙娜也一直身居幕后。这让许多人更加认为，西蒙娜依赖萨特，她的成就源于萨特。这是西蒙娜一直以来不得不面对的顽固偏见。为了反驳这种看法，两人一再强调他们的关系平等，相互之间"渗透"[3]式影响，即思想观念相互均衡流动，但这样似乎没有什么帮助。

　　西蒙娜特别恼火的是，新兴的妇女运动认为她"执迷萨特"[4]并指责她背叛了女性解放初衷，因为在那本讲述三位女性命运的小说集[5]中，女性都被描绘成缺乏斗争精神的牺牲品。然而，西蒙娜自己辩解道，她并不想把女性描绘成理想化状态，而是展现真实情况，即她们的痛苦和孤独，因为自相矛盾的是，她们总是坚守既定的女性角色，无力做出真正的改变。[6]

　　从这个角度来说，西蒙娜的小说也可以被解读为女权主义文学——并不在于树立男性的敌对形象，而是揭示女性已自我内化的偏见，以及这些偏见如何导致女性的异化。西蒙娜在《第二性》中提到，大部分女性自己打造了依赖男性的"锁链"。[7]她在一篇文章中呼吁，反对男性压迫离不开"外部"抗争与"内在"觉醒相结合，女性要意识到自己的不利处境，不再认为这"理所当然"或者说"从来如此"。[8]

此前，西蒙娜并不在意被外界看作女权主义者；相反，正如她在回忆录中所写，她一直避免进入"所谓的'女权主义'范围"。[9]她坚定地认为，当一个真正公正的社会出现时，女性遭受的不公正待遇将自行消失。当她了解了现实中的社会主义国家后，这种想法变成她要打破的"头脑里的骨头"。在访问苏联、古巴和南斯拉夫之后，她发现那里的女性受到的待遇与资本主义制度下没有根本性的不同。虽然1968年的反抗运动明确提出从根本上改造社会，但是传统的角色分工仍然保留下来，旧的角色分配保持不变——男性是领导者，女性没有话语权。西蒙娜在一次采访中说："在这些伪革命团体中，女性也不过是只能煮咖啡的打字员。"[10]

正是由于西蒙娜在女性问题上的见解，1970年底，有女性找到她寻求支持。这些女性不再寄希望于通过社会变革改善自身境遇，她们决心将命运掌握在自己手中，准备举行大规模行动。8月26日，她们试图在凯旋门无名战士墓前献花，以此纪念"无名战士的无名妻子"。现在，她们计划发动一场反对现有堕胎禁令的运动。西蒙娜当即表示加入，并将她的公寓用于筹备会议场地。

最终，共有343名女性参与了这场运动，西蒙娜是其中之一，也包括凯瑟琳·德纳芙 (Catherine Deneuve)、玛格丽特·杜拉斯 (Marguerite Duras) 和让娜·莫罗 (Jeanne Moreau) 等知名人士。她们发表了一份宣言，公开承认曾经堕胎。其中也有许多女性没有堕胎经历，包括西蒙娜。但是她们希望以此将堕胎这个禁忌话题带入公众视野，让人们知道，法国每年有数以万计的孕妇在艰难的条件下秘密堕胎，花费巨大，也给女性带来健康风险。堕胎不应该成为阶级特权。无论贫富，每位女性都应有机会在最好的医疗条件下，在尽可能完善的咨询和护理下进行这种手术。1971年4月5日，该宣言发表于《新观察家》(Le Nouvel Observateur) 周报，激起愤慨。这些女性被冠以"荡妇"名号，并被指责试图鼓励女性堕胎。

经过与萨特共同参与的政治行动，西蒙娜已经习惯于与法律产生冲突。但她也知道，她已经成为"一头不可触犯的母牛"[11]，公开表态并不需要鼓起多大勇气。没有人敢逮捕她，甚至把她告上法庭。然而，普通女性参与行动则要冒巨大风险。最严重时，她们将被起诉或失去工作。也是在最近几年里，西蒙娜才意识到她实际上享有的特权。过去，她总会鄙视那些不能像她那样独立生活的女性。她总是忘记，一个女秘书或女工只能梦想拥有她这样的自由。通过参与妇女运动，西蒙娜看到了改变现状的机会。她已经不再幻想女性境况可以通过社会变革自行改善。现在她确信，女性抗争赢得平等可以反过来颠覆"整个社会的价值体系"。[12]

她的立场与萨特有一定距离。萨特不能为女性运动做什么，而是继续寻求与工人的接触，反抗政治制度。他花越来越多的时间与毛派朋友在一起。他特别喜欢这个团体的发言人，一个年轻的、28岁的犹太裔激进改革派，名叫本尼·莱维 (Benny Lévy)。这个瘦小的年轻人出生在开罗 (Kairo)，脸庞瘦削，穿着过大的外套，苏伊士危机后随父母离开埃及，经比利时到达巴黎，在那里开始学习哲学。因为他无国籍，而且由于参与政治活动受到警方监视，他自称皮埃尔·维克多 (Pierre Victor)，总是戴着假胡子和深色墨镜出现在公众面前。有人认为他是一个雄辩的愤青或煽动民众的闹事头目。[13]萨特不允许别人诋毁他，并声称只能和他聊到一起。西蒙娜对莱维的态度是矛盾的。一方面，萨特有一个能启发他的谈话者，她为他感到高兴；另一方面，她担心他过多受到莱维的影响。

然而，她更担心的是萨特的健康。他患有平衡障碍，脑子时常迷糊，香烟总是从嘴里掉出来。医生诊断他患有高血压和糖尿病，提醒他服药并改变生活方式。萨特敷衍过去，仍旧每天抽两包烟，喝定量的威士忌。西蒙娜每每谈及他的不当行为，他只会说"人的身体每况愈下是正常的"。[14] 人们也确实能感受到，他的身体慢慢垮了。他的牙齿几乎掉光，视力越来越差，双腿也经常不听使唤。

1970 年初，西蒙娜关于老年的鸿篇巨著《论老年》(La Vieillesse) 出版，篇章结构与《第二性》类似。在第一部分，她从生物学、民族学和历史学的角度客观地介绍了老年现象。在第二部分，她将衰老描述为一种切身体验。她的确是老年问题的专家。她和萨特一起切实体验到衰老的过程。西蒙娜在书中提到人们接受老年现实的难度，颇为契合萨特的情况。有些人比较容易接受变老，而有些人则认为被贴上老年标签简直是一种侮辱，他们的外在形象与内心状态并不相符。西蒙娜写道："为了获得年轻的感觉，他们不惜一切代价。他们宁愿把自己看作病人，也不愿意承认衰老。"[15]

萨特似乎平静地接受了身体机能的衰退，但他内心觉得自己依然年轻，思想上随时能够迎接挑战。年轻的莱维在思想理念上与他截然不同，从而使他不断打破自己"头脑中的骨头"，摆脱旧思想的束缚。先前居住的公寓被炸弹炸毁后，他搬进了位于拉斯帕尔大道 (Boulevard Raspail) 的一栋老房子的十层，是一套单间公寓。除了西蒙娜和阿莱特之外，万达和米歇尔也来照顾他。此外，还有一个新面孔——年轻的丽莲·西格尔 (Liliane Siegel)，萨特让她做自己的秘书，以便将她正式纳入他的女友圈。女人们轮流收留萨特，和他一起去度假，或者陪他去做报告。

秋季去罗马度假是西蒙娜和萨特每年固定的行程。萨特的身体每况愈下，在罗马停留度假也变得越来越难。在一次轻度中风后，萨特大小便失禁，时常会把意大利面掉在裤子上或者把汤汁洒到衬衫上，需要西蒙娜为他细心清理。而且，他总是感到疲惫，几乎失明。像以前那样一起讨论文学创作已经不可能了，西蒙娜只能把她回忆录第四卷的手稿念给萨特听。她有一个小本子，里面不仅记录了萨特的处方药和就诊时间，还记录了他的病痛。她遵循初衷，忠于现实，不隐瞒，不修饰，如实展现了衰老带来的尴尬不适。

西蒙娜·德·波伏瓦已经60多岁了，仍然精力充沛，富有冒险精神，西尔维现在是她最心仪的旅伴。通过参加妇女运动，她找到了人生的新使命。德国记者爱丽丝·施瓦泽 (Alice Schwarzer) 对她做了一次采访并将采访内容卖给了《新观察家》杂志，稿酬用来租用互助会大楼 (Mutualité)，作为妇女解放运动组织 (Mouvement de libération des femmes) 的会议场地。

一系列会议结束后，西蒙娜觉得妇女解放运动四分五裂，各派别立场相左。其中一个派别断然拒绝组织会议，她们宣称，会务组织是男人的事，从而导致呼声最高的女性在讨论中占得上风。日常工作井井有条的西蒙娜，现在也不得不认清这样一种现实，即嘈杂喧闹也能振奋人心。[16]

然而，她不能也不愿理解的是，有人认为男女之间存在绝对对立，因此必须将男性排除在会议之外。对西蒙娜来说，强化这种对立意味着另一种形式的女性自我封闭，变相支持了"男性主导化"。[17]对于使用女性特有语言，西蒙娜也并不支持，她在一篇文章中发问："这是否意味着为了写作，我们必须为自己创造一种特定的语言？我们中有些人认为应当如此，但不包括我。"[18]西蒙娜认为，发明一种为了阻碍与其他人交流的特有语言，是自恋和精英主义的表现。她深知，日常用语"充满陷阱"，受到男性主导的价值观、诉求、偏见的影响。但对她来说，这种语言也是一种反映人人共有的世界的语言。她在一次采访中说："我们不能拒绝男性的世界，因为它毕竟也是我们身处的世界。"因此，她非常"谨慎"地使用语言，尤其注意带有"阳刚之气"的词语，但是她并没有对日常语言运用提出任何建议。[19]

西蒙娜无法拒绝男人的世界，因为一个名叫萨特的男人正是她生活中最重要的人，共同的语言就是他们之间最牢固的纽带。1973年秋天，萨特的视力急剧恶化，两人之间的纽带愈发重要。虽然萨特没有完全失明，但他只能模糊地看出形状、光亮和色彩，阅读和写作已经不可能。写作和阅读就是他的生命，因此他自认为已经失去了"存在的一切理由"。[20] 他徘徊于绝望和清醒之间，他知道自己的身体状况是生活方式的报应。他对此无计可施，也没有理由抱怨。他的"家人"正在讨论如何照顾他，因为他已经无法独立生活了，他的公寓又住不开两个人。他们在巴黎埃德加奎奈大道 (Boulevard Edgar Quinet) 的一座现代大楼中找到一套两居室公寓，阿莱特和西蒙娜约定轮流住在那里照顾他。大家劝说莱维每周陪伴他三次，为他读书，与他交谈，当然是有偿的。

西蒙娜晚上来到萨特家时，会为他读书，或者两人在睡觉之前一起听音乐。第二天早上，她给他洗脸、刮胡子，帮他穿衣服，并为他做早餐。11点左右，她扶萨特坐到他最喜欢的扶手椅上，打开收音机，调到萨特喜欢的法国音乐电台。她会在莱维到达之前离开公寓。她不太喜欢莱维，也看不惯萨特受到莱维如此大的影响。但是，她不得不承认，与莱维在一起的几个小时里，萨特真正恢复了活力。莱维不顾他的体弱，与他争论，甚至高声呼喊，不给萨特屈服于疲乏或陷入麻木不仁的机会。

西蒙娜无法掩饰她对莱维的嫉妒，因为他在萨特的生活中扮演着越来越重要的角色；同时，她又很感谢莱维能够承担这项任务，减轻了她的负担。西蒙娜事务缠身，她是女性主义运动Choisir的主席，该组织旨在为妇女争取免费使用避孕药具的权利，并在她们被指控堕胎时提供免费的法律援助。1974年，她当选为女性权利联盟主席。任职期间，她主要关注的是建立妇女庇护所，让妇女能够避开男性的暴力行为。她还参加了《现代》的编辑会议，并成功地在该杂志上发表关于日常性别歧视的系列文章。她的目标是确保男性沙文主义者与对黑人的种族歧视者或对犹太人的反犹太主义言论同样受到惩罚，她还呼吁妇女写下自己日常遭受的性别歧视经历，发表见报。[21]

西蒙娜收到了很多来信，其中也有批评她的女性，她们无法理解她为何如此激进地反对婚姻。从根本上来说，西蒙娜并不反对婚姻，每个女性都应该自主决定是否结婚、生育。她也不否认存在幸福的婚姻，还有许多尚可接受的婚姻。[22]然而，西蒙娜从这些来信和私人会面中得知，许多婚姻堪比地狱。她抨击的现状是，女性几乎不可能从这个"地狱"中逃脱。有些女性困于自身角色中，认为自己没有达到一个好妻子的标准，心怀愧疚。她们害怕邻居或亲戚的闲言碎语，害怕离婚后无法给孩子提供舒适的生活环境。

即使女性克服了这些恐惧，下定决心离婚，但司法上却设置了几乎不可逾越的障碍。西蒙娜气愤于法国民法典的荒谬。民法建立在《拿破仑法典》中早已过时的父权制思想之上，虽然几年前有些许变动，比如妻子可以不经丈夫允许参加工作，并可以开设自己的银行账户，然而在离婚条款方面，西蒙娜认为已经过时到无可救药了。她提到了克莱尔·卡戎 (Claire Cayron)。卡戎将自己的经历写成了一本书。她多年来一直被丈夫殴打、强奸、用刀威胁，可是法庭并不承认这种日常的恐怖行为。只有当场抓住丈夫通奸，她才能与丈夫离婚。可是如果她在公共场合被人发现与另一个男人在一起，她的丈夫就可以跟她离婚并获得女儿的监护权。西蒙娜所要争取的是，修改法律条款，使身处婚姻噩梦的女性摆脱离婚的劣势地位，开始新的生活。她写道："离婚不是万能药，只有女性知道如何以积极的方式利用自由，离婚才能真正解放她们。" 23

西蒙娜积极地利用了她的自由。她写书，旅行，探索世界，参与政治，结交众多朋友。在回忆录中，她把与萨特的关系称为她生命中"毋庸置疑的成就"。[24]即便如此，在这种开放式关系中，她也不得不承受伤害。她时常心生嫉妒，有时也会担心另一个女人在萨特心中的重要性高于她。两人之间契约的维系依赖于共同的价值观、立场、原则、回忆。西蒙娜回忆录的第四卷《归根到底》(*Tout compte fait*)不仅是自身过往的回顾，也是她与萨特的生活写照。在罗马，她用磁带记录了与萨特的谈话，这些谈话再次显示了他们之间的默契。

然而，如今这种默契受到来自本尼·莱维的冲击。区别于女性竞争者，莱维并没有从女人的角度质疑波伏瓦，他给西蒙娜和萨特之间的精神纽带带来威胁，这也是更为糟糕的。莱维也用磁带录下了与萨特的对话，并出了一本书。西蒙娜担心在莱维的影响下，萨特会背离两人毕生信仰的理念。莱维是在利用萨特的弱点来操纵他，还是说萨特需要莱维来打破他头脑中的旧骨头，创造新骨头，或者像萨特的传记作者伯纳德-亨利·莱维 (Bernard-Henri Lévy) 认为的那样，萨特以此证明自己是一个"反悔专家"和"不忠大师"？[25]

西蒙娜·德·波伏瓦考虑到一个现实情况，即萨特已经时日不多，在这最后几年的共同时光中，她人生的幸福要消失殆尽吗？

第十九章　虚假的承诺？

西蒙娜·德·波伏瓦口中的"超验"与信徒或神学家所理解的彼岸世界或上帝不同，她宣称自己是无神论者。自打她青少年时期放弃对上帝的信仰后，就经常与教徒交谈，但始终无法理解他们的立场。西蒙娜的印象是，其中的大多数人对待信仰只是为了相信而相信，他们的虔诚来自与信仰本身无关的因素，比如教育、习惯、害怕遭到排挤、害怕失去声望或特权。在西蒙娜看来，对来世的信仰是人们为了避免直面无情的人生而编造的一套"神秘化"[1]说辞。这是一种对现实的逃避，让西蒙娜愤怒的是，人们从这种逃避中获得了一种优越感，看不起那些在他们看来没有获得这种恩典的人。

西蒙娜·德·波伏瓦所说的"超验"指的是人类不断设立新目标的能力，是一种对内心世界的超越。存在意味着超越，超越不可能超出生命，而是结束于死亡之中或濒临死亡之时。正如她所说，死亡是"地平线上的界碑"。[2]

没有来世信念的人生会伴有一种特定的时间体验。在生命长河中，我们所经历的时间冻结于身后，成为过去。面对剩余的未来时间，我们承受越来越大的压力，因为留待实现目标的时间愈发紧迫。然而，对西蒙娜·德·波伏瓦而言，有些终极目标终究无法实现。[3]那是我们无法放手的"希望"，是我们不想放弃的对幸福、正义和爱的

"坚守"，是我们拒绝妥协的"承诺"，比如对"和谐宇宙"的许诺。在西蒙娜眼中，这些希望、坚守和承诺是"我们存在的组成部分"。她坚信人们要以此来对抗"世界的灰暗"。它们就像照耀前路的启明星。我们追随其光芒，但终究无法企及。这就是西蒙娜回首往事时，认为自己被生活"欺骗"[4]了的原因。这并不是失望的表达，而是一种对矛盾的洞察，这种矛盾正是我们存在的组成部分。

即使未来充满各种可能性，全凭个人创造，过去也不过是过往生活的废料堆。我们或许会困在过去，它可能是一种负担，也可能是美丽的回忆，但无论如何，西蒙娜认为开放的未来和已知的过去组成了完整的生命，只有把现在与过去联系起来，"坚忍、忠诚地活在当下"[5]才是完满的人生。如何解读西蒙娜人生的坚忍？她对自己和他人的忠诚度有什么要求？

1977年3月的一个星期四，西蒙娜和丽莲·西格尔陪萨特来到布鲁赛医院找胡塞教授 (Professor Housset) 看病。萨特的腿疼得厉害，做了一系列检查，教授面前有一沓厚厚的文件，全是萨特的病历。医生赞许萨特戒烟的决定，建议他不要再外出旅行，并告诫他如果感到腿部痉挛须马上站立不动，否则会有心脏病发作或中风的风险。胡塞教授交给西蒙娜一封厚厚的信，委托她转交给萨特的家庭医生。

回到家后，西蒙娜和丽莲用蒸汽悄悄打开了信封。她们对医学术语知之甚少，西蒙娜请丽莲把信拿给她的一位医生朋友看，得到的答复让她们瞬间清醒：萨特最多只能再活几年。[6]

一想到萨特将先她而去，留下她孤独一人，西蒙娜总是陷入恐惧的深渊。现在这种恐惧已经非常具象，而且非常迫近。只有与西尔维一起旅行时，西蒙娜才能暂时放下这种恐惧。但到了晚上，经过一整天的游历见闻之后，她经常会陷入崩溃，只能用镇静剂和酒精来拯救自己。在巴黎时，她试图说服萨特遵从医嘱，希望他的生命得以延长。然而，萨特并不是一个听话的病人，他再次吸烟，也没有履行少喝酒的承诺。他的某个女朋友总是给他带瓶酒，然后他就把酒藏在书的后面。

尽管萨特的健康状况不佳，但他仍然受到公众追捧。他参加聚会，接受采访，支持所有旨在保护人民免受国家镇压的倡议。一档围绕20世纪法国历史的电视节目计划没有播出，让他深受打击。与本尼·莱维的交流对萨特而言变得更加重要，萨特甚至写信给新总统瓦莱里·吉斯卡尔·德斯坦 (Valérie Giscard d' Estaing)，请求他给予莱维法国公民身份，这样莱维就可以结束无国籍的不稳定状态，并继续成为萨特不可或缺的助手。吉斯卡尔·德斯坦帮了萨特这个忙。

莱维渐渐成为萨特身边最重要的人。1974年12月，莱维陪同萨特前往斯图加特 (Stuttgart)，在戒备森严的斯塔姆海姆 (Stammheim) 监狱与左翼极端组织红军派 (RAF) 领导人安德烈亚斯·巴德 (Andreas Baader) 谈话。这次会面由巴德的律师克劳斯·克罗伊桑 (Klaus Croissant) 安排，丹尼尔·龚–班迪特担任翻译，会面以失望告终。事后，萨特才意识到，德国恐怖分子利用了他的声望。几乎失明的萨特显然把空空荡荡的探视室误认为是巴德的牢房，批评了监狱的简陋设施。巴德则在会面后驳斥了萨特对红军派暴力行动的指责，辱骂他是一个傲慢放肆的昏庸老朽。

现在，萨特与本尼·莱维的日常对话不再局限于政治和哲学。莱维发现自己具有犹太血统，这位毛派变成了一名塔木德学者，他还想激发萨特对犹太教的兴趣。为了更好地研究犹太正教拉比[01]的著作，莱维与同样来自犹太家庭的阿莱特一起学习希伯来语。他们劝说萨特1978年2月一起去以色列旅行。萨特激动不已，这两个年轻人并不在意他的身体状况，而是把他当作同龄伙伴。但是萨特几乎无法行走，他们只能用轮椅将他运到飞机上。

---

01 拉比是犹太人中的一个特别阶层，主要为有学问的学者，是老师，也是智者的象征。——译者注

西蒙娜·德·波伏瓦对这趟旅行没有发表看法。一方面，按照医嘱，让萨特承受这种辛劳其实是不负责任的。另一方面，凡是对萨特有利并让他在精神上得到满足的事情，西蒙娜都全力支持。事后，莱维写了一篇旅行报告。他得到了萨特的允许，打算在《现代》发表，但是遭到西蒙娜的断然拒绝。或许是嫉妒莱维在萨特心中的地位，西蒙娜告诉莱维他的文章毫无可取之处，文笔也很差。报社编辑部的成员也同意她的观点。最后，在西蒙娜公寓举行的编辑会议上，莱维与其他人爆发争执。莱维咒骂了他的批评者，怒气冲冲地离开了会议。[7]

如果说西蒙娜和莱维以前曾试图与对方相处，那么现在他们毫不掩饰对彼此的厌恶。更糟糕的是，这一事件导致两个阵营的形成。一方是西蒙娜和"家人"，他们希望找回"旧"萨特，让他不受莱维的影响。另一方是莱维和阿莱特，他们为"新"萨特辩护，反对守旧派。他们认为，守旧派想把萨特禁锢在他早已摒弃的信念之中。萨特本人的行为摇摆不定。他与西蒙娜在罗马度过了一个和谐的假期，但莱维在他的生活中的重要作用也毋庸置疑。莱维仍然想公开发布与萨特的谈话，西蒙娜并不清楚他这样做的目的。谈话被记录在磁带上，然后由莱维的一位朋友用打字机抄写下来。

　　1980年3月10日，在《新观察家》刊登谈话文稿样章第一部分的前几天，西蒙娜在萨特的公寓里阅读了这篇稿子，读后震惊不已。没有人比她更清楚，萨特的思考从未停滞，他总是勇于摒弃传统，但文稿中的萨特与她认识、相信的萨特毫无关联。他突然宣称自己从不知道何为恐惧，只是跟随风气，而恐惧是存在主义重要的生活体验。萨特也曾在书中对恐惧做过透彻的描述。他说人们现在是"次等人类"，内心怀有最终目标，只能在遥远的未来才能成为真正的人类。对西蒙娜来说最糟糕的是，如今萨特把这种希望与宗教思想结合起来。他谈到了"弥赛亚主义"，谈到了"永生"，认为人死后有可能在一个新的世界里重生，而且存在"肉体复活"。[8]

　　如果萨特真像他在这些谈话中所说的那样，他的"老"朋友们认为，萨特不仅会毁掉他毕生的事业，也变成了一个完全不可信的人。这是否也意味着他和"海狸"西蒙娜共同走过的路从一开始就是一个错误、一条死胡同？西蒙娜坚信，这些说法或多或少是由莱维教唆他的，但关键问题是，为什么萨特如此轻易地被莱维影响？西蒙娜认为，这与他身体上的疾病无关，他的失明不会让他如此任人摆布，也不是由于他头脑的暂时性混乱。

　　在西蒙娜看来，关键因素在于，萨特总是面向未来而活。对他来说，没有未来的生活就意味着死亡，他不想让死亡走进他的生活。如今的他身患重病，已无未来之路可言。在维克多身上，他看到了克服这种障碍的可能性。维克多是他的"替身"，将带着全新、激进的想法继续生活，而他——萨特，通过谈话方式参与其中。这样看来，萨特必须相信维克多，反对维克多的阻力越大，他就越执拗地信赖维克多。西蒙娜说："怀疑维克多就意味着放弃自己生命的延伸，这对他来说比后世评判更为重要。"9

萨特倾注自己的全部声名，清除各种阻力，使这篇与莱维的对话印刷得以发表。第一篇文章在《新观察家》上发表九天后，西蒙娜再次来到萨特的公寓过夜。第二天早上，当她去叫醒他时，他正坐在床边，喘着粗气。她立即打电话给医生，医生让萨特入院治疗。西蒙娜与阿莱特轮流在床边照顾。有一天，他抓住她的手腕说："我非常爱你，我的小海狸。"10后来，他出现肾脏衰竭，医生也无力回天。1980年4月15日，西蒙娜在公寓时，电话响起，阿莱特告诉她萨特已经去世。西蒙娜与朗兹曼、博斯特和其他《现代》的编辑朋友在太平间里过了一夜。他们喝酒聊天，一直到凌晨时分。当其他人离开后，西蒙娜躺在了死去的萨特身边。

1980年4月19日星期六，蒙帕纳斯和圣日耳曼街道上挤满了人。装有棺材的灵车穿过人群驶向蒙帕纳斯公墓。在西尔维和妹妹伊莲娜的搀扶下，西蒙娜手持玫瑰，跌跌撞撞地穿过人群，来到已安置棺木的墓穴。她几乎站不住，有人拿来一把椅子让她坐下。人人都能看出，她几近崩溃，快要坚持不下去了。她把玫瑰放到棺木上，然后就被人搀扶离开了。在过去的几天里，在朋友眼中，她活得像一具"僵尸"。[11]她只能靠大量的酒精和安定来麻痹自己。她身体状况极差，以至于无法如愿参加萨特的遗体火化仪式。她的朋友们参加完仪式回来后，发现她发着高烧，已神志不清。他们立即将她送到离她家不远的科钦（Cochin）医院。她被诊断出患有肺炎，连续几天处于半昏迷状态。

当她恢复意识时，得知阿莱特和维克多正在清理萨特的公寓。维克多拿走了所有的家具，阿莱特保管所有的书稿和文件。西蒙娜想要一些萨特的个人物品和手稿，但阿莱特拒绝了，她只不情愿地交出几本书。西蒙娜在医院住了一个月，随后去布列塔尼疗养，之后回到了她在舍尔歇街的公寓。在此期间，一直有人陪着她，因为有时她还会陷入沮丧和绝望，他们担心她会伤害自己。西尔维是对西蒙娜来说最重要的人。西蒙娜的朋友们确信，如果没有西尔维，西蒙娜根本挺不过来。住院期间，西蒙娜就决定收养西尔维。她与她的妹妹、合法继承人伊莲娜的关系很僵，伊莲娜和丈夫住在阿尔萨斯，距离遥远。西蒙娜生病时，需要西尔维与医生讨论决定治疗方法，并在日后管理她的遗产。一开始，西尔维是拒绝的，因为她不想充当像阿莱特对萨特那样的角色。最终，西蒙娜说服了她。

1980 年秋，西蒙娜从萨特去世的痛苦深渊中解脱出来。她要继续生活，对旅行重燃兴趣便是最好的证明。她在《论老年》一书中写道，旅行是在飞速流逝的时间长河中稍作停驻、体验当下的最好方法。[12]她和西尔维一起乘船去挪威，旅行归来后她采用了一种久经考验的让时间停驻的方法——写作。她在笔记的基础上，描写了萨特最后几年的光景。在某种程度上，她再次经历了萨特的死亡。她描述了萨特身体的每况愈下，这也符合她和萨特一直坚持的信条，即揭示一切，毫不隐瞒。

在这本名为《告别的仪式》(*La cérémonie des adieux*) 的书中，老年的阴暗面被展现得淋漓尽致。书中没有美化苦难，死亡之后不再有希望，字里行间透露出"海狸"西蒙娜和萨特之间充满爱意的温存和一种温柔的亲近。该书出版后，许多人被其不留情面的描写所震惊。西蒙娜对一些批评家的虚伪感到恼火，他们总是宣称自己反对一切禁忌，但当有人提到"有人因为年老多病而拉了裤子"[13]时，却惊恐大叫。

对西蒙娜来说，隐瞒这种不愉快的事情，就是助长神话形象。神话是现实的理想化，而非真实化。西蒙娜总是与这种神话形象做斗争，就如同年轻的碧姬·芭铎（Brigitte Bardot）在电影中创作的形象。[14]作为永远充满诱惑力的女人，芭铎演绎了一个野性的、需要帮助的、幼稚的女人，只能被一个强大的男人驯服和保护。在西蒙娜看来，这种女性形象是基于男性幻想的文化产物，与女性的真正特质和需求毫无关系。

她不想神化萨特，当然也不想神化自己与萨特这对不寻常的神秘伴侣。这当然是她热衷于及早公开萨特的信件的原因之一。每个人都应该得知，这位也许是他所处时代最伟大的哲学家和诺贝尔文学奖得主的确不是圣人，而是一个有很多缺点的矮小丑陋的人，但他"大气慷慨""值得信任"[15]，不懈追求真理。从这些信中可以看出她和萨特对彼此的意义，他们的关系当然不符合浪漫纯洁的爱情形象，但是他们试图实现一种男女共同体，相较于资产阶级婚姻，这种共同体更真诚、更自由也更忠诚。

她公寓的地板上堆满了萨特的信件。哪些信以何种形式出版，并非她一人能够决定。阿莱特管理萨特的遗产，西蒙娜需要得到她的允许。阿莱特手中握有遗产处置权，而西蒙娜作为萨特的人生伴侣有自己的诉求并在公众中享有声望。妇女运动的经历现在也将她引入政治领域。在1981年春天的总统选举中，她把选票投给了关注女性权益的社会党候选人弗朗索瓦·密特朗（François Mitterrand）。密特朗当选后，单独设立了女性事务部，并委任女权主义者伊芙特·卢迪（Yvette Roudy）为部长。西蒙娜非常赞赏卢迪，愿意加入委员会，并为改善法国社会女性地位起草具体条款。她支持卢迪提出的反性别歧视立法倡议。当抗议风潮涌起，西蒙娜也加入了辩论。

抗议者认为，这样的法律会限制艺术自由，删减书籍、电影，封杀爱情和欢愉，像极权主义国家那样颁布图像禁令。对此，西蒙娜猛烈回击。她明确指出，法律主要是针对广告中的女性形象，荒诞的是，恰恰是广告商在充当自由的捍卫者。他们所理解的自由，只是通过带有性别歧视色彩的广告赚钱的自由。西蒙娜把这些扯着嗓子反对立法的奸商比作疯狗"担心丢掉口中的骨头"。[16]

西蒙娜很清楚，法律无法在一夜之间消除男人的性别歧视态度，但个别严重的案件可以受到法律严惩。从长远来看，人们的思想会有所改变。如果没有这项法律，男性仍然是"操控者"，她不想让男女成为敌对面。就像女人并非生为女人，而是成为女人一样，西蒙娜认为，"男人并非生为男人，而是被塑造成为男人"。鉴于当前的形势，西蒙娜认为所有女性的任务是反对男性高人一等的要求，女性应该拒绝"被铁腕统治……即使这只拳头上满是钻石"。

立法遭到激烈反抗，最终失败，时机似乎尚未成熟。西蒙娜自知年迈，在有生之年无法见证这件事情的任何进展。1983年1月9日，她年满75岁，健康问题缠身，禁忌也越来越多。思考死亡时，她不再像过去那样悲伤。死亡对她来说意味着"离开世界"，而如今的她已经不得不承受各种离别。"我的过去已离场，"她写道，"我死去的朋友们就是我的过去。"[17]十年前，她失去了她的朋友维奥莱特·勒迪克 (Violette Leduc)。纳尔逊·艾格林也已不在人世，他到最后都在指责西蒙娜，给她写的信很伤人，她不愿意给别人看，也没有回复。他评论西蒙娜回忆录最后一卷时说道："自传？胡扯！"[18]1981年5月初，他入选美国艺术文学院。第二天，他想和朋友们一起庆祝这个毕生期待的荣誉。当第一批客人到达时，发现他躺在地板上死了，他只活到了72岁。

西蒙娜一直戴着纳尔逊送她的戒指。她想再次去美国旅行，即便如今艾格林已经不在。西尔维陪她踏上了她的最后一次长途旅行。她有充足的旅行资金。几年前，她被授予奥地利国家欧洲文学奖，前不久，她在哥本哈根又被授予极高荣誉的桑宁奖，奖金丰厚。1983年7月，西尔维和她乘坐第一架超音速协和式飞机飞往纽约。这将是一次回忆之旅，但与以往不同的是，这次私人旅行没有安排讲座和采访，行程仅限于东海岸北部的几个州：马萨诸塞州（Massachusetts）、科德角（Cape Code）、康涅狄格州（Connecticut）、新罕布什尔州（New Hampshire）和缅因州（Maine）。在纽约，她立刻找到了家的感觉。与上次她和艾格林一起漫游时相比，这座城市没有什么变化。唯一让西蒙娜感到遗憾的是，这里的性用品商店少了许多，只剩下快餐店，她以前喜欢坐着观察行人的药店也所剩无几。

西蒙娜在美国像一个无名游客一样自在旅行，不用担心被人认出来。而回到巴黎对西蒙娜来说就像回到了以前的自己。她觉得自己像个"怪杰"[19]，没有人敢于批评或攻击她。与萨特不同的是，她没有兴趣重塑自我。她确信自己已经完成了终身事业，要把机会留给年轻一代。她出现在系列电视纪录片《第二性》中，片中也出现了像英迪拉·甘地（Indira Gandhi）这样的政治家和苏珊·桑塔格（Susan Sontag）这样的作家，她们强调了西蒙娜在妇女解放方面发挥的先锋作用。西蒙娜继续参与女性组织集会。她坐在一把扶手椅上，四周环绕着年轻女性，透过她们注视西蒙娜的目光就能看出她作为世界著名的作家和女权主义元老人物是多么受人尊敬。同时，她仍然保留了一些良好家庭出身的女孩特质。爱丽丝·施瓦泽记得，西蒙娜在犀利评论的同时总会紧紧攥着她的手提包，场面奇怪又动人。[20]

当她在谈话结束后站起来，或者更准确地说，试图站起来时，人们明显注意到她不再是以前那个精力充沛、身体强健的女人，她常常要借助别人的搀扶。她抱怨自己老了，但所有熟悉她的人都知道，她越来越虚弱不仅是因为衰老，也是她对威士忌和药物的过度依赖。当她在公寓里换上红色家居服时，腹部肿胀明显，皮肤发黄，双眼无神。她再也无法爬上盘旋梯到她的卧室，只能睡在客厅的沙发上。

就像西蒙娜当初阻止萨特喝酒一样，现在西尔维会把酒瓶藏起来或稀释她的威士忌，却总是徒劳。总有朋友来探望她，与她喝酒追忆过往。克劳德·朗兹曼与她共度了许多夜晚。他试图将西蒙娜从阴郁的想法中拉出来，向她讲述他为之奋斗十多年的电影《浩劫》(Shoah)。这部电影即将上映，朗兹曼说服西蒙娜为电影原著写一篇序言，结果这篇序言令人相当失望。朗兹曼感到，自从萨特去世后，西蒙娜就失去了她的活力，她似乎对生命毫无留恋。她在

《论老年》中写道:"过于长寿就是比你所爱的人活得更长。"**21** 无论对萨特还是西蒙娜,死亡都是"无法实现的",它是"地平线的界碑"**22**,是可能性的极限。人无法亲身体验,也无法想象。她写道:"对他人来说,我会死去,但对自己来说,我不会死去。"**23**

自从母亲去世后,西蒙娜一直害怕像她一样陷入崩溃,走上苦难之路。1984年12月的一个星期一,西尔维发现西蒙娜躺在地板上,她没有骨折,但由于长时间躺在冰冷的地面上,她患上了肺炎,需要几个月时间才能恢复。夏天的时候,她的身体恢复了,可以和西尔维一起去匈牙利和蒂罗尔 (Tirol) 旅行。第二年春天,她因严重的胃痉挛而不得不被送往医院,医生怀疑是肠梗阻,并为她做了手术。手术中发现,西蒙娜已处于肝硬化晚期,肺部也受到了影响,但她仍然可以与人会面交谈。4月,她的病情迅速恶化。朗兹曼最后一次看望她时,她的嘴里插着一根粗管,眼神呆滞。朗兹曼跟她说话,但是他确信她已经听不到了。他后来回忆说,"坐在她身边,握着她的手,她的头已经不能动了","令人心碎"。**24**

西蒙娜·德·波伏瓦于1986年4月14日下午4点去世,几乎正好是让-保罗·萨特离世6年之后。在接下来的几天里,报纸都在报道西蒙娜去世以及其精神遗产。《解放报》

(*Libération*) 用12个版面纪念她，首页刊登她的照片，标题为大写的 UNE FEMME (一个女人)。女作家吉内瓦维·杰纳里 (Geneviève Gennari) 在《费加罗报》(*Figaro*) 发文哀悼朋友的离去，并将西蒙娜·德·波伏瓦描述为一个外表冷漠，实则内心脆弱、容易受伤的女人，她的一生都在泪水中度过。新任总理雅克·希拉克 (Jacques Chirac) 说，西蒙娜·德·波伏瓦的去世标志着一个时代的结束。[25]

1986年4月19日，西蒙娜·德·波伏瓦下葬，后来被火化。在医院里，西尔维给死去的西蒙娜戴上了随她入土的红头巾，还给她穿上了那身红色家居服，手指上戴着艾格林送的戒指。在细雨中，克劳德·朗兹曼在墓前朗读了西蒙娜回忆录第三卷《事物的力量》的最后几页：

"死亡不再是遥不可及的残酷冒险，它随我入梦。当我醒来时，我感到死亡的阴影横亘在世界和我之间：死亡已经开始。我没有预见到这一点——死亡开始得这样早，又这样痛。也许在一切都离我而去之后，死亡不会太痛苦，我本不想放弃的存在——我的存在，将不再是一种存在，将不再是任何东西，将会平静地消散。……有时，化为虚无的想法如同过去一样让我厌恶。一想到我读过的所有书，我去过的所有地方，曾经积累却不复存在的知识，心中不免忧伤。各种音乐、绘画、文化之间密切相关，可是突然间消散殆尽。读者阅读我的书时，顶多会想：她肯定读了很多书！但这种独特的完整性、我的个人经历与之的一致性以及巧合……一切都不再重生。如果我对世间有些许贡献，如果我创造了一些……什么呢？一座小山？火箭？但是没有，什么都没有发生。我看到面前的榛子树丛，风从其间穿过，听到那些让我的心为之沉醉的承诺，整个生命摆在我面前。一切都得到了满足。但现在，当我用怀疑的目光看着这个易受骗的年轻女孩时，我才惊愕地发现自己遭受了多么大的挫折。"[26]

西蒙娜的骨灰盒与萨特的骨灰盒合葬在蒙帕纳斯公墓，编号为5/I。从入口处向右拐，很快就能到达两人墓地。墓地简约，一块白色石板和一块墓碑，上面刻着两人的名字和生卒日期，再无其他。没有《圣经》语录，没有满怀希望的语句。西蒙娜在书中描写萨特生命末期的语句作为墓志铭极为合适："他的死使我们分开了，而我的死将使我们团聚。事实就是如此。我们的人生能够如此长久地和谐统一，实在美好。"[27]

后记　与西蒙娜·德·波伏瓦的相遇

高中前几年，我们的宗教课老师是一位方济各会士。他已经年老，或者在当时十几岁的我眼中，他已经老了。他圆圆的脑袋上有些许白发，肉鼻头发红，身着会士常服，一袭棕色的袍子，腰间系着一根白绳。最吸引我的是他的鞋子——款式简单的皮凉鞋。夏天，他光脚穿鞋，可以看到他角质化的脚趾和淡黄色的脚指甲。冬天，他就会穿上灰色的粗布袜子。

看得出来，他并不喜欢教书。他口述文字，让我们记录在笔记本上，然后他进行测试。考试时，我们在桌子下面偷偷打开笔记本，直接抄写下来。他看到了，但什么也没说。他知道我们没把他当回事，而且考试和打分明显非他所愿。

随后出现了彻底的转变。在九年级或十年级时，我们换了一位新的宗教老师。第一次上课前，他上过大学的名声就已经传开，没有人知道上过大学具体意味着什么，但还是给我们留下了深刻的印象。他是一个小个子男人，有一头浓密的黑发，没有穿长袍，也没有穿凉鞋，而他所教的也是相当不同的内容。当他宣布教授无神论时，学生们脸上都露出了难以置信的表情。我们研读尼采和费尔巴哈 (Feurbach)，他还告诉我们一个新的哲学方向——存在主义。那是我第一次听到西蒙娜·德·波伏瓦这个名字。"被抛""自由""恐惧"之类的词盘踞在我的头脑中。有些句子成了我心中的名言，让我困惑又着迷："存在先于本质"，"人注定是自由的"，"成为何种人全由自己决定"。上了他的课之后，我穿上了黑色高领毛衣，并对学校产生了一种存在性的反抗。如同其他科目，我也不想在这个科目上被评分，所以我在考试中没有给出预期的答案，而是写下了自己的想法。老师带着遗憾的笑容把卷子还给我，仿佛告诉我说：跑题了，但写得很好！

我想他知道他把我搞糊涂了。这些新想法既让人不安，也让人解放。我记得自己坐在家里的餐桌前，一切对我来说好像都是全新的，甚至桌子、盘子和汤。我仿佛将头探出了天花板，进入一个明亮广阔的空间。当人们发现自己一直被束缚在既定价值观和传统思想织成的茧中，开始对此质疑和思考时，都会经历这种困惑。

这是第一次相遇。

暑假期间，我经常去住在慕尼黑的姐姐家待一个星期。为了成为一名口译员，她很早就离开了家并在巴黎待了一年。她曾作为互惠生在一个上流社会家庭工作，并在索邦大学学习语言课程。她在一封家信中自豪地写道，她是班上唯一一个有资格进入Ａ级别课程 (A-Dégré) 的人。那是索邦大学要求最高的课程。她回到慕尼黑时，行李中有很多书，尤其是她最喜欢的作家西蒙娜·德·波伏瓦的书。

我躺在狭窄的旧公寓的床垫上看着架子上的这些书。大多数是法语，有些是德语译本。她推荐我读《人都是要死的》，可能因为她认为青少年时期的我很可能会喜欢这类离奇的故事。当她工作的时候，我怀揣着这本书在城市里漫游，有时我躺在英国公园的草坪上或公园的长椅上，阅读永生的福斯卡的故事。

看完这本后，我自己又从书架上拿了一本《端方淑女》。记忆犹新的是，我在特蕾莎广场边上的巴伐利亚雕像的台阶上，读到这样一段描述：在梅里尼亚克祖父家的房间里，西蒙娜撑着胳膊，看着窗外傍晚的花园，她想祈祷，但是随后发现上帝对她毫无意义。这是一种只有文学能够创造的通感，我和西蒙娜一起承受着她父亲的自鸣得意和她母亲的固守成规和不理解。雅克让我气愤，他对艺术只是惺惺作态。我为扎扎感到悲哀，她在家庭的期望和个人的愿望之间痛苦挣扎。

让我产生通感的原因不是年轻时的西蒙娜的无神论——我对此已有所了解，走上了另外的道路；也不是因为她苦于各种偏见，比如年轻女孩必须漂亮迷人，但绝不能有"男人的头脑"——我毕竟是个男人，不像她那样聪明；让我深有同感的原因是她坚定执着的追求，发端于萌芽，随后变成一种笃定感，最后下决心成为一名作家。我想，她点燃了我心中的小火苗，永不熄灭。

这是第二次相遇。

多年后，我三十出头，已经结婚，并且成为一位父亲。大学期间，我学习了文学和哲学。我为报纸写稿，但这并不是我真正想要的。我并非不快乐，但环境有时让我喘不过气，我必须离开。一天，我坐夜班火车前往巴黎。第二天早上，我到达巴黎东站，住在蒙马特附近的一家旅馆。我参观博物馆、看展览，不然就在城市中漫无目的地闲逛。当我经过一家古籍书店时，我当即决定进去看看。我只是想随便翻翻，后来发现了一本《名士风流》，我买下了这本书。在随后的日子里，我沉浸在这本书中。那些天时常下雨，雨水汇集在咖啡馆的遮阳篷上，顺着侧面流下来，溅到人行道上。恶劣的天气对我毫无影响，我几乎没有外出活动。对我来说，读一本以我所在的地方为背景的书已经足够了，可以说，我身处场景之中。我无法评价书中描述的政治争议，但我沉迷于书中对话的深度，尤其是那个充满笑声、争论和爱的世界。里面的人物不断地交流着他们的想法、疑惑、苦难，仿佛他们生活在一个毫无安全感的世界里，每时每刻都要通过语言来确保自身存在的意义。或许这就是我所缺失的。

这是我与西蒙娜·德·波伏瓦的第三次相遇。

这本书就是我们的第四次相遇。当我有机会写作出版关于西蒙娜·德·波伏瓦的书时，之前的数次相遇立刻涌上心头，建立起一种莫名的信赖。我的写作也正是基于此，那就是我心中的波伏瓦。再次探寻波伏瓦人生的过程中，我发现了她许多先前不为人所知的一面，当然也有令人困惑的一面。我逐渐意识到她的人生和写作无论在当时还是现在都极具挑衅性。当然，她受人钦佩，但她也不得不为自己的率直付出代价。和萨特一样，她也遭受了"仇视、恶意抨击、挖苦讽刺"。[1]波伏瓦去世后，随着她的日记、她给萨特的信以及与纳尔逊·艾格林、雅克·博斯特的往来信件公开，情况变得更加糟糕。现在每个人都能读到她是如何与奥尔加、比安卡和娜塔莉上床的，纳尔逊·艾格林如何唤醒她的躯体，与此同时，她如何与年轻的博斯特保持长期关系，她每天喝了多少杯威士忌，她身后留下了多少受伤的灵魂。人们可以接受她书中人物的这类行为，因为那只是"文学"，但如果发生在真人西蒙娜·德·波伏瓦的身上，人们便无法容忍。然而，对了解她作品的人来说，这个女人的生活和写作无法分开。那么应该如何对待她呢？

西蒙娜·德·波伏瓦也给出了自己的答案。除了自由这个主题外，波伏瓦也一直在探索如何比较自我感知和陌生感知。相比于内在的自我体验，他人对我们的看法总是让我们产生或多或少的陌生感。一方面，我们对自己有"绝对的信任感"[2]；另一方面，我们是"世界的组成部分"[3]，世界对我们进行评判。在他人眼中，她只是西蒙娜·德·波伏瓦，这让她很恼火。在她看来，这种形象是虚无缥缈的，名气带来的关注让她忧心。人们期望她解答人生疑惑，有人敬重她，有人谴责她。她认为，没有人有权利要求她给出答案，也没有人有权利抨击她。[4]她按照自己想要并认为正确的方式生活，一切自主决定。她从不认为这种生活堪称典范，生活更像是一个麻烦，有起伏，有成败，有感悟，有困惑，有得失。

在创作这本书时，我越来越能理解西蒙娜·德·波伏瓦的强求以及她对自身世界观和道德观的质疑。我没有隐瞒她引发的丑闻与男男女女的风流韵事、政治上的盲目或嗜酒无度，但我避免用偷窥的视角或指责的口吻加以描述。

我们不可能了解真正的西蒙娜·德·波伏瓦，即使我们试图站在她的立场，想法也会或多或少地停留在表面。

这种差异诱导我们做出判断。但是，我们是不是都太容易做出判断，因为这让我们有一种优越感？我们的标准一定是有效的吗？我们的生活方式就是更好的吗？如果我们只阅读符合自己观点和看法的书籍与生活故事，我们就会变成思想贫瘠、缺乏宽容的说教者。一直以来，艺术、文学和哲学的任务是让我们见识不同的思想、感受和生活。

今天的我们如何与西蒙娜·德·波伏瓦相遇？这仍然是一个挑战吗？2008年1月，在她的百岁诞辰之际，《新观察家》封面刊登了一张41岁的西蒙娜·德·波伏瓦在浴室中赤裸的背影照。该照片由纳尔逊·艾格林的一位摄影师朋友在芝加哥拍摄，旁边的标题为《西蒙娜·德·波伏瓦艳史》。女权主义者合理抗议了这种形式的性别歧视和以营利为目的的偷窥行为。媒体明显试图用裸体波伏瓦引起轰动效应，但是波伏瓦的人生和思想如今是否仍能引发争议有待商榷。

无论如何，纪念波伏瓦百岁诞辰的研讨和座谈仍然强调了她持续的影响力。在法国，她与圣女贞德 (Jeanne d'Arc)、乔治·桑 (George Sand)、玛丽·居里 (Marie Curie)、可可·香奈儿 (Coco Chanel) 和伊迪丝·琵芙雅 (Edith Piaf) 等女性一样，是镌刻在国民心中的伟大女性。这也并不一定意味着她所有的书在今天仍然像五六十年前那样受到热烈追捧。她的文学作品被湮没，一提到她的名字，人们首先就会想到她生前那本引起极大轰动的著作——《第二性》。这本书经常被简化为一句话，广为引用："女人不是天生的，而是后天形成的。"

这部内容丰富的作品在美国取得巨大成功后，在世界范围内也产生了影响。对凯特·米利特（Kate Millet）、朱莉娅·克里斯特娃（Julia Kristeva）和朱迪思·巴特勒（Judith Butler）等女权主义思想家来说，这部作品是开山之作，任何关注女性社会角色的人都不能忽视。无论波伏瓦的思想是否被延续、修改或批评，毋庸置疑的是，她为所有后续讨论创造了基础。同时，人们不应忘记，她也将自己的思想融入文学作品中，并遵循这种思想而生活。哲学、文学、生活在波伏瓦身上合为一体，用哲学家凯瑟琳·纽马克（Catherine Newmark）的话说，她的思想核心是什么，"直到今天仍然影响着我们的文化"？

西蒙娜·德·波伏瓦不仅是女权主义的先驱，她的哲学思想对后世也具有更大的影响。从这个角度来说，人们多年来对她的解读越来越独立于萨特。哲学家和波伏瓦作品鉴赏家凯瑟琳·纽马克甚至声称，著名的存在主义三巨头——萨特、加缪、波伏瓦，只有西蒙娜·德·波伏瓦得以留传，直到今天影响力最大。近年来，波伏瓦受到的关注似乎证实了这个观点。[5]纽马克认为，当前波伏瓦受到的关注源于其提出的"存在主义伦理"，为我们这个时代的许多问题提供了答案，或者至少给出了一种导向。[6]纽马克的观点是，波伏瓦与萨特不同，她不仅追求自由，也看到了自由的限度，因此她也一直在探求在现代世界如何从道德上解释人们的行为。在当今社会，教会和宗教的作用越来越小，世俗伦理紧迫性增强，甚至变得至关重要。

对波伏瓦来说，这种伦理与责任直接挂钩。承担责任者拒绝依附权势，不将社会弊端完全归咎于他人，不找替罪羊或将自己视为某种隐秘势力的受害者，他们接受这样一种观点：尽管存在各种阻力和困难，个体生活的成功与否以及普适状况还是取决于个人决定。这意味着持续的挑战以及不能也不应逃避的恒久努力。如今，我们的日常生活处于越来越密集的监控和匿名系统的控制之下，波伏瓦对自由和责任的呼吁使她仍具有吸引力。特别是年轻一代似乎再次受到感召，他们呼吁政治家为我们的星球负起责任，他们走上街头进行宣传。对于所有曾读过波伏瓦作品的人来说，她仍然是一个不能忘却的思潮代表。伊丽丝·拉迪施 (Iris Radisch) 对存在主义的无尽魅力的描述也特别适用于西蒙娜·德·波伏瓦：如果人们深入研读她的著作，就会"仿佛回到了家中"。[7]

参考文献

前言

1. Ernst Jünger, Strahlungen II, Das zweite Pariser Tagebuch, Mün-chen: dtv 1965, S. 227f.

2. Simone de Beauvoir, *Für eine Moral der Doppelsinnigkeit*, in: Beauvoir, *Soll man de Sade verbrennen?*, Reinbek bei Hamburg: Rowohlt 2007, S. 128f., 131 und 134 (im Folgenden abgekürzt als *Moral*)

3. Ernst Jünger, s. o., S. 265

4. Albert Camus, Der Mythos von Sisyphos. Ein Versuch über das Absurde, Reinbek bei Hamburg: Rowohlt 1964

5. Jean-Paul Sartre, Paris unter Besatzung, Artikel und Reportagen 1944-1945, Reinbek bei Hamburg: Rowohlt, S. 43

6. Beauvoir, *In den besten Jahren*, Reinbek bei Hamburg, Rowohlt 2004, S.491

7. Jünger, a. a.O., S. 287

8. Siehe die Tagebuchaufzeichnungen von Michel Leiris, Tagebücher 1922-1989, herausgegeben und kommentiert von Jean Jamin, Graz-Wien: Literaturverlag Droschl 1996, S. 257f.

9. Beauvoir, *Eine transatlantische Liebe*, Briefe an Nelson Algren, 1947-1964, Reinbek bei Hamburg: Rowohlt 1999, S. 156 (im Folgenden abgekürzt als *Transatlantische Liebe*)

10. Beauvoir, *In den besten Jahren*, S. 510

第一章

1. Beauvoir, *In den besten Jahren*, S. 467

2. ebenda, S. 469

3. Beauvoir, *Das andere Geschlecht*. Sitte und Sexus der Frau, Reinbek bei Hamburg: Rowohlt 2019, darin das Kapitel über»Kindheit«, S.334ff., Zitat S. 335

4. Beauvoir, *Alles in allem*, Reinbek bei Hamburg: Rowohlt 1976, S. 9

5. Sartre, Die Wörter, Reinbek bei Hamburg: Rowohlt 1977, S.64 und 91

6. Beauvoir, *Moral*, S.100

7. Beauvoir, *Ein sanfter Tod*, Reinbek bei Hamburg: Rowohlt 1996, S. 38

8. Deidre Bair, Simone de Beauvoir, München: btb/Goldmann Verlag 1990, S.41 (im Folgenden abgekürzt als »Bair«)

9. Beauvoir, *Memoiren einer Tochter aus gutem Hause*, Reinbek bei Hamburg: Rowohlt 1968, S.11(im Folgenden abgekürzt als *Memoiren einer Tochter*)

10. ebenda, S.13

11. Beauvoir, Brief an Nelson Algren vom 6. 2. 1948, in:*Transatlantische Liebe*, S.232

12. Beauvoir, *Memoiren einer Tochter*, S. 15

13. ebenda, S.85

14. Beauvoir, *Moral*, S.101

15. Beauvoir, *Amerika Tag und Nacht*, Reinbek bei Hamburg: Rowohlt 1988, S.21 (im Folgenden abgekürzt als *Amerika*)

第二章

1. Beauvoir, Briefe fan Nelson Algren vom 1.1.1957, *Transatlantische Liebe*, S. 796

2. Iris Radisch, Warum die Franzosen so gute Bücher schreiben. Von Sartre bis Houellebecq, Reinbek bei Hamburg: Rowohlt 2017, S.19

3. Beauvoir, *Der Lauf der Dinge*, S. 357

4. Beauvoir, *Alles in allem*, S. 7

5. Beauvoir, *Memoiren einer Tochter*, S. 30

6. ebenda, S. 40

7. ebenda, S. 28

8. ebenda

9. ebenda, S. 89

10. Beauvoir, *Alles in allem*, S. 13

11. Beauvoir, *Ein sanfter Tod*, S. 77

第三章

1. Alice Miller, Du sollst nicht merken. Variationen über das Paradies-Thema, Frankfurt a. Main: Suhrkamp 1981, S.105 und 107

2. Beauvoir, *Memoiren einer Tochter*, S. 88

3. Hélène de Beauvoir, Souvenirs, Ich habe immer getan, was ich wollte: die begabte Generation: Jean-Paul Sartre, Albert Camus, Simone de Beauvoir, Pablo Picasso, München: Sandmann 2014, S.46 (im Folgenden abgekürzt als »Souvenirs«)

4. Siehe dazu: Inga Westerteicher, Das Paris der Simone de Beauvoir, Dortmund: Edition Ebersbach 1999, S.18f.

5. Bair, S.88

6. Beauvoir, *Memoiren einer Tochter*, S.94

7. Beauvoir, *Ein sanfter Tod*, S.48

8. Hélène de Beauvoir, Souvenirs, S.68

9. Beauvoir, *Memoiren einer Tochter*, S. 59

10. ebenda, S.139

11. Siehe Beauvoir in einem Gespräch mit Deirdre Bair, in: Bair, S.78

12. Beauvoir, *Memoiren einer Tochter*, S.134

13. ebenda, S.118

14. ebenda, S.99 und 169, sowie, Beauvoir, Brief an Nelson Algren vom 9. 1.1948 , *Transatlantische Liebe*, S. 201

15. Beauvoir, *Memoiren einer Tochter*, S.131

16. Alice Miller, Du sollst nicht merken, s. o., S.116 und dies., Das Drama des begabten Kindes, Berlin: Suhrkamp 2017, S.146f.

第四章

1. Annie Ernaux, Erinnerung eines Mädchens, Berlin: Suhrkamp 2018, S.58 und 21

2. Beauvoir, *Der Lauf der Dinge*, Reinbek bei Hamburg; Rowohlt 1990, S.357

3. Beauvoir, *Memoiren einer Tochter*, S.153/4

4. Diese Szene lässt Beauvoir ihr Alter Ego Marguerite erleben in:Beauvoir, *Marcelle, Chantal, Lisa ...*, Reinbek bei Hamburg: Rowohlt 1981, S.198

5. Beauvoir, *Memoiren einer Tochter*, S.199

6. Hélène de Beauvoir, Souvenirs, S. 75

7. Beauvoir, *Memoiren einer Tochter*, S.185 und 175

8. ebenda, S.182 und 217

9. Franz Kafka, Tagebuch vom 12. November 1924, in ders.: Gesammelte Werke in sieben Bänden, hrsg. von Max Brod, Tagebücher 1910-1923, Frankfurt am Main: Fischer 1983, S. 322

10 .Beauvoir, *Cahiers de Jeunesse*, texte établi, édité et présenté par Sylvie Le Bon de Beauvoir **1926**-1930, Paris: Gallimard **2008**, S.48 (Über- setzung vom Autor, A. P.)

11. ebenda, S.279/80

12. Beauvoir, *Memoiren einer Tochter*, S.209,201

13. ebenda, S. 175

14. Hélène de Beauvoir, Souvenirs, S.86 und 94

15. Beauvoir, *Memoiren einer Tochter*, S.208 und 193

16. Maurice Merlau-Ponty wird in den *Memoiren* Jean Pradelle genannt, René Maheu ist Herbaud

17. Beauvoir, *Cahiers*, S.704

第五章

1. Beauvoir, *Cahiers*, S.698

2. Beauvoir, *Moral*, S.85

3. ebenda, S.133

4. Beauvoir, *Memoiren einer Tochter*, S.279

5. Beauvoir, *Cahiers*, S.722

6. Hélène de Beauvoir, Souvenirs, S.100f.

7. *Cahiers*, S.728

8. ebenda, S.737

9. ebenda, S. 754

10. Beauvoir, *Memoiren einer Tochter*, S.332

11. *Cahiers*, S.758

12. ebenda, S.824

13. Beauvoir, *Memoiren einer Tochter*, S.345

14. Sartre, Playboy-Interview, in: Sartre über Sartre, autobiographische Schriften, Bd.1, Reinbek bei Hamburg: Rowohlt 1977, S. 129-143, hier S.131

15. Beauvoir, Brief an Sartre vom 16.11.1939, in: Beauvoir, *Briefe an Sartre*, Band I,1930-1939, Reinbek bei Hamburg: Rowohlt 1998, S.344 (im Folgenden abgekürzt als *Briefe I*)

16. Bair, S.186

17. Beauvoir, *In den besten Jahren*, S.23f.

18. Siehe dazu: Madsen, Axel, Jean-Paul Sartre und Simone de Beauvoir, Die Geschichte einer ungewöhnlichen Liebe, Reinbek bei Hamburg: Rowohlt 1982, S.48

19. Beauvoir, *In den besten Jahren*, S.21

第六章

1. Stanley, Matthew L./De Brigard, Felipe, Moral Memories and the Belief in the Good Self, in: aps = Association For Psychological Science, 2019, vol 28 (4), p. 387-391

2. zitiert nach Rüdiger Pohl, Das autobiographische Gedächtnis, Stuttgart: Kohlhammer 2007, S.160

3. Beauvoir, *In den besten Jahren*, S. 192

4. Beauvoir, *Der Lauf der Dinge*, S. 7f.

5. Beauvoir, *In den besten Jahren*, S. 49

6. Beauvoir, *Cahier*, Eintrag vom 9. Juni 1930, S. 839

7. Beauvoir, *In den besten Jahren*, S. 90

8. ebenda, S. 56

9. ebenda, S. 89

10. Bair, S. 214

11. siehe: Beauvoir, *Marcelle, Chantal, Lisa ...*, Reinbek bei Hamburg: Rowohlt 1981 (»Anne« ist die vierte Frauengeschichte in diesem Band). Das Buch erschien erst 1971 unter dem Titel *Quand prime le spirituel*.

12. Bair, S. 220

13. Beauvoir, *In den besten Jahren*, S. 110

14. ebenda, S.111

15. Brief Sartres an Simone de Beauvoir vom 9.10.1931, in: Sartre, Briefe an Simone de Beauvoir, Band 1, Reinbek bei Hamburg: Rowohlt 1984, S. 48 (im Folgenden abgekürzt als Sartre, Briefe 1)

16. Hélène de Beauvoir, Souvenirs, S. 127ff.

17. Beauvoir, *In den besten Jahren*, S. 143

18. Hannah Arendt, Fernsehinterview mit Günter Gaus, in: Hannah Arendt, Ich will verstehen, München: Piper 1996, S. 57

19. Beauvoir, *In den besten Jahren*, S. 127 und 121

第七章

1. Sartre, Selbstporträt mit siebzig Jahren, in: Sartre, Sartre über Sartre. Autobiographische Schriften, Band 2, Reinbek bei Hamburg: Rowohlt 1977, S. 180-246, hier S.186

337   **2.**   Sartre, Die Wörter, Reinbek bei Hamburg: Rowohlt 1968, S. 21 und 48

3.   Sartre an Simone Jollivet, 1926, undatiert, in: Sartre, Briefe 1, S.31

4.   Sartre, Tagebücher, Les Carnets de drôle de guerre, Reinbek bei Hamburg: Rowohlt 1996, S. 266 (im Folgenden abgekürzt als: Sartre, Tagebücher)

5.   Hannah Arendt, Französischer Existenzialismus, abgedruckt in: Philosophie Magazin, Sonderausgabe 09, November 2017: Die Existenzialisten: Lebe Deine Freiheit, S. 20

6.   Sartre, Tagebücher, S. 267

7.   Beauvoir, *In den besten Jahren*, S.217

8.   ebenda, S.210

9.   Sartre, Das Imaginäre, Phänomenologische Psychologie der Einbildungskraft, Reinbek bei Hamburg: Rowohlt 1971

10.   Beauvoir, *In den besten Jahren*, S. 181

11.   Sartre, Tagebücher, S. 247

12.   Sartre, Brief an Beauvoir vom 30.7.1938, in: Sartre,Briefe 1, S.211

13.   Sartre, Tagebücher, S.248

14.   ebenda, S.499

15.   ebenda, S.267

16.   Beauvoir, *In den besten Jahren*, S. 220

17.   Gespräch mit Deirdre Bair, in Bair, a. a.O., S. 239

18.   Beauvoir, *In den besten Jahren*, S. 205

19.   Sartre, Brief an Beauvoir, undatiert 1937, Briefe 1, S. 95

20.   Sartre, Brief an Beauvoir, undatiert 1937, Briefe 1, S. 150

21.   Sartre, Brief an Beauvoir, undatiert 1937, Briefe 1, S. 139f.

22.   Bianca Lamblin, Memoiren eines getäuschten Mädchens, Reinbek bei Hamburg: Rowohlt 1994, S. 21

23.   Beauvoir, *In den besten Jahren*, S. 249

24.   Bianca Lamblin, S. 37

25.   Beauvoir, *In den besten Jahren*, S. 308

26.   ebenda

27.   ebenda, S. 312

第八章

1.   Sartre, Brief an Louise Védrine (Tarnname für Bianca Bienenfeld) vom Juli 1939 und Brief an Beauvoir vom Juli 1938, Briefe 1, S. 238 und 183

2.   Sartre, Brief an Beauvoir vom 14.7.1938, Briefe 1, S. 190

3.   ebenda, S. 193-196

4.   Beauvoir, Brief an Sartre vom 22.7. 1938, in: Beauvoir, Briefe I, S.60

5.   Beauvoir, Brief an Sartre vom 27.7. 1938, in: Beauvoir, *Briefe I*,S. 69

6. Beauvoir, Brief an Bost vom 30.7.1938, in: Simone de Beauvoir/ Jacques-Laurent Bost, **338** Correspondance Croisée,1937-1940, Paris: Gallimard 2004, S. 33

7. Brief von Bost an Beauvoir vom 3.8 .1938, in: *Correspondance Croisée*, S.45

8. Beauvoir, *In den besten Jahren*, S. 8

9. Beauvoir, Brief an Nelson Algren vom 6.12.1951, *Transatlantische Liebe*, S. 675

10. Sartre, Brief an Beauvoir vom Juli 1938, Briefe 1, S.186f.

11. Bianca Lamblin, Memoiren eines getäuschten Mädchens, a. a.O., S. 49

12. ebenda

13. Hélène de Beauvoir, Souvenirs, S.129

14. Sartre, Brief an Beauvoir vom Juli 1939, Briefe 1, S.251

15. Sartre, Tagebücher, S. 500

16. Beauvoir, Sie kam und blieb, Reinbek bei Hamburg: Rowohlt 1984, S. 194

17. Beauvoir, Brief an Nelson Algren vom 24. 12.1947, *Transatlantische Liebe*, S. 190

18. Beauvoir, Brief an Bost vom 8. 6.1939, in: *Correspondance Croisée*, S.397

19. Sartre, Brief an Louise Védrine vom 31.8.1939, Briefe 1, S.282

20. Beauvoir, Brief an Sartre vom 7.9. 1939, *Briefe I*, S.94f.

21. Sartre, Brief an Beauvoir vom 6.10.1939, Briefe 1, S.350

22. Beauvoir, *In den besten Jahren*, S.197

23. ebenda, S.366

24. Sartre, Brief an Beauvoir vom 28. September und 15. November 1939, Briefe 1, S.335 und 429

25. Sartre, Brief an Beauvoir vom 14.10.1939, Briefe 1, S.364

26. Sartre, Brief an Beauvoir vom 7.9.1939, Briefe 1, S.296

27. Beauvoir, *Kriegstagebuch, September* 1939 – *Januar* 1941, Reinbek bei Hamburg: Rowohlt 1994, S.154

28. Sartre, Brief an Beauvoir vom 14.10.1939, Briefe 1, S.365

29. Beauvoir, Brief an Sartre vom 26.10.1939, *Briefe I*, S.282

30. Beauvoir, *Kriegstagebuch*, S.157f.

31. ebenda 21.

32. Beauvoir, Brief an Sartre vom 10.12. 1939, *Briefe I*, S. 430 und S.452

第九章

1. Beauvoir, *Kriegstagebuch*, S. 339

2. ebenda, S.345

3. Beauvoir, *Sie kam und blieb*, S.150

4. Sartre, Brief an Beauvoir vom 24.5.1940, in: Sartre, Briefe an Simone de Beauvoir und andere, Band 2, Reinbek bei Hamburg: Rowohlt 1985 (= Briefe 2), S.259

5. Beauvoir, *Phyrrus und Cineas*, in: Beauvoir, *Soll man de Sade verbrennen? Drei Essays zur Moral des Existenzialismus*, Reinbek bei Hamburg: Rowohlt 2007, S.241

6. Beauvoir, *Kriegstagebuch*, S.354 und Sartre, Tagebücher, S.414

7. Sartre, Brief an Beauvoir vom 21.1.1940, Briefe 2, S.56

8. Sartre, Brief an Beauvoir vom 24. und 29.2.1940, Briefe 2, S. 98f. und 117

9. Beauvoir, Brief an Sartre vom 18.2.1940, in: Beauvoir, *Briefe an Sartre*, Band II, Reinbek bei Hamburg: Rowohlt 1998 (= *Briefe II*), S.105

10. ebenda, S.110

11. Sartre, Brief an Beauvoir vom 19.5.1940, Briefe 2, S. 251

12. Ich beziehe mich im Folgenden auf: Beauvoir, *Kriegstagebuch*, S.380ff.

13. Sartre an Beauvoir vom 10.6.1940, Briefe 2, S.298

14. Beauvoir, *Kriegstagebuch*, S.390

15. zitiert Hannah Arendt, Was ist Existenz-Philosophie, in: Sechs Essays, Heidelberg: Schneider 1948, S.48-80, S.50f.

16. Beauvoir, *In den besten Jahren*, S.402

17. ebenda, S.403

18. Sartre, Brief an Beauvoir vom 2.7. 1940, Briefe 2, S. 299f.

19. Sartre, Brief an Beauvoir vom 23.7. 1940, Briefe 2, S.304

20. Bair, S.294

21. Beauvoir, *Kriegstagebuch*, S.446

22. Ich beziehe mich im Folgenden auf: Marius Perrin, Mit Sartre im deutschen Kriegsgefangenenlager, Reinbek bei Hamburg: Rowohlt 1983

23. Sartre, Brief an Beauvoir vom 26.10.1940, Briefe 2, S.316

24. Sartre, Wir müssen unsere eigenen Werte schaffen. Ein Playboy-Interview, in: Sartre über Sartre, a. a.O., S.133

25. Sartre, Bariona oder Der Sohn des Donners. Ein Weihnachtsspiel, in: Marius Perrin, Mit Sartre..., a. a.O., S. 155f.

26. Beauvoir, *Kriegstagebuch*, S. 456

27. Beauvoir, *Ein sanfter Tod*, S. 33

第十章

1. Beauvoir, *Memoiren eines Mädchens*, S.229

2. Beauvoir, *Moral*, S.122

3. Beauvoir, *In den besten Jahren*, S.421

4. siehe dazu: Annie Cohen-Solal, Sartre.1905-1980, Reinbek bei Hamburg: Rowohlt 1988, S.272ff. (im Folgenden abgekürzt als: Cohen-Solal)

5. ebenda, S. 428

6. ebenda, S.430

7. Der Titel der deutschen Ausgabe lautet *Sie kam und blieb*

8. nach: Beauvoir, *In den besten Jahren*, S. 461

9. ebenda, S. 451

10. Sartre, Brief an Beauvoir von Ende 1943, Briefe 2, S. 337

11. Beauvoir, *Das Blut der anderen*, Reinbek bei Hamburg: Rowohlt 1963, S.104

12. siehe: Beauvoir, *Ein sanfter Tod*, S. 78f.

13. Beauvoir, *In den besten Jahren*, S.476

14. siehe: Bair, S.339f. sowie: Ingrid Galster, Simone de Beauvoir et Radio-Vichy: A propos de quelques scénarios retrouvés, in: Romanische Forschungen 108, Bd. H. 1/2 (1969), S. 112-132

15. Beauvoir, *Pyrrhus und Cineas*, a. a.O., S. 200

16. Pablo Picasso,Wie man Wünsche beim Schwanz packt, Zürich: Arche, 1983 (übersetzt von Paul Celan)

17. Beauvoir, *In den besten Jahren*, S.490

18. Michel Lauris, Tagebücher, a. a.O., S. 252ff.

19. Beauvoir, *In den besten Jahren*, S.511

第十一章

1. Beauvoir, Brief an Sartre vom 13. 12.1945, in: *Briefe II*, S. 338

2. Siehe dazu: Cohen-Solal, S. 398ff.

3. ebenda, S. 369

4. Beauvoir, *Moral*, a. a.O., S 142

5. Sartre, Brief an Beauvoir vom 31.12. 1945, Briefe 2, S.350

6. Beauvoir, Brief an Sartre vom 18.1. 1946, *Briefe II*, S.346

7. Beauvoir, *Der Lauf der Dinge*, S.62

8. Beauvoir, Brief an Sartre vom 13.2.1946, *Briefe II*, S.356

9. Sartre, Brief an Beauvoir vom Februar 1946, Briefe 2, S.355f.

10. Beauvoir, Brief an Sartre vom 13.2.1946, *Briefe II*, S.355

11. Beauvoir, Brief an Sartre vom 13.12.1945, *Briefe II*, S.337

12. Beauvoir, *Auge um Auge*, in: Beauvoir, *Auge um Auge*. Artikel zu Politik, Moral und Literatur 1945-1955, Reinbek bei Hamburg: Rowohlt 1992, S.61-85, hier S.84

13. Beauvoir, *Der Lauf der Dinge*, S. 74

14. Beauvoir, Brief an Sartre vom 13.12.1945, *Briefe II*, S.333

15. Jean Cau, Croquis de mémoire, Paris. Julliard 1985, vor allem S. 229ff.

16. Sartre, Tagebücher, S.465

17. Beauvoir, *Der Lauf der Dinge*, S.92 und 95

18. Beauvoir, *Der Existenzialismus und die Volksweisheit*, in: Beauvoir, *Auge um Auge*, a. a.O., S. 35-59

19. ebenda, S.53

20. Beauvoir, *Der Lauf der Dinge*, S.74f.

21. Beauvoir, *Amerika*, S.27

22. Beauvoir, Brief an Sartre vom 30. 1.1947, *Briefe II*, S.368

23. Beauvoir, *Der Lauf der Dinge*, S. 122

24. »The talk of the town«, New Yorker vom 22. 02.1947, siehe: https://aphelis.net/new-york-air-simone-de-beauvoir-1948/

25. Beauvoir, Brief an Sartre vom 31.1.1947, *Briefe II*, S. 374

26. Beauvoir, Brief an Sartre vom 28.2.1947, *Briefe II*, S.409

第十二章

1. Siehe: Beauvoir, *Literatur und Metaphysik*, in: dies.: *Auge um Auge*, a. a.O., S.86-99

2. Beauvoir, *Alle Menschen sind sterblich*, Reinbek bei Hamburg; Rowohlt 1977, S. 284

3. Beauvoir, *Der Lauf der Dinge*, S. 70

4. ebenda, S.53

5. Ich beziehe mich im Folgenden auf die Darstellung der Ereignisse in: Beauvoir, *Der Lauf der Dinge*, S.127f., die Briefe an Sartre sowie Beauvoir, *Die Mandarins von Paris*, S.292-380(im Folgenden abge- kürzt als: *Mandarins*)

6. nach: Bair, S.413

7. Beauvoir, Brief an Sartre vom 28.2.1947, *Briefe II*, S.409

8. Beauvoir, Brief an Nelson Algren vom 23.2. 1947, *Transatlantische Liebe*, S.18

9. Beauvoir, *Amerika*, Reinbek bei Hamburg: Rowohlt 1988 , S. 175

10. ebenda, S.178

11. ebenda, S.318

12. Beauvoir, Brief an Sartre vom 8.5. 1947, *Briefe II*, S.467f.

13. Beauvoir, Brief an Nelson Algren vom 17.5.1947, *Transatlantische Liebe*, S.22

14. Beauvoir, Brief an Nelson Algren vom 18.5.1947, *Transatlantische Liebe*, S.23

15. Beauvoir, *Der Lauf der Dinge*, S. 141

16. Beauvoir, Brief an Nelson Algren vom 2.6.1947, *Transatlantische Liebe*, S. 33

17. Beauvoir, Brief an Nelson Algren vom 23.7.1947, *Transatlantische Liebe*, S.74

18. Beauvoir, Brief an Nelson Algren vom 28.9. 1947, *Transatlantische Liebe*, S.102

19. Beauvoir, Brief an Nelson Algren vom 23. 10. 1947, *Transatlantische Liebe*, S.125

20. Beauvoir, *Der Lauf der Dinge*, S. 148

21. Beauvoir, Brief an Nelson Algren vom 25.10 . 1947, *Transatlantische Liebe*, S.130

22. Beauvoir, Brief an Nelson Algren vom 6. 2. 1948, *Transatlantische Liebe*, S.236

23. Beauvoir, Brief an Nelson Algren vom 3.7.1947, *Transatlantische Liebe*, S. 59

第十三章

1. Beauvoir, Brief an Nelson Algren vom 11. 11. 1947, *Transatlantische Liebe*, S.143

2. Beauvoir, *Moral*, a. a.O., S.174f. und 79

3. nach: Bair, S.465

4. Beauvoir, *Der Lauf der Dinge*, S.158

5. ebenda, S. 127

6. ebenda, S.162

7. nach: Agnès Poirier, An den Ufern der Seine. Die magischen Jahre von Paris 1940-1950, Stuttgart Klett-Cotta 2019, S.293

8. Algrens Brief ist abgedruckt in: Beauvoir, *Transatlantische Liebe*, S.349f.

9. Beauvoir, Brief an Nelson Algren vom 5. 12. 1948, *Transatlantische Liebe*, S. 361

10. Beauvoir, *Das andere Geschlecht*, S.20 und 335. Die französische Ausgabe trägt den Titel *Le Deuxième Sexe*

11. ebenda, S. 11

12. »Jean Zu Algrens Eindrücken von seinem Paris-Besuch siehe: Nelson Algren, Last Rounds in Small Cafés: Rememberances of Jean-Paul Sartre and Simone de Beauvoir, in: *Chicago* vol.29, no.12 (December 1980)

13. Zu den Reaktionen siehe Beauvoir, *Der Lauf der Dinge*, S. 183ff.

14. Bair, S.508

15. Beauvoir, Brief an Nelson Algren vom 13.9.1949, *Transatlantische Liebe*, S.402

16. Siehe dazu den Nachruf auf Nelson Algren in der *New York Times* vom10.05.1981: https://www.nytimes.com/1981/05/10/obitua ries/nelson-algren-72-novelist-who-wrote-of-slums-dies.html

17. Beauvoir, Brief an Nelson Algren vom 13.9.1949, *Transatlantische Liebe*, S.403

18. Beauvoir, *Der Lauf der Dinge*, S. 188

19. Beauvoir, *Das andere Geschlecht*, S.23

20. Beauvoir, Brief an Nelson Algren vom 22. 11. 1949, *Transatlantische Liebe*, S. 443f.

第十四章

1. Beauvoir, Brief an Nelson Algren vom 21.5.1950, *Transatlantische Liebe*, S.542

2. Beauvoir, *In den besten Jahren*, S.512

3. ebenda, S.516

4. ebenda, S. 514

5. Beauvoir, Brief an Sartre vom 20. 8.1950, *Briefe II*, S.505

6. Beauvoir, Brief an Sartre vom 2. 9.1950, *Briefe II*, S.514

7. Beauvoir, Brief an Nelson Algren vom 10.12.1950, *Transatlantische Liebe*, S. 591f.

8. nach Hazel Rowley, S.311

9. Beauvoir, *Der Lauf der Dinge*, 243

10. ebenda, S.271

11. Beauvoir, Brief an Nelson Algren vom 10.1.1952, *Transatlantische Liebe*, S.684

12. Claude Lanzmann, Der patagonische Hase, Reinbek bei Hamburg, Rowohlt 2018

13. Beauvoir, Brief an Nelson Algren vom 13.10.1952, *Transatlantische Liebe*, S.712

14. Beauvoir, *Soll man de Sade verbrennen?*, im gleichnamigen Sammelband, a. a.O., S. 7-76, hier, S.29

15. ebenda, S. 76

16. Albert Camus, Der Mensch in der Revolte, Reinbek bei Hamburg: Rowohlt 1997, S.56f.

17. Sartre, Albert Camus, in: Sartre, Porträts und Perspektiven, Reinbek bei Hamburg: Rowohlt 1968,

343   S.102-104, hier S. 103

18. Beauvoir, *Mandarins*, S.532

19. Beauvoir, *Der Lauf der Dinge*, S. 262

20. Beauvoir, *Mandarins*, S. 556

21. Beauvoir, Brief an Nelson Algren vom 3.8.1952, *Transatlantische Liebe*, S.706f.

22. Lanzmann, Der patagonische Hase, S.332

23. ebenda, S.335

24. ebenda, S.352

第十五章

1. Beauvoir, Brief an Nelson Algren vom 9.1.1955, *Transatlantische Liebe*, S. 772

2. Beauvoir, *Der Lauf der Dinge*, S. 259f.

3. nach Cohen-Solal, S.543

4. Beauvoir, *Die Zeremonie des Abschieds*, S. 469, sowie Sartre, Selbstporträt mit siebzig Jahren, S.242

5. Beauvoir, Brief an Nelson Algren vom 3.11.1955, *Transatlantische Liebe*, S.781, und Beauvoir, *Der Lauf der Dinge*, S.334

6. Beauvoir, Brief an Nelson Algren vom 18.3.1956, *Transatlantische Liebe*, S.789

7. Beauvoir, *Die Zeremonie des Abschieds*, S. 357

8. Beauvoir, *Der Lauf der Dinge*, S.112

9. ebenda, S.351 und 162

10. Lanzmann, Der patagonische Hase, S.320

11. Sartre, Après Budapest, Sartre parle, *L'Express* vom 9.11. 1956,https://www.lexpress.fr/informations/apres-budapest-Sartre-parle_590852.html

12. Beauvoir, *Rechtes Denken, heute*, in: Beauvoir, *Auge um Auge*, a. a.O., S.100-224, hier S.214

13. ebenda, S.180

14. Beauvoir, *La Longue Marche*, Paris: Gallimard 1967; deutsch: *China. Das weitgesteckte Ziel*, Reinbek bei Hamburg: Rowohlt 1960

15. Interview in »*Time*« vom 2.7. 1956, S.33, nach: Hazel Rowley, S.325

16. Beauvoir, Brief an Nelson Algren vom 12.7.1956, *Transatlantische Liebe*, S.791

17. Beauvoir, Brief an Nelson Algren vom 1. 1. 1957,*Transatlantische Liebe*, S.795

18. Beauvoir, *Der Lauf der Dinge*, S.407

19. ebenda, S.439

20. Sartre, Albert Camus, a. a.O., S. 104

第十六章

1. Judith G. Coffin, Sex, Love, and Letters: Writing Simone de Beauvoir, 1949-1963, in: The American Historical Review, October 2010, Vol.115, No.4, pp.1061-1088. Die folgenden Zitate sind aus diesem Artikel (Übersetzung von mir, A. P.)

2. Beauvoir, *Der Lauf der Dinge*, S.467

3. ebenda, S.611

4. Beauvoir, Brief an Nelson Algren vom 28.10.1960, *Transatlantische Liebe*, S.809

5. Beauvoir, Brief an Nelson Algren vom 5.11.1960, *Transatlantische Liebe*, S.812f.

6. nach: Cohen-Solal, S.632

7. Beauvoir, *Der Lauf der Dinge*, S.546

8. Siehe: Judith G. Coffin, Sex, Love, and Letters, a. a.O., S.1076

9. Beauvoir, *Der Lauf der Dinge*, S.474

10. Søren Kierkegaard, Ausgewählte Journale, Bd.1, hrsg. von Markus Kleinert und Gerhard Schreiber, Berlin, Boston: de Gruyter 2013, S.376

11. Beauvoir, Brief an Nelson Algren vom Dezember 1960, *Transatlantische Liebe*, S.817

12. Beauvoir, Brief an Nelson Algren vom Oktober 1963, *Transatlantische Liebe*, S.839

13. Simone de Beauvoir et Gisèle Halimi, Djamila Boupacha, Paris: Gallimard 1961

14. Beauvoir, Brief an Nelson Algren vom April 1962,*Transatlantische Liebe*, S.832

15. nach: Rowley, S.373

16. Alle Zitate aus: Beauvoir, *Ein sanfter Tod*

第十七章

1. Beauvoir, *Der Lauf der Dinge*, S.614

2. Beauvoir, *Alles in allem*, S.46

3. ebenda, S.72

4. Siehe: Liliane Siegel, Mein Leben mit Sartre, Düsseldorf: Claassen 1989,S. 64f.

5. Siehe Beauvoir, *Die Zeremonie des Abschieds*, S.329 und Cohen-Solal, S.670ff.

6. Sartre, Die Wörter, a. a.O., S.145

7. siehe: Hazel Rowley, S.404f.

8. Beauvoir, *Alles in allem*, S.285

9. Beauvoir,*The Situation of women today*, in: Feminist Writings, edited by Margaret A. Simons, and Marybeth Timmermann, University of Illinois Press,2015, S.132-145, hier S.133(Artikel und Vorworte von Beauvoir in englischer Sprache, Übersetzung von mir, A. P.)

10. Beauvoir, *Die Welt der schönen Bilder*, Reinbek bei Hamburg: Rowohlt 1978

11. ebenda, S.123

12. Jean-Paul Sartre antwortet«, in: alternative, Juni 1967, S.133, zitiert nach: Cohen-Solal, S.679

13. Beauvoir, *Alles in allem*, S.382

14. ebenda, S.392

15. Hannah Arendt, Wahrheit und Politik, in: dies., Zwischen Vergangenheit und Zukunft, München: Piper 1994, S.327-370, hier S.355

16. Beauvoir, *Alles in allem*, S.429

　17. ebenda, S.431

18. Beauvoir, *Das Alter der Vernunft*, in: Beauvoir, *Eine gebrochene Frau*, Reinbek bei Hamburg: Rowohlt 1978, S.37 und 55

19. Beauvoir, *Das andere Geschlecht – 25 Jahre danach*. Interview mit John Gerassi, in: Society,1976, abgedruckt in: absolute Simone de Beauvoir, hrsg. von Florence Hervé und Rainer Höltschl, Freiburg im Breisgau: orange-press 2003, S.7-21, hier S.20

20. Beauvoir, *Der Lauf der Dinge*, S.619

第十八章

1. Lanzmann, Der patagonische Hase, S.511

2. Sartre, Was bedeutet Literatur in einer Welt, die hungert?, in: Was kann Literatur?, Reinbek bei Hamburg: Rowohlt 1979, S.67, sowie Beauvoir, *Die Zeremonie des Abschieds*, S.11

3. Alice Schwarzer, Simone de Beauvoir heute. Gespräche aus zehn Jahren 1971-1982, Reinbek bei Hamburg: Rowohlt 1983, S.54

4. Ausgabe des »Partisan« (vergleichbar mit dem deutschen »Kursbuch«), erschienen mit dem Titel:»Libération des Femmes, l' an zéro«, zitiert nach Alice Schwarzer, S.10

5. Beauvoir, *La femme rompue*, deutscher Titel: *Eine gebrochene Frau*

6. Beauvoir, *Alles in allem*, S.137

7. Beauvoir, *Das andere Geschlecht*, S.859

8. Beauvoir, *League of Women's Rights Manifesto*, in: Feminist Writings (= FW), a. a.O., S.242-245, S.243

9. Beauvoir, *Der Lauf der Dinge*, S.189

10. Interview mit John Gerassi, in: absolute Simone de Beauvoir, a. a.O., S.9

11. Bair, S.688

12. Interview mit John Gerassi, S.11

13. Siehe Cohen-Solal, S.746

14. Beauvoir, *Die Zeremonie des Abschieds*, S.31

15. Beauvoir, *Das Alter*, Reinbek bei Hamburg: Rowohlt 1972, S.242

16. Beauvoir, *Preface to Stories from the French Women's Liberation movement*, in: FW, S.260-264, S.262

17. Interview mit Beauvoir, nach Bair, S.693f.

18. Beauvoir, *Preface to Through women's eyes*, in: FW, S.253-255, S.253

19. Alice Schwarzer, a. a.O., S.42f.

20. Sartre, Selbstporträt, a. a.O., S.185

21. Beauvoir, *Everyday sexism*, in: FW, S.240-241

22. siehe: Beauvoir, *Preface to divorce in France*, in: FW, S.246-249

23. ebenda, S.248

24. Beauvoir, *Der Lauf der Dinge*, S.609

25. Bernard-Henri Lévy, Sartre. Der Philosoph des 20. Jahrhunderts, München, Wien: Hanser 2002, S.606

1. Beauvoir, Alles in allem, S.469

2. Beauvoir, Das Alter, S.324

3. Ich beziehe mich hier auf eine Passage in: Beauvoir, Alles in allem, S. 126, sowie Beauvoir, Der Lauf der Dinge, S.623

4. Beauvoir, Der Lauf der Dinge, S.623. Der Ausdruck im Französischen ist: »J'ai été flouée«.

5. Beauvoir, Die Zeremonie des Abschieds, S.538

6. ebenda, S.134, sowie L. Siegel, S.160

7. Cohen-Solal, S.765

8. Sartre, Brüderlichkeit und Gewalt. Ein Gespräch mit Benny Lévy, Berlin: Wagenbach 1993, S.9ff,13,49f.,67 und 70

9. Beauvoir, *Die Zeremonie des Abschieds*, S.155

10. ebenda, S.160

11. Bair, S. 739

12. Beauvoir, *Das Alter*, S.322

13. Bair, S.751

14. Gemeint sind Filme wie »Und immer lockt das Weib« mit Brigitte Bardot und Curd Jürgens, Regie: Roger Vadim. Beauvoirs Artikel dazu: Beauvoir, *Brigitte Bardot and the Lolita Syndrome*, in: FW, S.114-125

15. So Jean Cau über Sartre, nach: Cohen-Solal, S.439

16. Alle Zitate aus: Beauvoir,*Women, Ads and Hate* sowie *The Urgency of an Anti-Sexist Law* in: Short feminist texts from the seventies and eighties, in: FW, S. 273-276 und 250-252

17. Beauvoir, *Das Alter*, S.381

18. Bair, S.628

19. ebenda, S.763

20. Alice Schwarzer, Simone de Beauvoir heute, a. a.O., S.12

21. Beauvoir, *Das Alter*, S.380

22. ebenda, S.324

23. ebenda, S.378

24. Lanzmann, Der patagonische Hase, S.663

25. Siehe dazu: Ingrid Galster, Nachrufe. Das Ende einer Epoche?, in: Kristine von Soden (Hrsg.), Simone de Beauvoir, Berlin: Elefanten Press 1989, S.140-146

26. Beauvoir, *Der Lauf der Dinge*, S.621f.

27. Beauvoir, *Die Zeremonie des Abschieds*, S.165

后记

1. Bernard-Henri Lévy, Sartre, S.29

2. Beauvoir, *Alles in allem*, S.46

3. Beauvoir, *Moral*, S. 79

4. Siehe hierzu die Aussagen von Beauvoir zitiert in: Kate Kirkpatrick, Simone de Beauvoir. Ein modernes Leben, München: Piper 2020, S.449

5. Siehe die Bücher von Sarah Bakewell, Julia Korbik, Kate Kirkpa-trick und Wolfram Eilenberger. Genauere Angaben im Literaturverzeichnis.

6. In einer Hörfunksendung über Simone de Beauvoir: https://media. neuland.br.de/file/1818503/c/feed/simone-de-beauvoir-femi nistin-und-philosophin.mp3, sowie: Landweer, Hilge/Newmark, Catherine, Erste Philosophin des Geschlechts. Simone de Beauvoir als existenzialistische Ethikerin, in: Querelles – Jahrbuch für Frauen- und Geschlechterforschung, Band 15, Göttingen: Wallstein 2010, S.144-164

7. Iris Radisch,Warum die Franzosen so gute Bücher schreiben, a. a.O., S. 52

波伏瓦相关作品

波伏瓦作品

（以首次出版时间排列）

Sie kam und blieb, Reinbek bei Hamburg: Rowohlt 1984 (*L'Invitèe*, 1943)

Das Blut der anderen, Reinbek bei Hamburg: Rowohlt 1963 (*Le sang des autres*, 1945)

Alle Menschen sind sterblich, Reinbek bei Hamburg; Rowohlt 1977(*Tous les hommes sont mortels*, 1946)

Das andere Geschlecht. Sitte und Sexus der Frau, Reinbek bei Hamburg: Rowohlt 2018 (*Le deuxième sexe*,1949)

Amerika bei Tag und Nacht, Reinbek bei Hamburg: Rowohlt 1988 (*L'Amérique au jour le jour*,1950)

Die Mandarins von Paris, Reinbek bei Hamburg: Rowohlt 1990 (*Les Mandarins*, 1954)

Privilèges, (*Faut-il bruler Sade?, La pensée de droit, aujourd'hui, Merleau- Ponty et le pseudo-sartrisme*), Paris: Gallimard 1955

Soll man de Sade verbrennen? Drei Essays zur Moral des Existenzialismus, Reinbek bei Hamburg: Rowohlt 2007 (darin: *Soll man de Sade verbrennen?, Für eine Moral der Doppelsinnigkeit, Phyrrhus und Cineas*)

China; Das weitgesteckte Ziel, Reinbek bei Hamburg: Rowohlt 1960 (*La Longue marche*, 1957)

Memoiren einer Tochter aus gutem Hause, Reinbek bei Hamburg: Rowohlt 1968 (*Mémoires d'une jeune fille rangée*,1958)

In den besten Jahren, Reinbek bei Hamburg, Rowohlt 2004 (*La Force de l'âge*, 1960)

Djamila Boupacha (zusammen mit Gisèle Halimi), Paris: Gallimard 1961 (Auszüge in deutscher Übersetzung in: absolute Simone de Beauvoir, hrsg. von Florence Hervé und Rainer Höltschl, Freiburg (Breisgau): orange press 2003, S.187-180

Der Lauf der Dinge, Reinbek bei Hamburg; Rowohlt 1990 (*La Force des choses*, 1963)

Ein sanfter Tod, Reinbek bei Hamburg: Rowohlt 1996 (*Une mort très douce*, 1964)

Die Welt der schönen Bilder, Reinbek bei Hamburg: Rowohlt 1978 (*Les belles images*, 1966)

Eine gebrochene Frau (darin; *Das Alter der Vernunft, Monolog, Eine gebrochene Frau*), Reinbek bei Hamburg: Rowohlt 1978 (*La femme rompue*, 1968)

Das Alter, Reinbek bei Hamburg. Rowohlt 1972 (*La Vieillesse*,1970)

Alles in allem, Reinbek bei Hamburg: Rowohlt 1976 (*Tout compte fait*, 1972)

Les Bouches inutiles: Pièce en 2 actes et 8 tableaux, Paris: Gallimard 1972

Marcelle, Chantal, Lisa..., Reinbek bei Hamburg: Rowohlt 1981(*Quand prime le spirituel*, 1979)

Die Zeremonie des Abschieds und Gespräche mit Jean-Paul Sartre, Reinbek bei Hamburg: Rowohlt 1986 (*La Cérémonie des adieux*, 1981)

Missverständnisse an der Moskwa, Reinbek bei Hamburg: Rowohlt 1996 (*Malentendu à Moscou*, 2013)

Mémoires, Simone de Beauvoir, édition publiée sous la direction de Jean- Louis Jeannelle et d'Éliane Lecarme-Tabone; chronologie par Sylvie Le Bon de Beauvoir, Gallimard: Paris 2018,2 Bände

Auge um Auge. Artikel zu Politik, Moral und Literatur 1945-1955, Reinbek bei Hamburg: Rowohlt 1992(darin: *Moralischer Idealismus und politischer Realismus, Auge um Auge, Literatur und Metaphysik, Rechtes Denken, heute*) (*Œil pour œil*, 1946)

Feminist Writings, edited by Margaret A. Simons, and Marybeth Timmermann, Boltimor: University of Illinois Press, 2015= FW

Political Writings, edited by Margaret A. Simons, and Marybeth Timmermann, Baltimore: University of Illinois Press, 2012= PW

日记

Cahiers de Jeunesse. Texte établi, édité et présenté par Sylvie Le Bon de Beauvoir 1926-1930, Paris: Gallimard 2008

Kriegstagebuch, September 1939-Januar 1941, hrsg. von Sylvie Le Bon de Beauvoir, Reinbek bei Hamburg: Rowohlt 1994 (Journale de guerre, 1990)

信件

Briefe an Sartre, Band I:1930-1939, Reinbek bei Hamburg: Rowohlt 1998 (*Lettres à Sartre*, 1990)

Briefe an Sartre, Band II:1940-1963, Reinbek bei Hamburg: Rowohlt 1998

Correspondance Croisée, 1937-1940, Simone de Beauvoir/Jacques-Laurent Bost, Paris: Gallimard 2004

Eine transatlantische Liebe, Briefe an Nelson Algren 1947-1964, Reinbek bei Hamburg: Rowohlt 1999 (*Lettres à Nelson Algren: un amour transatlantique* 1947-1964,1997)

Judith G. Coffin, Sex, Love, and Letters: Writing Simone de Beauvoir, 1949-1963, in: The American Historical Review, October 2010, Vol.115, No.4, pp.1061-1088

让 - 保罗·萨特的相关作品（选集）

Briefe an Simone de Beauvoir und andere, Band 1:1926-1939; Band 2: 1940-1963, Reinbek bei Hamburg: Rowohlt 1984 und 1985

Das Sein und das Nichts, Reinbek bei Hamburg: Rowohlt 1966

Drei Essays, Frankfurt (Main), Berlin,Wien: Ullstein 1970 (darin: Ist der Existenzialismus ein Humanismus? Materialismus und Revolution, Betrachtungen zur Judenfrage)

Paris unter Besatzung, Artikel und Reportagen 1944-1945, Reinbek bei Hamburg: Rowohlt 1980

Sartre über Sartre, Autobiographische Schriften, Bd. 2., Reinbek bei Hamburg: Rowohlt 1977

Der Ekel, Reinbek bei Hamburg: Rowohlt 2011

Die Wörter, Reinbek bei Hamburg: Rowohlt 1968

Drei Dramen (Bei geschlossenen Türen, Tote ohne Begräbnis, Die ehrbare Dirne), Reinbek bei Hamburg: Rowohlt 1967

Das Imaginäre, Phänomenologische Psychologie der Einbildungskraft, Reinbek bei Hamburg: Rowohlt 1971

Bariona oder Der Sohn des Donners. Ein Weihnachtsspiel, in: Marius Perrin, Mit Sartre..., a. a.O.

Porträts und Perspektiven, Reinbek bei Hamburg: Rowohlt 1968

Was kann Literatur? Reinbek bei Hamburg: Rowohlt 1979

Was ist Literatur? Reinbek bei Hamburg: Rowohlt 1981

Brüderlichkeit und Gewalt. Ein Gespräch mit Benny Lévy, Berlin: Wagenbach 1993

Cohen-Solal, Annie, Sartre.1905-1980, Reinbek bei Hamburg: Rowohlt 1988

Perrin, Marius, Mit Sartre im deutschen Kriegsgefangenenlager, Reinbek bei Hamburg: Rowohlt 1983

Lévy, Bernard-Henri, Sartre. Der Philosoph des 20. Jahrhunderts, München, Wien: Hanser 2022

关于西蒙娜·德·波伏瓦的作品（选集）

Algren, Nelson, Last Rounds in Small Cafés: Rememberances of Jean-Paul Sartre and Simone de Beauvoir, in: Chicago vol.29, no.12 (December 1980), 210-213,237-240

Arendt, Hannah, Französischer Existenzialismus, in: Philosophie Magazin, Sonderheft 09, 11/2017, a. a.O., S. 19-24

Bair, Deirdre, Simone de Beauvoir, München: Knaus Verlag 1990

Bakewell, Sarah, Das Café der Existenzialisten. Freiheit, Sein & Aprikosencocktails, München: Beck 2016

Camus, Albert, Der Mensch in der Revolte, Reinbek bei Hamburg: Rowohlt 1997

Cau, Jean, Croquis de mémoire, Paris: Julliard 1985

Beauvoir de, Hélène, Souvenirs. Ich habe immer getan, was ich wollte: die begabte Generation: Jean-Paul Sartre, Albert Camus, Simone de Beauvoir, Pablo Picasso, München: Sandmann 2014

Eilenberger, Feuer der Freiheit. Die Rettung der Philosophie in finsteren Zeiten 1933-1943, Stuttgart: Klett-Cotta 2020

Galster, Ingrid, Simone de Beauvoir et Radio-Vichy: A propos de quelques scenarios retrouvés, in: Romanische Forschungen 108, Bd. H.1/2 (1969), S.112-132

Galster, Ingrid, Simone de Beauvoir und der Feminismus, Hamburg: Argument Verlag 2015

Gleichauf, Ingeborg, Sein wie keine Andere. Simone de Beauvoir. Schriftstellerin und Philosophin. München: dtv 2007

Holland-Cunz, Barbara, Gefährdete Freiheit.Über Hannah Arendt und Simone de Beauvoir, Opladen; Berlin; Toronto: Verl. Barbara Budrich,2012

Jeanson, Francis, Simone de Beauvoir ou l'enterprise de vivre, Paris: Éd. du Seuil, 1966

Kirkpatrick, Kate, Simone de Beauvoir, München: Piper 2020

Korbik, Julia, Oh, Simone! Warum wir Beauvoir wiederentdecken sollten. Reinbek bei Hamburg: Rowohlt 2018

Lamblin, Bianca, Memoiren eines getäuschten Mädchens, Reinbek bei Hamburg: Rowohlt 1994

Lanzmann, Claude, Der patagonische Hase, Reinbek bei Hamburg: Rowohlt 2018

Leiris, Michel, Tagebücher 1922-1989, herausgegeben und kommentiert von Jean Jamin, Graz-Wien: Literaturverlag Dorschl 1966

Madsen, Axel, Jean-Paul Sartre und Simone de Beauvoir, Die Geschichte einer ungewöhnlichen

Liebe, Reinbek bei Hamburg: Rowohlt 1982

Monteil, Claudine, Die Schwestern Hélène und Simone de Beauvoir, München: Nymphenburger 2006

Moser, Susanne, Freiheit und Anerkennung bei Simone de Beauvoir. Tübingen: Edition Diskord 2002

Pelz, Monika, Simone de Beauvoir, Frankfurt am Main: Suhrkamp 2007 (Suhrkamp Basis Biographie)

Philosophie Magazin, Sonderausgabe 09: Die Existenzialisten. Lebe Deine Freiheit, Heft November 2017

Philosophie Magazin, Sonderausgabe 13: Philosophinnen. Eine andere Geschichte des Denkens, Oktober 2019

Picasso, Pablo, Wie man Wünsche beim Schwanz packt, Zürich: Arche, 1983

Poirier, Agnès, An den Ufern der Seine. Die magischen Jahre von Paris 1940-1950, Stuttgart: Klett-Cotta 2019

353   Radisch, Iris, Warum die Franzosen so gute Bücher schreiben. Von Sartre bis Houellebecq, Reinbek bei Hamburg: Rowohlt 2017

Rossum van, Walter, Simone de Beauvoir und Jean-Paul Sartre. Die Kunst der Nähe. Reinbek bei Hamburg: Rowohlt 2001

Rowley, Hazel, tête-à-tête. Leben und Lieben von Simone de Beauvoir und Jean-Paul Sartre, Berlin: Partas Verlag 2007

Schwarzer, Alice, Simone de Beauvoir heute. Gespräche aus zehn Jahren, 1971-1982, Reinbek bei Hamburg: Rowohlt 1983

Siegel, Liliane, Mein Leben mit Sartre, Düsseldorf: Claassen Verlag 1989

Soden, Christine von (Hrsg.), Zeitmontage: Simone de Beauvoir, Berlin: Elefanten Press 1989

Stokowski, Margarete, Unternrum frei, Reinbek bei Hamburg: Ro- wohlt 2016

Westerteicher, Inga, Das Paris der Simone de Beauvoir, Dortmund: Edition Ebersbach 1999

Zehl Romero, Christiane: Simone de Beauvoir in Selbstzeugnissen und Bilddokumenten, Reinbek bei Hamburg: Rowohlt 1978

致谢

355 　　弗兰克·格里斯海默（Frank Griesheimer）是本书创作过程中不可或缺的对话伙伴，提供了宝贵的建议。我的女儿米尔亚姆（Mirjam）精心阅读了手稿。衷心感谢他们二人！

图书在版编目 (CIP) 数据

波伏瓦传 / (德) 阿洛伊斯·普林茨 (Alois Prinz)
著;毕秋晨译 . -- 北京:中央编译出版社, 2023.8 (2024.1 重印)
　　ISBN 978-7-5117-4420-3

　　Ⅰ . ①波… Ⅱ . ①阿… ②毕… Ⅲ . ①波伏瓦 (
Beauvoir, Simone de 1908-1986)- 传记 Ⅳ .
① K835.655.6

中国国家版本馆 CIP 数据核字 (2023) 第 080302 号

封面图片来自:© Jack Nisberg/Roger-Viollet
图字号:01-2023-2995

波伏瓦传

总 策 划	李　娟	
责任编辑	郑永杰	
特约编辑	李文彬	
装帧设计	潘振宇	
责任印制	刘　慧	
营销编辑	张　妍	
出版发行	中央编译出版社	
地　　址	北京市海淀区北四环西路 69 号（100080）	
电　　话	（010）55627391（总编室）	（010）55627312（编辑室）
	（010）55627320（发行部）	（010）55627377（新技术部）
经　　销	全国新华书店	
印　　刷	北京盛通印刷股份有限公司	
开　　本	787 毫米 ×1092 毫米　1/32	
字　　数	178 千字	
印　　张	11.25	
版　　次	2023 年 8 月第 1 版	
印　　次	2024 年 1 月第 2 次印刷	
定　　价	65.00 元	

新浪微博: @中央编译出版社　　**微　　信:** 中央编译出版社（ID:cctphome）
淘宝店铺: 中央编译出版社直销店（http://shop108367160.taobao.com）（010）55627331

本社常年法律顾问:北京市吴栾赵阎律师事务所律师　　闫军　　梁勤
凡有印装质量问题,本社负责调换,电话:（010）55626985

人啊，认识你自己！